PROF. DR. RUDOLF H. EDENHARDER

Der Zehnte in der Bibel und in Freikirchen

Prof. Dr. Rudolf H. Edenharder

Der Zehnte in der Bibel und in Freikirchen

Dogma, Tabu und die Folgen

GloryWorld-Medien

1. Auflage 2009

Bibelzitate sind, falls nicht anders gekennzeichnet, der Zürcher Bibel, 1955 entnommen.

Weitere Bibelübersetzungen:
[Lu]: Luther Bibel, Revidierte Fassung von 1984;
[Amp]: The Amplified Bible, (USA), 1965;
[BuRo]: Die Schrift – aus dem Hebräischen verdeutscht von Martin Buber und Franz Rosenzweig, Stuttgart 1992;
[Bru]: Das Alte Testament und das Neue Testament, nach Bruns, 1963 bzw.1965;
[Mül]: Das Neue Testament – Mülheimer Ausgabe, 1975;
[GN]: Gute Nachricht Bibel, 2002;
[KNT]: Konkordantes Neues Testament, Pforzheim, 1980.

Das Buch folgt den Regeln der Deutschen Rechtschreibreform. Die Bibelzitate wurden diesen Rechtschreibregeln angepasst.

Lektorat / Satz: Manfred Mayer
Umschlaggestaltung: Kerstin & Karl Gerd Striepecke, www.vision-c.de
Foto: istockphoto
Druck: Schönbach-Druck GmbH, Erzhausen

Printed in Germany

ISBN: 978-3-936322-41-5

Bestellnummer: 359241

Erhältlich beim Verlag:

GloryWorld-Medien
Postfach 4170
D-76625 Bruchsal
Tel.: 07257-903396
Fax: 07257-903398
info@gloryworld.de
www.gloryworld.de

oder in jeder Buchhandlung

INHALT

VORWORT

Ich selbst bin Jahrgang 1941, wurde in Heidelberg geboren und blieb wegen des Zweiten Weltkrieges das einzige Kind meiner Eltern. Nach dem Abitur im Jahre 1960 am dortigen Helmholtz-Gymnasium musste ich mich zwischen zwei Begabungslinien, einer philologisch-historischen und einer naturwissenschaftlich-medizinischen, entscheiden: Die Entscheidung fiel mir nicht leicht, schließlich entschied ich mich für Chemie und studierte dieses Fach an der Universität Heidelberg. Nach der Promotion im Jahre 1970 im Fach Biochemie zum Dr. rer. nat. wechselte ich zur Universität Mainz in den Bereich der theoretischen Medizin. Dort führte ich Forschungen zur Ätiologie und Prävention des Dickdarmkrebses durch. Diese Arbeiten führten zu über 50 Publikationen, zur Habilitation im Jahre 1987 (Dr. med. habil) und zur Ernennung zum außerplanmäßigen Professor im Jahre 1997.

Viele Jahre lang stellte ich in meiner Forschungstätigkeit immer von Neuem die Frage nach der Wahrheit. Im Bereich der biomedizinischen Forschung kann diese Frage gewöhnlich dann mit Sicherheit beantwortet werden, wenn es gelingt, die molekularen Prozesse aufzuklären, d. h. bis in die letzten Details eines Geschehens vorzudringen. Obwohl das nicht immer möglich oder auch nötig war, so hatte ich doch immer wieder festgelegte „Lehr(buch)meinungen" zu überwinden, die nur den Anschein der Wahrheit widerspiegelten. Will man dieses Verfahren auf anderen wissenschaftlichen Gebieten anwenden, so müssen alle verfügbaren Fakten, etwa die vorhandenen literarischen Quellen, bis ins Detail analysiert werden. Ich nenne deshalb ein Beispiel aus einem Grenzgebiet der Medizin, dem Bereich „Geschichte der Medizin". Das große Sterben im mittelalterlichen Europa, später als schwarzer Tod bezeichnet, wird seit den Erkenntnissen über die Beulenpest des 19. Jahrhunderts mit dieser Krankheit gleichgesetzt – das ist die allgemeine „Lehr(buch)meinung". Eine neue, detaillierte Analyse der verfügbaren Quellen und der sonstigen Begleitumstände durch verschiedene Autoren zeigte jedoch, dass weder das klinische Krankheitsbild noch die Epidemiologie beider Krankheiten übereinstimmen. Ein virusbedingtes hämorrhagisches Fieber mit hochansteckendem, unbekanntem Erreger bietet eine bessere, zumindest aber gleichwertige Erklärung – einen allgemein akzeptierten Konsens gibt es nicht.

Ich habe das oben beschriebene detaillierte Analyseverfahren auf die Untersuchung **aller** Bibelstellen über den sogenannten „Zehnten" angewendet. Der Kontext, in dem diese Stellen stehen, wurde ebenso berücksichtigt wie der historische Hintergrund, soweit es mir möglich war. Als große Hilfe für mich, der ich weder Hebräisch noch Griechisch gelernt habe, erwies sich das Buch von R. E. Kelly: *„Should the Church Teach Tithing? A Theologican's Conclusions about a Taboo Doctrine"*, das mir im Laufe meiner Untersuchungen zur Kenntnis kam. Dieses Werk ist so sorgfältig und exakt gearbeitet, dass es zum Standardwerk auf diesem Gebiet im englischen Sprachraum werden dürfte oder möglicherweise schon ist. Weitergehende Literaturrecherchen im englischen Sprachraum führten zu der Erkenntnis, dass in den Vereinigten Staaten von Amerika (USA) eine größere Zahl relevanter Bücher und Aufsätze veröffentlicht wurde. Dabei wurde klar, dass es dort zwei Lager gibt, ein „Pro-Zehnten-Lager" und ein „Kontra-Zehnten-Lager" – und zum Teil heftige Auseinandersetzungen. Damit war meine ursprüngliche Absicht hinfällig, meine Untersuchungen auf Deutschland und den deutschen Sprachraum zu beschränken.

Im Folgenden werden die Ergebnisse meiner Untersuchungen mitgeteilt und diskutiert, d. h. mit den Resultaten anderer Autoren in Beziehung gesetzt, insbesondere aber mit der heutigen freikirchlichen Praxis in Deutschland verglichen. Zwei Fragen bedrängten mich hier besonders, die bisher niemand gestellt hat und denen hier deshalb detailliert nachgegangen wird: 1. Was wird aus Menschen, die in Freikirchen beständig mit einem tabuisierten Dogma, dem Zehntgeldprinzip, indoktriniert werden? 2. Wie kommen christliche Leiter, die (potentiellen) Empfänger des „Zehnten", dazu, finanzielle Forderungen zu erheben, die durch das Neue Testament nicht gedeckt sind, und was wird aus ihnen im Laufe ihres Lebens? Die Logik der Sache führte mich weiter dazu, Gedanken über Geben und Nehmen von Geld nach dem Neuen Testament nachzugehen – die Lösung der „Geldfrage" zur Zeit Jesu, der urchristlichen Gemeinde in Jerusalem und des Apostels Paulus –, einen Ausblick auf relevante Naturgesetze zu werfen (Anhang) und ein Kapitel zur historischen Entwicklung der Zehntgeldpraxis in den westlichen Kirchen Europas aufzunehmen.

KAPITEL 1

Der Zehnte der Bibel in der heutigen Zeit – die gängige freikirchliche Praxis in Deutschland

Wie finanzieren sich christliche Kirchen, Freikirchen und andere christliche Organisationen in Deutschland?

Seit der Abschaffung des Kirchenzehnten im späten 19. und frühen 20. Jahrhundert werden regelmäßige Einkünfte der katholischen und der evangelischen Kirche(n) durch den Staat mittels Erhebung von Kirchensteuern bei den Mitgliedern gewährleistet. Kirchensteuer zahlen (nur) diejenigen, die zur Lohn- oder Einkommenssteuer veranlagt werden, der Steuersatz beträgt 8–9 % dieser Steuern, umgerechnet auf die gesamte Steuerbelastung sind das meist etwa 1–2 %. Das Recht zur Erhebung von Kirchensteuern durch öffentlich-rechtliche Religionsgemeinschaften ist im Grundgesetz geregelt. Der Staat gewährt Institutionen, die am Staatsleben mitwirken, wie z. B. Kindergärten, Krankenhäusern oder Schulen, noch weitere Leistungen (u. a. Geldzahlungen für Gehälter und zur Gebäudeunterhaltung).[1] Zusätzliche Spenden aller Art sind unregelmäßig und eventuell zweckgebunden.

[1] In einem mir vorliegenden Flugblatt „Kirchensteuer" der katholischen Diözese Rottenburg-Stuttgart wird z. B. angegeben, dass etwa 62 % der Einnahmen des Haushaltes für 2007 aus der Kirchensteuer stammen, weitere 10,1 % aus Vermögenseinnahmen und 6,8 % aus der Sonntagskollekte, zusammen 78,9 %. Offen blieb die Frage, wie das Defizit gedeckt werden soll – Ausgabenreduzierungen, Spenden, Erbschaften? Die Einnahmen werden verwendet, um die kirchlichen Aufgaben zu erfüllen, dabei entfallen für die genannte Diözese 66,9 % auf Personalkosten, 15,7 % auf Zuschüsse

Evangelische und andere Freikirchen existieren unabhängig vom Staat, für sie werden keine Steuern eingezogen. Gruppen evangelischer Freikirchen in Deutschland sind: Baptisten, Quäker, Pietisten (u. a. Chrischona, Bund Freier Evangelischer Gemeinden), Methodisten (u. a. Kirche des Nazareners, Heilsarmee), Pfingstbewegung (u. a. Bund Freikirchlicher Pfingstgemeinden, Mülheimer Verband, Gemeinde der Christen – Ecclesia) sowie unabhängige charismatische und andere Gemeinden. Was Steuern betrifft, so ist festzustellen, dass diejenigen Freikirchen, die als Körperschaften des öffentlichen Rechtes organisiert sind – der „Bund Evangelisch-Freikirchlicher Gemeinden" (Baptisten) und der „Bund Freier Evangelischer Gemeinden" seien als Beispiele genannt – aufgrund dieses Status Kirchensteuern erheben könnten. Auf eine solche Besteuerung wird aber meines Wissens ausnahmslos verzichtet: Selbstfinanzierung der Gemeinden ist Teil des historisch gewachsenen Selbstverständnisses; sie erfolgt durch Mitgliedsbeiträge und freiwillige Spenden – so etwa wird auf den offiziellen Internetseiten formuliert.

Unter Mitgliedsbeitrag wird in aller Regel der *„Zehnte"* des eigenen Einkommens verstanden, explizit häufig nachzulesen in lokalen Statuten. Ein Teil der örtlichen freikirchlichen Gemeinden bekennt sich offen dazu bzw. propagiert diese Methode, teilweise mit viel Leidenschaft, andere Gemeinden und Verbände erwähnen das Thema öffentlich überhaupt nicht. Eigene Nachprüfungen ergaben aber, dass der Weg der Zehntgelderhebung in aller Regel beschritten wird. Eine Dokumentation des von mir im Internet aufgefundenen Materials wird im Anhang gegeben – ohne Anspruch auf Vollständigkeit. Bei der Sichtung des Materials fiel auf, dass bei weitem die meisten Stellungnahmen **pro** Zehntgelderhebung abgegeben wurden. Entgegengesetzte kritische Stellungnahmen gab es kaum.

Da es im Neuen Testament keine Stelle gibt, die in irgendeiner Weise dazu auffordert, den *„Zehnten"* zu geben, bleibt den jeweiligen freikirchlichen Leitern – gleich, ob es sich um evangelikale, pfingstliche, charismatische oder sonstige Gruppen handelt – keine andere Möglichkeit, als das christliche Zehntengeben aus

---

für kirchliche Einrichtungen, 15,7 % auf Bildungsmaßnahmen, Mieten, Wirtschaftsleistungen u. Ä. und nur 2,3 % auf Kirchenbau und Gebäuderenovationen. (Der geringe Anteil für Gebäuderenovationen ist wahrscheinlich punktuell und zufällig.)

dem Alten Testament abzuleiten. Naheliegend wäre eine Ableitung aus dem mosaischen Gesetz gemäß den Kapiteln 2.3–2.5 dieses Buches – eine solche Begründung habe ich und andere Gewährsleute aber noch nie in öffentlicher Rede gehört. In aller Regel wird der Prophet Maleachi zitiert, meist nur Kapitel 3, Verse 8-10:

Betrügt je ein Mensch die Gottheit, wie ihr mich betrügt? Und ihr fragt: Worin haben wir dich betrogen? In Zehnten und Abgabe! Vom Fluch seid ihr getroffen, und doch betrügt ihr mich, ihr, das ganze Volk. Bringt den ganzen Zehnten ins Vorratshaus, dass in meinem Hause Speise sei und versucht es doch damit bei mir, spricht der HERR der Heerscharen, ob ich dann nicht die Fenster des Himmels auftue und Segen über euch ausgieße bis zum Überfluss.

Meistens nicht zitiert werden die Verse 11-12, die aber mit den gerade genannten Versen direkt zusammenhängen:

Und ich werde für euch dem Fresser [der Heuschrecke] wehren, dass er euch die Frucht des Ackers nicht verderbe und dass euch der Weinstock auf dem Felde nicht fehl trage, spricht der HERR der Heerscharen. Dann werden euch alle Völker glücklich preisen; denn ihr werdet ein Land des Wohlgefallens sein, spricht der HERR der Heerscharen.

Der originale Ton des Sprechers lautet meist in etwa so: „Der Zehnte gehört dem Herrn. Der Herr hat dir geboten, den Zehnten zu geben. Gibst du den Zehnten nicht, beraubst du Gott und stellst dich selbst unter einen Fluch." Oder ganz simpel: „Dein Zehnter wird gebraucht, damit das Werk Gottes fortgeführt werden kann." Unregelmäßig wird vielerorts hinzugefügt: „Der Vers 10 ist ein Beispiel, eine Gelegenheit für dich, Gott auf die Probe zu stellen." „Gott auf die Probe stellen?" „Ja, Gott fordert dich doch gerade dazu auf: Wenn du den „Zehnten" gibst – und zwar vollständig, ohne irgendwelche Abzüge –, dann kannst du damit rechnen, dass Gott dich segnen wird in einem Umfang, den du nicht erwarten konntest."

Ganz forsche Sprecher legen manchmal noch nach: „So, wie Gott in Vers 11 dem damaligen Volk Israel zusagte, Schaden von der Ernte abzuwehren, so wird er auch dein Einkommen, deinen

Lohn, dein Vermögen schützen, wenn du regelmäßig und vollständig den „Zehnten" gibst." Das sind starke Versprechen. Ich werde später, bei der Besprechung relevanter Segnungszeugnisse, erörtern, wie es mit der Erfüllung solcher Versprechen aussieht. Zunächst einmal sind aber folgende Fakten festzuhalten: Aufgrund der dargelegten Argumentation wird die Abgabe des *„„Zehnten""* als Gebot Gottes dargestellt, bindend für jeden Gläubigen. Folgt man der zitierten Argumentationslinie, dann könnte in Erfüllung des Zehntgebotes Geld verschiedenen christlichen Gruppen gegeben werden. So ist es aber nicht gemeint – und daran lassen die Sprecher auch keinen Zweifel.

Vers 10 wird gewöhnlich so interpretiert, dass heute unter Vorratshaus die eigene Gemeinde zu verstehen sei, aus dem das Gemeindemitglied ja seine geistliche Speise beziehe. Tatsächlich müssen die Gehälter für das Personal aufgebracht werden, Mieten müssen bezahlt werden, oder Gebäude müssen in Stand gehalten werden, die Gemeindeprogramme müssen finanziert werden usw., d.h. das eigentliche Ziel der Aufrufe ist die Einzahlung entsprechender Geldbeträge in die jeweilige Gemeindekasse. Nicht selten wird auch gesagt, dass die eigene Gemeinde die *„„Zehnten""* am dringendsten benötige.

Die offenkundige Diskrepanz zwischen dem tatsächlich verfolgten Ziel und der Deutung des Textes aus Maleachi wird gewöhnlich leichthin überspielt. Gemäß dem genannten Zehntgeldkonzept werden die Priester des Alten Bundes im Neuen Bund zu Pastoren, Gemeindeleitern usw. umgedeutet, der Tempel wird zur lokalen Gemeinde. Jetzt **schulden** die Gemeindemitglieder ihren Leitern den *„Zehnten":* Wenn sie ihn bezahlen, werden sie von Gott gesegnet, wenn sie ihn nicht bezahlen, kommen sie unter einen Fluch Gottes und werden bestraft – eine entscheidende, folgenschwere Weichenstellung, auf die ich später noch einmal detailliert zurückkomme.

Neuerdings wird zur Begründung der Richtigkeit der Gabe des *„Zehnten"* in neutestamentlicher Zeit – d.h. auch in unserer Lebenszeit – die Gabe des *„Zehnten"* an Melchisedek durch Abraham hervorgehoben. Das entsprechende Zitat finden wir in Genesis 14,18-20:

Melchisedek aber, der König von Salem, brachte Brot und Wein heraus; er war ein Priester des höchsten Gottes und er segnete

Ihn und sprach: Gesegnet ist Abram vom höchsten Gott, dem Schöpfer des Himmels und der Erde, und gepriesen ist der höchste Gott, der deine Feinde in deine Hand gegeben hat! Und Abram gab ihm den Zehnten von allem.

Die Argumentation zur Rechtfertigung des Zehntgebots ist unterschiedlich: Die einen sagen: Melchisedek ist ein Vorbild auf Jesus Christus hin, Abraham ist auch unser persönliches Vorbild als Vater aller Gläubigen. Abraham diente Melchisedek in der Weise, dass er ihm den *„Zehnten"* gab, die Gabe des *„Zehnten"* ist somit auch uns geboten. Andere sagen: Das Zehntengeben ist ein unveränderliches biblisches Gesetz, das den Charakter Gottes widerspiegelt, dem mosaischen Gesetz vorausging und deshalb nicht durch das mosaische Gesetz abgeschafft wurde. Es ist als *„ewig gültige Anweisung"* anzusehen und rechtfertigt somit das neutestamentliche Zehntgebot. Auf diese Argumente wird in Kapitel 2.1 „Abraham und Melchisedek" eingegangen.

Die Tatsache, dass evangelische Freikirchen in Deutschland eine Kooperation mit dem Staat zwecks Erhebung von „Kirchensteuern" ablehnen, kann mitbedingt sein durch die Erfahrungen, die Baptisten und Freie Evangelische Gemeinden im 19. Jahrhundert mit staatlichen Organen bzw. der evangelischen Kirche machten: Repressionen bis hin zur Verfolgung. Freikirchen setzen auf die Selbstfinanzierung – durch den *„Zehnten"* – und zusätzliche Spenden. Ich selbst und für mich glaubwürdige Zeugen haben immer wieder erlebt, dass in zum Teil deutschlandweit bekannten Freikirchen Leiter oder ihre Beauftragten Besucher von Gottesdiensten bzw. Kongressen zum Spenden hoher Summen aufgefordert haben – unter hohem moralischem Druck und meiner Ansicht nach unhaltbaren Versprechungen. In konservativen und fundamentalistischen Gemeinden ist der *„Zehnte"* verpflichtend, zusätzliche Spenden auf der Basis der Freiwilligkeit werden erwartet – und auch, wie gerade gesagt, immer wieder erbeten bzw. eingefordert.

Eine Kontrolle, ob der Einzelne auch wirklich den *„Zehnten"* seiner Einkünfte gibt, findet in der Regel nicht statt. Es gibt aber freikirchliche Gemeinden, die gerade das versuchen und eine Vorlage der Steuererklärung ihrer Mitglieder verlangen. Daraus errechnen sie dann den, wie sie meinen, ihnen zustehenden *„Zehnten"*. Dieses System ist fest etabliert in der *„Kirche Jesu Christi der*

Heiligen der Letzten Tage" (Mormonen), einer Gruppe, die im Allgemeinen als Sekte – üblicherweise also nicht als Vorbild – angesehen wird. Vielleicht ist das der Grund, warum sich Freikirchen, die dieses Verfahren ebenfalls praktizieren, normalerweise nicht zu erkennen geben. Der *„Zehnte"* als zusätzliche Steuer, die unter Kontrolle eingezogen wird? Erinnert dieser Sachverhalt nicht auffällig an die Warnungen des Propheten Samuel anlässlich der Einführung des Königtums in Israel in 1. Samuel 8 (vgl. Kapitel 2.6: „Der Zehnte als Steuer des Königs")?

Es gibt aber auch das extreme Gegenteil, Freikirchen und andere christliche Gruppen, die niemanden um Geld bitten und in denen über Geld nicht gesprochen wird. Wie überleben solche Gruppen bzw. die Menschen, die ihnen angehören? Ich selbst kenne mehrere solche Gruppen. Gründen sie ihre Versorgung auf göttliche Wunder? Wenn ja, welcher Art?

Um Menschen zum Spenden von Geld bzw. zur Abgabe des *„Zehnten"* zu bewegen, werden außer dem Text aus Maleachi 3,8-10 noch andere Bibelstellen genannt. In der Regel wird hierzu mindestens einer der folgenden neutestamentlichen Verse zitiert:

> *Gebet, so wird euch gegeben werden; ein gutes, vollgedrücktes, gerütteltes, überfließendes Maß wird man in euren Schoß geben. Denn mit dem Maß, mit dem ihr messt, mit dem wird euch wieder zugeteilt werden* (Luk. 6,38).
>
> *Dies aber [bedenket]: Wer kärglich sät, wird auch kärglich ernten; und wer in Segensfülle sät, wird auch in Segensfülle ernten* (2. Kor. 9,6).

Ich muss leider feststellen, dass mittels dieser Verse nicht nur mit Angst besetzter moralischer Druck ausgeübt wird, sondern dass sie auch verdeckt an die Habgier der Menschen appellieren. Möglicherweise spenden manche Menschen tatsächlich aus diesem Grund.

Immer wieder treten auch Menschen auf, die in Veranstaltungen christlicher Gruppen Zeugnis geben, in dem sie darlegen, wie Gott sie gesegnet hat, nachdem sie den *„Zehnten"* gegeben haben. Die Segnungszeugnisse, die Menschen im Hinblick auf die Gabe des *„Zehnten"* ablegen, werden in entsprechenden Organisationen genutzt, um den Appellen nach *„Zehnten"* und Spenden Nachdruck zu verleihen. Ich selbst habe solche Zeugnisse wiederholt gehört und habe im Allgemeinen keinen Grund, an der Wahrheit dieser Aussagen zu zweifeln.

Es gibt aber auch andere Beispiele, die mir zur Kenntnis gekommen sind, und an deren Wahrheit zu zweifeln, ich ebenfalls keinen Grund habe: Menschen, die von einem (zu) geringen Einkommen den *„Zehnten“* gegeben haben und dadurch ihre Familie in Not brachten, sodass z. B. kleine Kinder nicht ausreichend versorgt werden konnten. Diese und andere üblicherweise verschwiegene Fehlleistungen kommen dadurch zustande, dass konservative und fundamentalistische Freikirchen im Allgemeinen lehren, dass **zuerst** der *„Zehnte“* an Gott zurückgegeben werden müsse – ob vom Brutto- oder Nettoeinkommen, darüber wird noch vielfach diskutiert –, während andere lebensnotwendige Dinge wie Lebensmittel, Kleidung, Wohnung, Heizung, Fürsorge für Kinder, Krankenversicherung als **zweitrangig** anzusehen seien.

Was die Zehntgelder betrifft, so fiel es bisher anscheinend niemandem auf, dass in Deutschland das Finanzamt barmherziger ist als manche Leiter, die den *„Zehnten“* einfordern. Es ist doch nicht dasselbe, ob ein allein und bescheiden verdienender Familienvater den *„Zehnten“* gibt oder ein gut verdienender Single – das Finanzamt gewährt verschiedene Steuerklassen und Freibeträge, etwa für Kinder – im Zusammenhang mit dem Zehntengeben in Freikirchen ist davon keine Rede. Hier muss auch die Frage gestellt werden: Sollen etwa Schulden gemacht werden, um den *„Zehnten“* bezahlen zu können? A. Edvardsen, 1983 z. B. fordert den *„Zehnten“* von jedem gläubigen Menschen ein, auch vom Sozialhilfeempfänger (Kapitel: „Selbständige Kirchen durch den Zehnten“) – damit das Reich Gottes aufgebaut werden kann und z. B. Missionare nicht Not leiden müssen. Die versteckte Ironie seiner Ausführungen ist ihm anscheinend entgangen. Weiter gilt: Der *„Zehnte“* reicht vielen Gemeindeleitern nicht – immer wieder werden zusätzliche Spenden erbeten bzw. eingefordert.

Die gerade geschilderten freikirchlichen Zehntgeldkonzepte berücksichtigen nicht die Gesamtheit der biblischen Aussagen über den *„Zehnten“*, sie sind vielmehr allein aus Maleachi 3,8-10 abgeleitet, unter Hinzunahme der Verse aus Genesis (1. Mose) 14,18-20 und einiger, wie es scheint, bestätigender Verse aus dem Neuen Testament. Diese Zehntgeldkonzepte bleiben auch weiter auf Fragmente biblischer Aussagen gebaut: Sie berücksichtigen weder den Gesamtzusammenhang der Aussagen Maleachis noch die Gesamtheit der Aussagen über Abraham in 1. Mose 14 und den vorangehenden und folgenden Kapiteln und auch nicht den Kontext der neutestamentlichen Zitate aus Lukas 6,38 oder 2. Korinther 9,6. Kein biblischer Text kann aber ohne die Gefahr der Verfälschung aus seinem biblischen (und historischen) Zusammenhang herausgerissen werden. Angesichts der Gefahren einer derartigen Verkürzung der biblischen Aussagen über den *„Zehnten"* müssen folgende Fragen gestellt werden:

- Welche Texte gibt es in der Bibel, die Aussagen zum *„Zehnten"* machen?
- Was sagen diese Texte in ihrem biblischen und historischen Zusammenhang bei sorgfältiger Analyse tatsächlich aus?
- Folgt aus den Aussagen der biblischen Texte eine aktuelle Verpflichtung gläubiger Menschen zur Gabe des *„Zehnten"*, um freikirchliche Organisationen zu finanzieren, denen sie angehören?
- Sind die Aussagen freikirchlicher Leiter zum Zehntengeben in der heutigen Zeit tatsächlich korrekt?

Diese Fragen werden im folgenden Text überprüft und beantwortet, abgehandelt wird auch der historische Prozess zur Zehntgelderhebung in den christlichen Kirchen des Westens. Außerdem wird Stellung genommen zu den aufgefundenen Diskrepanzen zwischen freikirchlicher Praxis und Argumentation im Vergleich mit den Aussagen der Bibel – nur deren Aussagen werden als gültig für gläubige Menschen akzeptiert. Weiterhin wird Stellung genommen zu den Folgen verfälschter Aussagen für das Leben der „Zehntgeldgeber". Zusätzlich wird versucht, Licht hineinzubringen in das Dunkel der Motive für verfälschte Aussagen durch „Zehntgeldempfänger". Alternative Finanzierungsmöglichkeiten aufgrund der Aussagen des Neuen Testaments werden ebenfalls erörtert und auf die Möglichkeit der Realisierung in der heutigen Zeit überprüft. In einem gesonderten Anhang wird schlussendlich die neutestamentliche Aussage von der Macht der Sünde in Zusammenhang gestellt mit dem Entropiesatz (2. Hauptsatz der Wärmelehre) und dem Verhalten christlicher Leiter.

KAPITEL 2

Der Zehnte im Alten Testament

2.1 Abraham und Melchisedek (1. Mose 14)

Die Gabe des *„Zehnten"* wird in der Bibel zum ersten Mal in Genesis (1. Mose) 14,20 erwähnt:

Und Abram gab ihm (Melchisedek) ***den Zehnten*** *von allem.*

Um diese Aussage angemessen verstehen zu können, ist es unabdingbar, den biblischen und historischen Zusammenhang, den Kontext, zu betrachten, in dem dieser Satz steht. Jede isolierte Betrachtung des Zitates läuft Gefahr, den Inhalt zu verfälschen und ist daher unzulässig. In welchem Zusammenhang steht dieser Satz?

In 1. Mose 14,1-12 wird von einem Krieg berichtet, in dem die Könige von Sodom, Gomorrha, Adma, Zeboim und Zoar, Städten in der Jordanniederung, gegen eine Koalition von vier Königen aus Südwestpersien und dem heutigen Irak kämpften. (Die Landschaft um das Tote Meer, wie wir sie heute kennen, gab es zu dieser Zeit so noch nicht – siehe 1. Mose 18,16 – 19,29!). Dieser Krieg war die Folge eines Aufstandes gegen die Oberhoheit der bisherigen Herrscher, die etwa 1000–1600 km via Mesopotamien und Syrien (Damaskus) marschieren mussten, um den Kampf überhaupt führen zu können. Auf diesem Weg besiegten sie zahlreiche Völkerschaften (vgl. 1 Mo 14,5-7), auch die fünf Könige der (kleinen) Städte in der Jordanniederung erlitten eine Niederlage. Ein Teil der Bevölkerung wurde gefangen genommen, darunter auch Lot, der Neffe Abrams. Die Gefangenen wurden in Richtung Damaskus bzw. des Zweistromlandes abtransportiert, ebenso die gesamte bewegliche Habe dieser Menschen. Die Gefangenen mussten die Versklavung erwarten, d.h. Verkauf im Süden Mesopotamiens und Trennung von ihren Angehörigen. Die siegreiche Koalition versuchte keinen Angriff auf Hebron, Mamre oder (Jeru)Salem. Die Nachricht von diesen Ereignissen wurde Abram von einem der Entronnenen überbracht. Abram bewaffnete daraufhin seine eigenen Leute, das waren 318 (!) in seinem Haus geborene, vermutlich gut trainierte Sklaven. Daraufhin verfolgte Abram mit seinen Bundesgenossen Aner, Eskol und Mamre die zurückmarschierenden Feinde. Er erreichte die wahrscheinlich völlig überraschten Soldaten und ihre Befehlshaber und besiegte sie in einem Nachtangriff mittels einer geschickt erdachten Strategie. Sein Sieg war so vollständig, dass er die Versprengten bis jenseits Damaskus verfolgen konnte. Es scheint, dass er keine oder kaum eigene Verluste hatte. Abram brachte seinen Neffen Lot, alle übrigen Gefangenen und deren gesamte Habe wieder zurück. Angesichts der militärischen Stärke der Feinde und ihrer vorherigen Erfolge war dieser überwältigende Sieg keinesfalls zu erwarten gewesen.

In Fortsetzung dieser Ereignisse berichtet Genesis 14,17-24 [Amp]:

> *Als nun Abram von seinem Sieg über Kedor-Laomer und die mit ihm verbündeten Könige zurückkam, ging der König von Sodom ihm entgegen in das Tal Save – das ist das Königstal. Melchisedek, der König von Salem [später als Jerusalem bezeichnet], brachte Brot und Wein [für die Verpflegung]; er war ein Priester des höchsten Gottes. Und er segnete ihn und sprach: Gesegnet (begünstigt durch Segen, wonnig gemacht, voller Freude) sei Abram vom höchsten Gott, dem Schöpfer des Himmels und der Erde, und gepriesen sei der höchste Gott, der deine Feinde in deine Hand gegeben hat. Und Abram gab ihm* ***den Zehnten*** *von allem, was er erbeutet hatte. Da sprach der König von Sodom zu Abram: Gib mir die Leute, die Güter behalte selbst. Abram aber sprach zum König von Sodom: Ich hebe meine Hand auf zu dem HERRN, dem höchsten Gott, dem Schöpfer des Himmels und der Erde. Nicht einen Faden noch Schuhrie-*

men, nichts von allem, was dein ist, will ich behalten, dass du nicht sagest, du habest Abram reich gemacht. Nimm alles, ausgenommen das, was meine jungen Leute gegessen haben, und den Anteil der Männer, die mit mir gezogen sind (meiner Alliierten), Aner, Eskol und Mamre, die mögen ihren Anteil bekommen.

Die überlieferte Geschichte bietet einige Besonderheiten. Sofort, als erster Mensch, kommt der (neue) König von Sodom zu Abram, um seine persönlichen Interessen zu vertreten und das Wichtigste, die Menschen, für sich zurückzubekommen. Er erscheint als Prototyp des machtorientierten Politikers, der keinesfalls zu spät kommen will. Er und seine Interessen werden aber zunächst nicht beachtet.

Abrams Aufmerksamkeit wendet sich Melchisedek zu, der als Priester des höchsten Gottes (JAHWE?) und König von (Jeru)Salem bezeichnet wird. Er ist anscheinend etwas später als der König von Sodom gekommen – und will nichts haben; er bringt vielmehr etwas, nämlich Lebensmittel, Brot und Wein, für die müden Kämpfer. Diese Geschenke waren Zeichen der Freundschaft und Gastfreundschaft. Melchisedek bringt aber noch mehr – geistliche Güter: Es ist Gott – nicht irgendein Gott, sondern der Schöpfer des sichtbaren und unsichtbaren Universums –, der Abram weiter segnen wird; Melchisedek handelt als sein Vertreter[1]. Das war ein erstaunliches Geschehen, denn Abram, der Patriarch, war unmittelbar von Gott – JAHWE – aus seiner Umwelt herausgerufen worden; er war deshalb selbst ein Priester, und als solcher baute er Altäre und betete Gott an, ohne Vermittlung irgendeines Menschen (vgl. 1 Mo 12,7-8; 13,4.18; 15,9-18). Der Hebräerbrief weist darauf ausdrücklich hin (7,4).

Diesem Melchisedek gab Abram **ein Zehntel** *seiner Beute* als Opfergabe für den Sieg und den Segen, so scheint es. Das war ein *einmaliges* Geschehen im Leben Abrams, zu keinem früheren oder späteren Zeitpunkt gab Abram irgendjemandem nochmals den *„Zehnten"*. Dass es ein Zehntel der *Kriegsbeute* war – nicht seines Einkommens und schon gar nicht seines Vermögens –, sollte ausdrücklich beachtet werden. Ausdrücklich beachtet werden sollte auch, dass der Umfang der „Abgabe" ein Zehntel war, nicht mehr

[1] Andere Interpretationen des gleichen Sachverhaltes siehe Kelly, 2007.

und nicht weniger. Hierüber gab es keine Meinungsunterschiede – das lässt vermuten, dass im Alten Orient bereits in der Frühzeit seiner Geschichte, zur Zeit Abrams, ein allgemeiner Konsensus über den *„Zehnten"* bestand. Die historische Forschung bestätigt einmütig, dass der *„Zehnte"* in den Ländern von Ägypten bis Persien üblich war. Im Falle des Sieges in einem Krieg hatte der Sieger im Alten Orient die Pflicht, den *„Zehnten"* einem lokalen heidnischen Gott bzw. Herrscher zu geben (Emerson, layhands.com; Kelly, 2007).[2] Die analoge Erhebung und Verwendung des *„Zehnten"* in späteren Zeiten ist ebenfalls nachgewiesen, u. a. für Neubabylonier, Perser, Phönizier, Karthager, Griechen und Römer, aber auch für ganz andere Völker und Zeiten. In der überlieferten Erzählung steht nichts von irgendeinem Befehl Gottes an Abram, Melchisedek den *„Zehnten"* zu geben. Dass Abram den *„Zehnten"* entsprechend den existierenden heidnischen Traditionen pflichtgemäß gab, ist eine plausible Erklärung. Denkbar ist aber auch, dass die Verse 22-25 ein Gelübde darstellen, das Abram vor der Befreiung seines Neffen Lot ablegte: In diesem Fall wäre der *„Zehnte"*, den er Melchisedek gab, auch als die Erfüllung eines freiwilligen Gelübdes erklärbar. Das mosaische Gesetz stellt nirgendwo irgendeine Beziehung zwischen der Gabe des *„Zehnten"* durch Abraham und dem im Gesetz enthaltenen Gebot der Gabe des *„Zehnten"* her – ganz im Gegensatz zu den modernen Befürwortern des *„Zehnten"*.

Abram gab etwas, was er vorher nicht besessen hatte – es war kein Verlust für ihn, diesen *„Zehnten"* zu geben; er war sehr reich, er brauchte die gesamte Beute nicht – und er nahm auch nichts davon. Daraus folgt, dass Abram mit der Gabe des *„Zehnten"* an Melchisedek keinesfalls einem Prinzip der Zehnterhebung aus seinem Einkommen folgte. Es existiert auch keine andere Bibelstelle, die besagt, dass Abram zu irgendeinem anderen Zeitpunkt seines Lebens einen *„Zehnten"* aus seinem Einkommen bezahlt hätte.

Zurück zum Ursprungstext! Wir erfahren in den Versen 21-24, dass Abram dem König von Sodom alles zurückerstattete, was

---

[2] Nach Schaper, 2000 stammen die ältesten erhaltenen Dokumente über den Zehnten im Alten Orient aus Babylonien, und zwar aus der Zeit um 600 v. Chr.: Dort existierte jahrhundertelang ein Zehnter als Tempelsteuer, weiter ist ein Getreidezehnter als Abgabe an den König von Ugarit dokumentiert.

dieser im Krieg verloren hatte, Menschen wie geraubtes Gut. Abram verhandelte darüber nicht, er ging auf keine diplomatischen Finessen ein, er verzichtete zugunsten eines wahrscheinlich als habsüchtig, geizig und verleumderisch bekannten Mannes (vgl. 14,22-24). Er verlangte lediglich den Anteil für seine Alliierten und die aktuelle Lebensmittelversorgung für alle Kämpfer. Das war korrekt, er konnte nicht den Anteil anderer Menschen verschenken, lediglich seinen eigenen Anteil konnte er abgeben.

Der eigentliche Höhepunkt der Geschichte ist nicht die Gabe des *„Zehnten"* an Melchisedek, sondern der Verzicht Abrams auf die 90 % der Beute, die ihm traditionsgemäß zustanden. Abram war der Mann des Glaubens an Gott (JAHWE), das belegen die vorangehenden Kapitel 12 und 13 sowie die folgenden Kapitel 15 und 16. Er wurde, was er war – der Vater des Glaubens – allein durch die (unverdiente) Gnade Gottes, nicht durch eigene Verdienste – hier den Gewinn von Beute im Krieg. Das ist die wichtigste Botschaft der Kapitel 12–16.[3] Eine letzte Botschaft des Kapitels 14 besteht darin, dass die geschilderten Ereignisse historisch sind, d. h. sich in Raum und Zeit so abgespielt haben – das ist der Sinn der Angabe so vieler Details wie Namen und Zahlen.

Die nächste Frage, die sich im Hinblick auf die hier berichteten Ereignisse stellt bzw. aufdrängt, lautet: „Wer war Melchisedek?" Die Übersetzung des Namens bedeutet *„König der Gerechtigkeit"*, die Zuordnung zu Jerusalem *„König des Friedens"*. Auf diese Fragen werden fünf unterschiedliche Antworten gegeben. Eine erste Meinung lautet: Melchisedek ist identisch mit Sem, dem Sohne Noahs. Eine zweite Meinung ist: Melchisedek war ein heidnischer Priesterkönig, der JAHWE **nicht** anbetete. Andere sind der Auffassung, dass er zwar ein Priesterkönig war, aber JAHWE anbetete. Die vierte Meinung sagt, er sei eine Offenbarung des Christus **vor** seiner Menschwerdung gewesen. Die fünfte Auffassung schließlich sieht in ihm einen Engel Gottes (Emerson, layhands.com; Kelly, 2007).

---

[3] Als zur Zeit des Gesetzes die Israeliten unter Mose die Midianiter besiegten – 4. Mose 31 – und dabei viel Beute machten, wurde kein Zehnter von der Kriegsbeute für JAHWE erhoben. Der Steuersatz lag vielmehr bei 1 % für die Leviten und 0,1 % für die Priester – Verse 21-30 (Seidenberg, 2003; Kelly 2007). Diese Gottesanordnung belegt, dass es in Israel zur Zeit des Gesetzes nicht üblich war, von der Kriegsbeute den Zehnten zu erheben.

Ich möchte die Argumente der Vertreter dieser verschiedenen Standpunkte wegen ihres z.T. hochspekulativen Charakters hier nicht diskutieren, sie wurden und werden nicht benötigt, um zu einer korrekten Entscheidung über die Gabe des *„Zehnten"* durch Abram zu kommen. Ich möchte allerdings meine eigene Auffassung auch nicht verschweigen. Deshalb wird diese im folgenden entwickelt. Versuche der Interpretation unter Anwendung religionsgeschichtlicher Methoden führen zu höchst spekulativen Ergebnissen, auf die hier nicht eingegangen werden soll (Kelly, 2007). Hier soll die Methode *„Geistliche Einheit der Bibel"* angewendet werden, womit Folgendes gemeint ist: Die Bibel besteht aus 66 Büchern, die im Laufe von etwa 2000 Jahren von mindestens 39 Autoren verfasst wurden. Wie kann ein solches Buch überhaupt eine Einheit bilden? Das ist nur möglich, wenn man davon ausgeht, dass es einen, aber nur einen wahren Gott (JAHWE, Jesus) gibt, der selbst über die Entstehung dieses Buches gewacht hat. Noch einmal anders gesagt: Die Bibel ist aufgrund der Wirkung des Gottesgeistes eine Einheit, trotz der Vielzahl der Autoren und der langen zeitlichen Abstände zwischen manchen Büchern. Wenn das akzeptiert wird, so müssen wir uns fragen, welche Erklärungen zur Person Melchisedeks uns die biblischen Bücher anbieten.

Im Alten Testament wird Melchisedek wieder erwähnt in Psalm 110,4: *Du bist Priester in Ewigkeit nach der Weise Melchisedeks.* Du – das ist ein Herrscher, der gleichzeitig König und Priester ist, wie Melchisedek König der Gerechtigkeit und des Friedens, ausgestattet mit Macht, um Gerechtigkeit und Frieden gleichzeitig gewährleisten zu können. Wieder erhebt sich die Frage, wer das sein kann.

Im Neuen Testament, im Hebräerbrief, wird auf Melchisedek detailliert eingegangen. Zunächst wird gesagt, dass **Jesus Hoherpriester** geworden ist **nach der Weise Melchisedeks** (vgl. Hebr 5,10; 6,19b; 7,11.15.21); das unterstreicht die zentrale Bedeutung dieses Mannes.

> *Denn dieser Melchisedek, König von Salem und Priester des höchsten Gottes, begegnete Abraham, als dieser von der Niederwerfung der Könige zurückkam, und segnete ihn. Und Abraham gab ihm den* ***zehnten*** *Teil seiner gesamten Kriegsbeute. Er ist in erster Linie, wie die Übersetzung seines Namens an-*

zeigt, König der Gerechtigkeit und dann König von Salem, d. h. König des Friedens. Es gibt keinen Bericht über einen Vater, eine Mutter oder Vorfahren, noch Angaben über einen Anfang oder ein Ende seines Lebens, vielmehr ist er dem Sohne Gottes ähnlich gemacht, er bleibt ein Priester für immer, ohne Unterbrechung oder Nachfolger (Hebr. 7,1-3 [Amp]).

Diese Beschreibung passt auf keinen Menschen; jeder Mensch hat Vater, Mutter, Vorfahren; niemand übt in Ewigkeit irgendeine Funktion aus, auch nicht die eines Priesters. Wenn es sich nicht um einen Menschen handelt, wer ist es dann? Die Bibel selbst ist zurückhaltend, sie überlässt die relevanten Schlüsse dem glaubenden Leser, der Andeutungen richtig verstehen kann. Deshalb darf man folgern: Es war Jesus Christus selbst, der Sohn Gottes. Begegnungen mit Gott werden für Abraham nicht nur einmal indirekt genannt. Sehr bekannt ist die Begegnung mit der Dreieinigkeit selbst, die ihm in der Person von Engeln begegnet (vgl. 1 Mo 18). Ferner werden wahrscheinlich die meisten, die das Neue Testament kennen, bei Brot und Wein das Abendmahl assoziieren und an Jesus Christus denken.

Zusammenfassung und Beurteilung

Im Hinblick auf die Gabe des *„Zehnten"* durch Abram wurden Ergebnisse gewonnen, die sich in Kürze so zusammenfassen lassen: Abram gab den *„Zehnten"* aus der Beute eines Krieges, nicht aus seinem persönlichen Besitz. Die Gabe des *„Zehnten"* war ein **einmaliges** Geschehen, sie entsprang keinem Befehl Gottes. Die Gabe des *„Zehnten"* folgte entweder aus der Beachtung einer (heidnischen) (Kriegs)Tradition oder war ein freiwilliges Dankopfer an Gott für die Erfüllung der Bitte um die Befreiung Lots. Das mosaische Gesetz stellt niemals irgendeine Beziehung zwischen der Gabe des *„Zehnten"* durch Abram und dem im Gesetz enthaltenen *„Zehnten"* her. Auch kein neutestamentlicher Text stellt eine solche Beziehung her. Die Gabe des *„Zehnten"* war für Abram keine Bedingung, um Gottes Segen zu erhalten, wie die Kapitel 12–16 zeigen.

Die genannten und im Detail besprochenen Tatsachen stellen zweifelsfrei klar, dass die Argumente derjenigen abzulehnen sind, welche in Analogie zur Gabe des *„Zehnten"* durch Abram die Gabe des *„Zehnten"* in neutestamentlichen Gemeinden befürworten. Entschieden zurückzuweisen ist die Behauptung, der *„Zehnte"* sei eine immerwährende (ewige) Verpflichtung, weil der *„Zehnte"* ebenso wie die Ehe schon vor dem mosaischen Gesetz existiert habe. Diese Argumentation ist so skurril, dass sich die Frage aufdrängt, ob nicht bewusst Argumente zur Untermauerung einer vorgefassten Meinung gesucht werden – unabhängig von der biblischen Wahrheit.

2.2 Jakob und der Traum von der Himmelsleiter (1. Mose 28)

Der *„Zehnte"* wird zum zweiten Mal in 1. Mose 28 erwähnt:

> *... und alles, was du mir geben wirst [allen Zuwachs an Besitz], will ich dir getreulich* ***verzehnten*** (1 Mo 28,22 [Amp]).

Wieder ist die Frage zu stellen, in welchem Zusammenhang dieser Satz steht und welche Bedeutung ihm dadurch zukommt.

Jakob, der Sohn Isaaks und Rebekkas, hatte seinen Vater hintergangen und seinen älteren (zuerst geborenen) Zwillingsbruder Esau betrogen. Ihm waren alle Mittel recht gewesen, gute wie böse, um den Erstgeburtssegen zu erhalten, denn dieser versprach ein Leben mit Gott in der Nachfolge Abrahams, seines Großvaters, und seines Vaters Isaak. Jakob hatte die Prophetie missachtet, die seine Mutter vor der Geburt ihrer Zwillingssöhne empfangen hatte, in der es hieß:

> *[Die Gründer] zweier Nationen sind in deinem Leibe, die Trennung zweier Völker hat in deinem Leib angefangen; das eine Volk wird stärker sein als das andere, und der Ältere wird dem Jüngeren dienen* (1 Mo 25,23 [Amp]).

Aber Jakob sah keine Möglichkeit, auf legalem Weg zu dem väterlichen Erstgeburtssegen zu kommen. Es schien ihm auf Betreiben seiner Mutter hin nötig, die Sache selbst in die Hand zu nehmen, denn sein Vater bevorzugte ganz offen Esau so, wie seine Mutter ihn bevorzugte. Für dieses intrigante Verhalten war er geradezu prädestiniert, nachdem er Esau die Erstgeburt schon früher für ein Essen, ein Linsengericht, abgekauft hatte (1 Mo 25,29-34).

Jetzt war die Zeit gekommen, zu der alle Mitglieder der Patriarchenfamilie die Ernte ihrer bösen Saat einbringen würden – nach dem Willen Gottes fragte in diesem Moment niemand, aller

Glauben, alles Vertrauen auf Gott schien verschwunden zu sein. Es kam zu heftigen Szenen, zu heftigem Streit. Esau in seiner Wut drohte Jakob umzubringen, nachdem sein Vater gestorben sei, und seine Mutter wusste, dass das ernst zu nehmen war. Alle rechneten mit dem baldigen Tod Isaaks, tatsächlich lebte er aber noch viele Jahre und wurde sehr viel später – nach der Rückkehr Jakobs aus Mesopotamien und der Versöhnung zwischen den Brüdern – von seinen Söhnen gemeinsam begraben. (Wann Rebekka starb, wissen wir nicht, sie sah aber ihren Sohn Jakob niemals wieder.)

Isaak besann sich nun gemeinsam mit Rebekka eines Besseren, und sie schickten Jakob nach Mesopotamien zum Bruder der Rebekka mit dem Auftrag, sich dort eine Frau zu suchen. Esau musste erkennen, dass die Kanaaniterinnen, die er als Frauen genommen hatte, seinen Eltern ausgesprochen missfielen. Jakob reiste irgendwann tatsächlich ab, anscheinend heimlich, jedenfalls allein, mit dem Nötigsten ausgerüstet, aber nicht mit mehr als er tragen konnte – ganz anders als der Knecht, der früher für Isaak auf Brautwerbung nach Mesopotamien gereist war. Jakobs Erlebnisse, bevor es zum Versprechen mit dem *„Zehnten"* kam, werden in 1. Mose 28 geschildert:

Jakob aber zog aus von Beerseba und machte sich auf den Weg nach Haran. Da traf es sich, dass er an die [heilige] Stätte [von Bethel] kam, und er blieb dort über Nacht, denn die Sonne war bereits untergegangen. Und er nahm einen der Steine der Stätte, legte ihn unter sein Haupt und legte sich an dieser Stätte schlafen. Da träumte ihm, eine Leiter sei auf die Erde gestellt, die mit der Spitze an den Himmel rührte, und die Engel Gottes stiegen daran auf und nieder.

Und siehe da, Gott selbst stand dort oben und neben ihm und sagte: „Ich bin JAHWE, der Gott deines Vaters Abraham und der Gott Isaaks; das Land, auf dem du ruhst, will ich dir und deinen Nachkommen geben. Und deine Nachkommen sollen zahlreich werden wie der Staub der Erde; gegen Westen und Osten, gegen Norden und Süden sollen sie sich ausbreiten, und mit deinem und deines Geschlechtes Namen sollen gesegnet werden und sich segnen alle Geschlechter der Erde. Wahrhaftig, ich bin mit dir und will dich behüten überall, wo du hinziehst, und dich in dieses Land zurückbringen. Denn ich will dich nicht

> *verlassen, bis ich dir erfüllt habe, was ich dir versprochen habe."*
> *Als Jakob vom Schlaf erwachte, sprach er: „Wahrhaftig, der HERR ist an diesem Platze und ich wusste es nicht." Und er fürchtete sich und sprach: „Wie sehr ist dieser Platz zu fürchten [und zu verehren], hier ist nichts anderes als Gottes Haus und die Pforte zum Himmel."*
> *Am anderen Morgen aber in der Frühe nahm Jakob den Stein, den er unter sein Haupt gelegt hatte, und er stellte ihn auf als Gedenkstein [für die Vision in seinem Traum] und er goss Öl darauf [als Zeichen der Verehrung]. Und er nannte die Stätte Bethel, d. h. Gotteshaus. Früher aber hieß die Stadt Lus.*
> *Und Jakob tat ein Gelübde und sprach: „Wenn Gott (JAHWE) mit mir ist und mich behütet auf dem Weg, den ich jetzt ziehe, wenn er mir Brot zu essen gibt und Kleider anzuziehen und ich wohlbehalten wieder zu meines Vaters Haus zurückkomme, so soll JAHWE mein Gott sein, und dieser Stein, den ich als Gedenkstein aufgerichtet habe, soll ein Gotteshaus werden [ein heiliger Platz für mich], und allen Zuwachs an Besitz, den du mir gibst, will ich dir getreulich* ***verzehnten****"* (1 Mo 28,10-22 [Zü+Amp]).

Wenn wir diese Geschichte genau untersuchen, stellen wir fest, dass Jakob zuerst durch eine Begegnung mit Gott gesegnet wurde, bevor er selbst initiativ wurde – ähnlich wie sein Großvater Abraham. Im Falle Jakobs war es ein Traum, der für alle Zeiten Berühmtheit erlangte und bis heute weitererzählt wird. Gott erschien ihm in seiner Not und machte ihm im Traum große Versprechen: Zuerst gab er ihm eine Perspektive für die ferne Zukunft; sie betraf das Land, wo er sich befand, und eine Vielzahl von Nachkommen, die zum Segen für alle Völker der Erde werden würden. Für einen Mann, der auf der Flucht war und keine Frau hatte, an eine Frau höchstens denken konnte, war es viel versprochen. Gott machte ihm auch Versprechen für seine unmittelbare, persönliche Zukunft: Er würde Jakob behüten und nicht verlassen, bis er wohlbehalten wieder zurückkehren würde.

Jakob merkte, dass dies die Fortsetzung des Segens für Abraham war, und dass er jetzt der nächste Segensträger sein würde im Plan Gottes. Das hatte er auch bitter nötig in der Situation, in der er sich befand. Als er am nächsten Morgen aufwachte, fürchtete er sich wie so mancher nach einer Gottesbegegnung, weil er erfasste, dass er dieser Begegnung als sündiger Mensch nicht gewachsen war und schon gar nicht würdig dafür war. Jetzt machte Jakob Gott Versprechen: Er verspricht dreierlei: JAHWE soll sein Gott sein, er will den Ort, an dem er ist, als eine heilige Stätte ansehen, als eine Gedenkstätte für Gottes Handeln, und er will ihm den *„Zehnten"* geben von allem, was JAHWE ihm zuwenden wird – immer vorausgesetzt, dass JAHWE die Versprechen hält, die Jakob im Traum gehört hat: Protektion auf seinem Lebensweg, Nahrung und Kleidung und gute Rückkehr ins Vaterhaus. Wenn nicht, dann war es eben ein Irrtum und Jakob wäre frei, sich einen anderen Gott zu suchen, von dem er mehr Hilfe erhält.

Dieses Verhalten Jakobs ist sicher kein geistliches Vorbild für uns. Hier spricht ein Mann in Not und ein Mann, der über seine Sünden noch nicht hinweggekommen ist, das ist zu merken. Können wir Jakobs Versprechen bereits als Dankbarkeit im Voraus ansehen, oder müssen wir in seinen Worten einen Versuch der religiösen Bestechung sehen? In der Bibel lesen wir später nichts mehr von Jakob und seinem *„Zehnten"* – wir wissen also nicht, ob und wie er sein Versprechen erfüllte – nach dem Wortlaut des Gelübdes wäre der *„Zehnte"* erst nach etwa 20 Jahren fällig gewesen, anlässlich der Rückkehr mit seinen Frauen und Kindern in das spätere Land Israel. Völlig offen bleibt auch, wohin Jakob seinen *„Zehnten"* gegeben haben könnte – es gab damals keine geeignete Institution für diesen Zweck, keine Leviten, keinen Tempel in Jerusalem oder Ähnliches. Jakob und sein Clan waren vielmehr umgeben von heidnischen Priester-Königen mit Völkern, deren götzendienerisches Verhalten nach den Angaben der Bibel von JAHWE immer wieder tief missbilligt wurde – an diese konnte sein *„Zehnter"* nicht gegangen sein.

Beurteilung

Auch bei Jakobs *„Zehntem"* besteht weder ein Zusammenhang mit der Gabe des *„Zehnten"* nach dem mosaischen Gesetz noch kann er als Vorbild für die neutestamentliche Gemeinde angesehen werden. Jakobs Haltung gegenüber Gott ist vielmehr als das Feilschen eines Toren um seinen Vorteil zu charakterisieren, eingebettet in Unwissenheit, Unglaube und Ungehorsam.

2.3 Der heilige Gott und sein Volk – die Leviten und der Zehnte (3. Mose 27)

Die dritte Erwähnung des „*Zehnten*" findet sich in 3. Mose (Leviticus) 27,30-33:

> *Alle* ***Zehnten*** *des Landes, sowohl vom Ertrag des Bodens als von den Früchten der Bäume, gehören dem HERRN, sind dem HERRN geweiht. Will aber jemand seinen* ***Zehnten*** *lösen, so soll er den fünften Teil des Wertes drauflegen. Und der ganze* ***Zehnte*** *von Rindern und Schafen, je das* ***zehnte*** *Stück von allem, was unter dem Hirtenstabe hindurchgeht, soll dem HERRN geweiht sein. Man soll nicht untersuchen, ob es gut oder schlecht sei, man soll es auch nicht vertauschen. Wenn es jemand aber doch vertauscht, so sollen beide Tiere dem Heiligtum verfallen und dürfen nicht gelöst werden. Das sind die Gebote, die der HERR dem Mose auf dem Berge Sinai für die Israeliten gab.*

Diese Aussage steht im letzten Kapitel des Buches „Leviticus", einem Buch des Alten Testamentes, dessen Name von den Leviten abgeleitet ist. So stellt sich zwangsläufig die Frage: Wer waren die Leviten, und wieso standen sie in einer besonderen Beziehung zu JAHWE, dem Gott Israels? Die Leviten stammten ab von Levi, dem dritten Sohn Jakobs mit Lea. Levi hatte sich, zusammen mit seinem Bruder Simeon, schwerer Gewalttaten schuldig gemacht: vielfacher Mord an Männern, Versklavung von Frauen und Kindern sowie Raub von Menschen und Gütern – geschehen aus Wut und Zorn, ausgeübt in heimtückischer Art, ein Racheakt, der berechtigte Sühneforderungen weit überstieg – alles im Gegensatz zum Willen Gottes und Seines Vaters. Die Details sind in 1. Mose 34 unter dem Titel „Das Blutbad zu Sichem" beschrieben. Nachdem Levi zu keinem Zeitpunkt irgendwelche Reue gezeigt hatte, ließ Gott diese Tat nicht ungestraft durchgehen. Jakob sprach im Auftrag Gottes in einer Prophetie unmittelbar vor seinem Tode eine Strafe aus über die Nachkommen Levis (und Simeons):

> *Simeon und Levi sind Brüder, Werkzeuge des Frevels sind ihre Waffen. Ihrem Rat bleibe fern meine Seele, mit ihrer Versammlung eine sich nicht mein Herz; denn im Zorne töten sie Män-*

ner, und im Mutwillen verstümmeln sie Stiere. Fluch über ihren Zorn, dass er so heftig, und über ihren Grimm, dass er so grausam ist! Ich will sie zerteilen in Jakob, will sie zerstreuen in Israel (1 Mo 49,5-7).

Die von Levi und Simeon abstammenden Stämme sollten kein eigenes Gebiet erhalten, der Frevel an Gott und Menschen sollte zum Auslöschen des Gedächtnisses dieser beiden Männer führen. Dieser Fluch blieb ca. 400 Jahre während des Aufenthaltes in Ägypten bestehen, ohne dass er Konsequenzen zeitigte, aber er war nicht außer Funktion gesetzt, wie die spätere Landverteilung unter Josua, dem Nachfolger Mose, zeigte. Für den Stamm Levi (nicht aber für den Stamm Simeon) wurde der Fluch in Segen verwandelt, weil die Leviten in einer für die Geschichte des Volkes Israel entscheidenden Situation, nämlich am Sinai, beim Massenabfall des Volkes von JAHWE hin zu einem Götzenbild, einem Stiergott, auf die Befehle Gottes gehört hatten.

Für diese Umkehr zu ihm erwählte Gott die Leviten jetzt anstelle der Erstgeborenen zu seinem besonderen Eigentum. Ihnen wurden alle Funktionen übertragen, die mit dem Dienst für JAHWE zusammenhingen, während umgekehrt nun auch Gott ihr besonderes Erbe wurde. Für den ihnen übertragenen Dienst brauchten sie kein eigenes Stammesgebiet, es war im Gegenteil sehr passend, dass ihnen 48 Städte aus dem Gebiet der Stämme Israels zusammen mit dem erforderlichen Weideland für ihr Vieh zur Verfügung gestellt wurden. (Von Äckern ist nicht die Rede.) Diese Anordnung garantierte den Leviten eine Grundversorgung unabhängig vom Verhalten des Volkes Israel, sie nötigte sie aber auch, ihr Vertrauen im Hinblick auf ihre materielle Versorgung unmittelbar in ihr richtiges Verhalten Gott gegenüber zu setzen, denn ihre gottgegebenen Aufgaben konnten sie auf der Basis der Grundversorgung allein nicht erfüllen.

Wir gläubigen Christen von heute tun gut daran, schon an dieser Stelle zu beachten, dass die Israeliten ihre *„Zehnten"* stets durch Lieferung von Lebensmitteln entrichteten, und zwar ausschließlich (Acker)Bauern und Viehzüchter, nicht aber Handwerker, Kaufleute, andere Gewerbetreibende usw. Eine Bezahlung in Geld wurde durch Gott niemals angeordnet und fand auch später nicht statt, wie die folgenden Ausführungen belegen werden. Geld war im Alten Orient jedoch schon zu dieser Zeit sehr wohl in

Gebrauch (Emerson, layhands.com; vgl. 4 Mo 18,16; 5 Mo 14,25-26).

Der Abfall von Gott in der Wüste wurde ausgelöst, weil Mose sich 40 Tage auf dem Berg Sinai aufhielt. Die meisten Menschen rechneten nicht mehr mit seiner Rückkehr, während er dort die Offenbarungen Gottes aufnahm, als deren zentralen Inhalt wir die Zehn Gebote ansehen. Die Ereignisse werden im Detail in 2. Mose 32,25-29 beschrieben:

> *Als nun Mose sah, wie zügellos das Volk war (denn Aaron hatte ihm die Zügel schießen lassen zur Schadenfreude seiner Widersacher), trat er in das Tor des Lagers und rief: Her zu mir, wer zu dem HERRN hält! Da scharten sich um ihn alle Leviten. Und er sprach zu ihnen: So spricht der HERR, der Gott Israels: Gürte ein jeder sein Schwert an die Hüfte! Geht im Lager hin und her, von einem Tor zum anderen, und tötet alles, Brüder, Freunde und Verwandte! Und die Leviten taten wie Mose ihnen befohlen hatte. So fielen vom Volk an jenem Tage an die 3.000 Mann. Und Mose sprach: Weiht euch heute dem Dienste des HERRN, ein jeder um den Preis seines Sohnes und seines Bruders, damit er heute Segen auf euch lege.*

Die Wut des Stammvaters Levi kommt in seinen Nachkommen wieder hoch. Levi hatte die Menschen Sichems ohne Hemmungen ermordet. Seine Nachkommen, zu denen auch Mose und Aaron gehörten, ermorden nun auf Gottes Befehl hin Menschen, die wahrscheinlich eine führende Rolle beim Abfall von JAHWE gespielt hatten, 3.000 Mann. Wir sehen darin zuerst eine schreckliche Tat, das sahen die Leviten und Mose auch so, aber sie sahen auch, dass dadurch die Vernichtung des ganzen Volkes verhindert wurde. Mose hatte sich vorher selbst als Sühnopfer für das Volk angeboten, ein für Gott inakzeptables Angebot (vgl. das nichtangenommene Opfer Isaaks im Vergleich mit dem Sühnopfer Jesu Christi). Nach dem Willen Gottes würde das Volk zur Zeit Gottes seine gerechte Strafe erhalten.

Die geschilderten Ereignisse belehren uns in der Weise, dass die Geschichte einzelner Menschen, von Gruppen oder ganzer Völker von Gott her offen ist. Der Mensch, die Gruppe bzw. das Volk entscheidet sich für oder gegen Gottes Willen – entsprechend verläuft die Geschichte. Gott selbst ist immer bereit, Umkehr anzunehmen und eine Wende herbeizuführen in einer Weise, die er bestimmt.

In 3. Mose 27,30.32 wird der *„Zehnte"* zum ersten Mal im Zusammenhang mit dem mosaischen Gesetz erwähnt. Auf welche Weise wird er eingeführt? Auch hier gilt: Für ein richtiges Verständnis müssen wir den unmittelbaren Kontext dieser Verse beachten, aber, wie sich zeigen wird, vor allen Dingen auch die Intentionen des Buches Leviticus insgesamt. Schlägt man in Bibellexika nach wie in den Verzeichnissen in der „Thompson Studienbibel", dem Bibellexikon von Fritz Rienecker u. a., so wird man wie folgt belehrt: Das Buch Leviticus ist das Buch der jüdischen Ritual- und Opfergesetze, es gibt fast ausschließlich Worte Gottes wieder, die sich mit den Priestern aus dem Stamm Levi und dem alltäglichen religiösen Leben befassen, aber auch mit Ernährungsfragen, medizinischen und hygienischen Problemen sowie mit sozialen Verordnungen und Einrichtungen.

Zum zuletzt genannten Themenkreis gehörten auch die *„Zehnten"*, hier regelmäßige Abgaben, die den Leviten und teilweise auch den Priestern des Zentralheiligtums, d. h. der Stiftshütte, übergeben wurden. Als von JAHWE angeordnete Verpflichtung und für JAHWE gegeben erscheinen sie aufgrund des Offenbarungscharakters des Textes. Die Menschen lebten in einer Theokratie; eine Trennung in religiöse und säkulare Bereiche gab es nicht. Die Abgabe der *„Zehnten"* bezeugte ebenso wie die Beachtung der Regeln über Erstgeburt und Erstlinge die Tatsache, dass das Land Israel (wie streng genommen die ganze Erde) JAHWE gehörten (vgl. 3 Mo 19,5; 3 Mo 25,23).

Obwohl diese Aussagen (trotz einer kleinen Ungenauigkeit) richtig sind, fehlt dennoch bisher der Schlüssel zu einem tieferen, spirituellen Verständnis des Buches. Er findet sich jedoch, wenn man das gesamte Buch Leviticus sorgfältig liest. (Fast) in jedem Kapitel erscheinen die Ausdrücke „heilig" oder „hochheilig" bzw. die entsprechenden Substantive. In Kapitel 27,30 und 32 heißt es:

> *Alle Zehnten ... gehören dem HERRN und sollen dem HERRN* ***heilig*** *sein ...* und *... jedes zehnte davon soll* ***heilig*** *sein dem HERRN"* (Lutherübersetzung).

Sehr deutlich kommen die Intentionen des Buches Leviticus in Kapitel 11,4 heraus:

Denn ich bin der HERR, euer Gott. Darum sollt ihr euch heiligen, so dass ihr heilig werdet, denn ich bin heilig.

Die Zürcher Bibelübersetzungen und ebenso die Übersetzung von Hans Bruns formulieren in Vers 30 bzw. 32 wie folgt: „... *sind dem HERRN geweiht*" und „... *soll dem HERRN geweiht* sein" – das ist weniger gut verständlich. Die Buber-Rosenzweigsche Neuübersetzung formuliert: „*aller Zehnte des Landes ... Ihm gehört er, Darheiligung Ihm*" und „*das je Zehnte sei Darheiligung Ihm*" – das ist gewöhnungsbedürftig, während die Übersetzung der Amplified Bible „*it is holy to the Lord*" und „*shall be holy to the Lord*" ebenfalls sofort verständlich ist.

Noch einmal anders formuliert: Für unser heutiges Verständnis steht im Zentrum des Buches Leviticus die Frage: Wie kann ein sündiger Mensch sich dem heiligen Gott (JAHWE) nähern, wie kann der Abstand zwischen beiden überbrückt werden? Das Buch Leviticus beantwortet diese Frage für einen Angehörigen des Volkes Israel, des auserwählten Volkes zur Zeit des Alten Bundes, und nur für ihn durch Aufzählung von Vorschriften über stets neue Reinigung, Sühne und Opfer. Wie der Hebräerbrief im Speziellen darlegt, ist der Abstand zwischen dem heiligen Gott und dem Menschen aufgrund des Opfers Jesu Christi ein für alle Mal überbrückt. Daraus folgt nicht zwangsläufig, dass auch die Ernährungssachverhalte, die medizinischen, hygienischen, gesellschaftlichen und sozialen Vorschriften im engeren Sinne überholt sind, es sind im Gegenteil zahlreiche Vorschriften bei uns geltendes Recht geblieben. Weiter zeigen die Anordnungen für die Leviten, dass Gott eine enge Bindung und Abhängigkeit der zu ihm gehörenden Menschen an ihn wünscht, nicht aber an Menschen, auch nicht eine Unabhängigkeit von ihm auf Kosten von Menschen durch ausgeklügelte Systeme. Er will balancierte Gleichgewichte für die Menschen in seinem Volk, das werden uns die nächsten Aussagen über die „*Zehnten*" im Buch Numeri (4. Mose) zeigen.

Beurteilung

Das Buch Leviticus macht Aussagen über das Volk Israel zur Zeit des Alten Bundes, es wendet sich dabei an Leviten, Priester und gewöhnliche Angehörige des Volkes Israel. Als zentrale Aussage des Buches kann folgender Satz verstanden werden: „Ihr sollt heilig seien, denn ich, JAHWE, bin heilig." Damit ein sündiger

Israelit zur Zeit des Alten Testamentes sich Gott nahen konnte, wurden von diesem Gott bestimmte Anordnungen gegeben, die einzuhalten waren. Hieraus abzuleiten, dass die Anordnung zur Gabe des *„Zehnten"*, eines Bestandteils dieser Befehle, auch in neutestamentliche Zeit noch gültig sei, ist ausgesprochen problematisch.

2.4 Der Zehnte als Fundament der Einkünfte für Leviten und Priester im mosaischen Gesetz (4 Mo 18,20-29)

Die vierte Erwähnung des *„Zehnten"* folgt in 4. Mose (Numeri) 18,20-29.

Im 4. Buch Mose werden u. a. geschildert: der Aufbruch vom Sinai (10,11-13), der gescheiterte Versuch, in das gelobte Land einzudringen (Kapitel 13 und 14), das darauf folgende jahrelange, anscheinend sinnlose Herumziehen in der Wüste und schließlich die Eroberung (21,10-35) und Verteilung des Ostjordanlandes (Kapitel 32). Die Geschehnisse zwischen Gott und seinem Volk sowie seinen Führern Mose und Aaron werden als entscheidend wichtig angesehen und deshalb detailliert geschildert. Im Angesicht zahlreicher gefährlicher Situationen erwies sich der permanente Mangel an Vertrauen (Glaube) zu JAHWE sowie zu Mose und Aaron als Hauptproblem des Volkes. Die logische Konsequenz war mangelnde Bereitschaft, auf den Wegen Gottes tatsächlich zu gehen.

JAHWE musste immer wieder durch übernatürliche Wunder eingreifen, um seine berufenen Diener zu legitimieren: Das Wunder des aus totem Holz grünenden Stabes Aarons wird im Kapitel 17 geschildert. Dieses Wunder machte großen Eindruck auf die Israeliten, deshalb war jetzt der Zeitpunkt gekommen, um die Aufgaben und Rechte der Priester und Leviten aus der Sicht Gottes zu offenbaren. Diese Offenbarungen werden im Kapitel 18 beschrieben. Im Hinblick auf den *„Zehnten"* werden sie sich als das Fundamentalgesetz Gottes erweisen; die relevanten Verse sind 4. Mose 18,21.24.26.28.29.

> *1 Und der HERR sprach zu Aaron: Du und deine Söhne und dein ganzer Stamm mit dir, ihr seid verantwortlich für die Verfehlungen am Heiligtum; und du und deine Söhne mit dir, ihr seid*

verantwortlich für die Verfehlungen in eurem Priesteramt. 2
Aber auch deine Brüder, den Stamm Levi, den Stamm deines Vaters, lass mit dir herzutreten, dass sie sich dir anschließen und dir dienen, wenn du mit deinen Söhnen vor dem Zelte des Gesetzes amtest. 3 Und sie sollen des Dienstes bei dir und des Dienstes am ganzen Zelte warten; nur dürfen sie den heiligen Geräten und dem Altar nicht nahen, sonst müssen sie sterben und ihr mit ihnen. 4 Sie sollen sich dir anschließen und den Dienst am heiligen Zelte besorgen, alles, was es am Zelte zu tun gibt; ein Unberufener aber darf sich euch nicht nahen.
5 So wartet nun des Dienstes am Heiligtum und des Dienstes am Altar, dass nie mehr ein Zorn [Gottes] über die Israeliten kom-
me. 6 Siehe, ich selbst habe die Leviten, eure Brüder, mitten aus den Israeliten ausgesondert als Gabe für euch; sie sind dem Herrn geschenkt, um die Arbeiten am heiligen Zelte zu verrichten.
7 Du aber und deine Söhne mit dir, ihr sollt eures Priesteramtes warten in allem, was es am Altar zu tun gibt und drinnen hinter dem Vorhang, und sollt Dienst tun; zum Geschenk gebe ich euch das Priestertum. Der Unberufene aber, der herzutritt, soll getötet werden (4 Mo 18,1-7).

Der Schöpfergott erwies sich erneut als schöpferischer Gott: Entsprechend dem Gehorsam des Stammes Levi ihm gegenüber berief er in der Wüste Sinai diesen Stamm als Träger des religiösen Dienstes, des Kultus, im Volke Israel. Der Stamm Levi wurde vom übrigen Volk getrennt, und innerhalb des Stammes Levi wurde das Haus Aaron nochmals abgetrennt: Aaron und seinen Nachkommen wurde das Priestertum übergeben, die Möglichkeit der besonderen Nähe zu Gott, die übrigen Leviten wurden so etwas wie Hilfspriester und sollten alle Dienste verrichten, die für das heilige Zelt nötig waren. Wie wir Heutigen wissen, sollte dieses System für etwa 1200 Jahre in Israel bestehen – andere Möglichkeiten wurden ausgeschlossen. Jeder Israelit, der sich Gott nahen wollte, musste dies im Rahmen des levitischen Systems tun, andernfalls wurde er mit dem Tode bedroht – das ganze System war also kein totes Zeremonialgesetz, die Macht Gottes würde für jeden sichtbar werden, der es missachtete, für den Priester, den Leviten oder den gewöhnlichen Angehörigen des Volkes Israel.

8 Und der HERR sprach zu Aaron: Siehe, ich gebe dir von meinen Hebeopfern das, was zurückbehalten werden darf, von allen heiligen Gaben der Israeliten; ich gebe sie als Anteil dir und deinen Söhnen, als ewige Gebühr. 9 Dies soll dir gehören von den hochheiligen Gaben, so weit sie nicht verbrannt werden: alle ihre Opfergaben an Speisopfern, Sündopfern und Schuldopfern, die sie mir als Ersatz darbringen; alles Hochheilige soll dir und deinen Söhnen zufallen.
10 An hochheiliger Stätte sollst du es essen; alles, was männlich ist, darf davon essen. Als heilig soll es dir gelten. 11 Auch dies soll dir zufallen: die Hebe von ihren [sonstigen] Gaben, von allen Webeopfern der Israeliten; ich gebe sie dir wie auch deinen Söhnen und Töchtern als ewige Gebühr. Wer rein ist in deinem Hause, der darf davon essen. 12 Je das Beste vom Öl und je das Beste vom Wein und Korn, die Erstlinge, die sie dem Herrn geben, das gebe ich dir.
13 Die ersten Früchte von allem, was in ihrem Lande wächst, die sie dem HERRN darbringen, sollen dir zufallen. Wer rein ist in deinem Hause, darf davon essen. 14 Alles Gebannte in Israel soll dir zufallen.
15 Alle Erstgeburt von allem Fleisch, die sie dem HERRN darbringen, es sei ein Mensch oder ein Tier, soll dir zufallen; nur musst du die Erstgeburt von Menschen lösen lassen, und auch die Erstgeburt eines unreinen Tieres musst du lösen lassen. 16 Und was den Loskauf betrifft, so sollst du sie im Alter von einem Monat oder mehr nach deiner Schätzung lösen lassen, um fünf Lot Silber nach heiligem Gewicht, das Lot Silber zu 20 Gera.
17 Nur die Erstgeburt eines Rindes oder eines Schafes oder einer Ziege sollst du nicht lösen lassen; sie gehören dem Heiligtum. Ihr Blut sollst du an den Altar sprengen, und ihr Fett sollst du als lieblich duftendes Feueropfer für den HERRN verbrennen. 18 Ihr Fleisch aber soll dir zufallen; wie die Webebrust und die rechte Keule soll es dir zufallen. 19 Hebeopfer von heiligen Gaben, welche die Israeliten für den HERRN abheben, gebe ich dir wie auch deinen Söhnen und Töchtern als ewige Gebühr. Das ist ein ewiger Salzbund vor dem HERRN für dich und dein Geschlecht (4 Mo 18,8-19).

Ab Vers 8 werden die Details eines grundlegenden rituellen Systems genannt, nach dem die Priester und Leviten unter dem Alten Bund ihren Lebensunterhalt erhalten sollten. Zum Einkommen der Priester gehörten insbesondere Naturalien: Im Einzelnen genannte Teile der religiösen Opfer, Teile von Tieren und pflanzlichen Produkten, die Erstlinge von Tieren, Öl, Wein, und Korn, alle Opfer aufgrund irgendeines Gelübdes, Mittel aus der Auslösung von Menschen und unreinen Tieren, und ein Zehntel des *„Zehnten"*. Zum Einkommen der Leviten gehörten: der komplette *„Zehnte"* (minus 1/10 an die Priester) – andere Einnahmen kamen erst später hinzu. Besonders beachtet werden sollte die Tatsache, dass **die wichtigsten Personen des alttestamentlichen Systems, die aaronitischen Priester, keinen *„Zehnten"* erhielten – sondern nur ein Zehntel des levitischen *„Zehnten"*. Die Priester selbst gaben keinen *„Zehnten"*.** Ein Beitrag von Handel, Handwerk und anderen Gewerben wird nirgends erwähnt.

> *20 Und der HERR sprach zu Aaron: Du sollst in ihrem Lande kein Erbgut besitzen und keinen Anteil unter ihnen haben. Ich bin dein Anteil und dein Erbgut unter den Israeliten. 21 Aber siehe, den Leviten gebe ich alle* ***Zehnten*** *in Israel als Erbgut für den Dienst, den sie tun, als Lohn für den [niedrigen] Dienst am Heiligen Zelt.*
>
> *22 Darum sollen die Israeliten dem Heiligen Zelte künftig nicht mehr nahen, damit sie nicht Sünde auf sich laden und sterben,*
> *23 sondern die Leviten sollen die Arbeiten am Heiligen Zelt verrichten, und sie sind verantwortlich für ihre Verfehlungen; das ist ewig gültige Satzung, für euch und eure Nachkommen. Aber sie sollen unter den Israeliten keinen Landbesitz als Erbgut haben.*
>
> *24 Denn die* ***Zehnten*** *der Israeliten, die sie für den HERRN als Opfer darbringen, gebe ich den Leviten als Erbgut. Darum habe ich von ihnen gesagt, dass die Leviten unter den Israeliten keinen Grundbesitz als Erbgut haben sollen. [Sie haben Häuser und Städte und Weiden zur Nutzung, aber nicht als persönlichen Besitz.]*
>
> *25 Und der HERR redete mit Mose und sprach: 26 Zu den Leviten aber sollst du sagen: Wenn ihr von den Israeliten den* ***Zehnten*** *in Empfang nehmt, den ich euch von ihnen als Erbgut gegeben habe, dann sollt ihr davon wieder ein Opfer für den*

HERRN abgeben, einen ***Zehnten*** *vom* ***Zehnten*** *[den die Leute bezahlt haben]. 27 Und euer Hebeopfer wird euch angerechnet werden, wie [sonst] das Korn von der Tenne und die Fülle von der Kelter. 28 So sollt auch ihr das Opfer für den HERRN erheben von allen* ***Zehnten****, die ihr von den Israeliten empfangt, und dieses Hebeopfer für den HERRN sollt ihr Aaron, dem Priester, übergeben. Von allem, was euch geschenkt wird, sollt ihr dieses Hebeopfer für den HERRN nehmen, und zwar jeweils von dem besten Teil. 29 Von allem, was euch geschenkt wird, sollt ihr das Hebeopfer für den HERRN abheben, und zwar jeweilen von seinem besten Teil, als die gebührende heilige Abgabe.*
30 Und sprich zu ihnen: Wenn ihr so das Beste davon abhebt, so soll es (d. h. das Übrige) euch angerechnet werden, wie [sonst] der Ertrag der Tenne und der Ertrag der Kelter. 31 Und ihr dürft es an jedem Orte essen, ihr und eure Familie; denn es ist euer Lohn für euren Dienst am Heiligen Zelte. 32 Dann werdet ihr seinethalben keine Sünde auf euch laden, sofern ihr das Beste davon abhebt, und ihr werdet die heiligen Gaben der Israeliten nicht entweihen und werdet nicht sterben müssen (4 Mo 18,20-32 [Zü+Amp]).

Die zitierten Sachverhalte erscheinen uns als nüchternes Regelwerk für die finanzielle Versorgung der Leviten. Ihre Funktionsfähigkeit im Hinblick auf den *„Zehnten“* setzte so etwas wie „Steuerehrlichkeit“ voraus, von Kontrollen wird nichts gesagt. War das schon alles gewesen? Wurden die tieferen Absichten Gottes bereits erkannt und benannt? Antwort: Nein, nein, nein! Schon in 4. Mose 3,11-12 heißt es:

Siehe, ich selbst habe die Leviten aus den Israeliten ausgesondert zum Ersatz für alle Erstgeborenen unter den Israeliten, für das, was zuerst den Mutterschoß durchbrochen hat; ***mir sollen die Leviten gehören.***

Weiter heißt es in 4. Mose 18,6a:

Siehe, ich selbst habe die Leviten, eure Brüder, mitten aus den Israeliten ausgesondert ***als Gabe für euch; sie sind dem HERRN geschenkt*** *…*

In 4. Mose 18,20 schließlich wird das Herzensanliegen Gottes genannt:

> ***Ich*** (JAHWE) ***bin dein*** (Aaron und der Leviten) ***Anteil und dein Erbgut unter den Israeliten. Darum sollst du in ihrem Lande kein Erbgut besitzen und keinen Anteil unter ihnen haben.***

Wie dieser Vers (und andere[4]) zeigt, wollte *JAHWE* eine besondere Beziehung zwischen den Leviten und ihm. Dieses Ziel sollte dadurch erreicht werden, dass Landbesitz als Erbe gegen die zu vererbende Beziehung zu Gott getauscht wird, zu der auf der materiellen Ebene der *„Zehnte"* für die Leviten bzw. Naturalien u. a. für die Priester gehörten wie oben beschrieben. Gott weiß, dass die Menschen materielle Lebensbedürfnisse haben, auch diejenigen, die durch einen bestimmten Auftrag mit ihm verbunden sind; er kümmert sich darum. Andererseits möchte er, dass diese Menschen in einer dauerhaften Beziehung und Abhängigkeit von ihm leben. Die Antwort ist das oben dargestellte balancierte Regelwerk. JAHWE vergisst später auch nicht, die Israeliten daran zu erinnern, dass die Leviten in ihrer Gesamtheit und das mosaische Gesetz sein Geschenk an das Volk sind:

> *Denn das ist eure Weisheit und eure Einsicht in den Augen der Völker. Wenn sie von all diesen Satzungen hören, werden sie sagen: „Ein weises und einsichtiges Volk ist doch diese große Nation!" Denn wo wäre ein großes Volk, das einen Gott hätte, der ihm so nahe wäre wie uns der HERR, unser Gott, sooft wir ihn anrufen? Und wo wäre ein großes Volk, das Satzungen und Rechte hätte so gerecht wie dieses ganze Gesetz, das ich euch heute vorlege* (5. Mose 4,6-8)?[5]

---

[4] Die „Keinen Anteil- und keinen Erbbesitz-Regel" findet sich weiter in folgenden Bibelstellen: 5 Mo 12,12; 14,27,29; 18,1-2; Jos 13,14,33; 14,3; 18,7; Hes 44,28.

[5] Die Grundversorgung in einer Agrargesellschaft war für die Leviten auf genossenschaftlicher Basis organisiert: Die Leviten erhielten genossenschaftliches Eigentum, Städte und Weideland, das alle nutzen konnten (4 Mo 35,1-3; Jos 21,2-3), die Häuser und das Vieh gehörten wie es scheint den Einzelnen. Diese Basisversorgung ermöglichte es den Leviten, auch unter ungünstigen Umständen zu überleben. Als persönlicher Besitz für die Leviten waren die „Zehnten" vorgesehen, außerdem Geschenke (siehe oben). Die Situation der levitischen Priester wurde oben bereits beschrieben.

2.5 Der Wille JAHWES im Hinblick auf die Zehnten – neue Offenbarungen göttlicher Liebe (5 Mo 12,6; 14,22-29; 26,12-15)

Die letzte Erwähnung der *„Zehnten"* in den fünf Büchern Mose, dem Pentateuch, findet man in 5. Mose (Deuteronomium) 12,6, 14,22-29 und 26,12-15; eine ausführliche Darstellung der Ziele des *„Zehntengebens"* – einschließlich der übergeordneten Ziele – kann dem (Gesamt)Zusammenhang, dem Kontext, entnommen werden. Diese Texte werden im Folgenden zitiert.

> *1 Dies sind die Satzungen und Rechte, die ihr getreulich erfüllen sollt in dem Lande, das der HERR, der Gott deiner Väter, dir zum Eigentum bestimmt hat, solange ihr auf Erden lebt …*
> *4 Ihr sollt es nicht so halten mit dem HERRN, eurem Gott [wie jene Völker mit ihren Göttern], 5 sondern die Stätte sollt ihr aufsuchen, die der HERR, euer Gott, aus all euren Stämmen erwählen wird, dass er seinen Namen daselbst wohnen lasse, und dorthin sollt ihr kommen 6 und dorthin bringen eure Brandopfer und Schlachtopfer, eure* ***„Zehnten"*** *und Hebeopfer, eure gelobten und freiwilligen Gaben und die Erstgeburt von euren Rindern und Schafen 7 und sollt daselbst vor dem HERRN, eurem Gott, das Mahl halten und fröhlich sein, ihr und eure Familien, über allen Erwerb eurer Hand, womit der HERR, dein Gott, dich gesegnet hat* (5 Mo 12,1.4-6).

> *1 Ihr seid Kinder des HERRN, eures Gottes … 2 denn du bist ein dem HERRN, deinem Gott, geweihtes Volk, und dich hat der HERR aus allen Völkern, die auf Erden sind, für sich erwählt, dass du sein eigen seiest …*
> *22* ***Verzehnten*** *sollst du allen Ertrag deiner Saat, was auf dem Felde wächst, Jahr für Jahr, 23 und sollst vor dem HERRN, deinem Gott, an der Stätte, die er erwählt, dass er seinen Namen daselbst wohnen lasse, den* ***Zehnten*** *deines Korns, deines Weins und deines Öls* ***essen****, ebenso die Erstgeburt deiner Rinder und Schafe, auf dass du den HERRN, deinen Gott, allezeit fürchten lernst.*
> *24 Wenn dir aber der Weg zu weit ist, dass du es nicht hintragen kannst, und die Stätte, die der HERR, dein Gott, erwählt, dass er seinen Namen dorthin lege, dir zu ferne ist, wenn der*

HERR, dein Gott, dich segnet, 25 so setze es in Geld um, nimm das Geld zur Hand und gehe an die Stätte, die der HERR, dein Gott, erwählt.
26 Dann ***kaufe*** *für das Geld,* ***wonach*** *nur* ***dein Herz gelüstet****: Rinder, Schafe, Wein, starkes Getränk und was sonst dein Herz begehrt, und iss daselbst vor dem HERRN, deinem Gott, und* ***sei fröhlich, du und dein Haus****.*
27 Den Leviten aber, der an deinem Orte wohnt, sollst du nicht verlassen, denn er hat keinen Anteil und Erbbesitz neben dir. 28 Am Ende jedes dritten Jahres sollst du den ganzen ***Zehnten*** *deines Ertrages von jenem Jahre herausgeben und in deinem Orte niederlegen. 29 Dann mag der Levit, der ja keinen Anteil noch Erbbesitz neben dir hat, der Fremdling, die Waise und die Witwe, die an deinem Orte wohnen, kommen und sich satt essen, auf dass der HERR, dein Gott, dich bei aller Arbeit deiner Hände segne, die du tust* (5 Mo 14,1-2.22-29).

... 11 und sollst fröhlich sein ob all dem Guten, das der HERR, dein Gott, dir und deinem Hause gegeben hat, du und der Levit und der Fremdling, der bei dir wohnt. 12 Wenn du im dritten Jahr, dem ***Zehntjahr,*** *den ganzen* ***Zehnten*** *deines Ertrages vollständig entrichtet und ihn dem Leviten, dem Fremdling, der Waise und der Witwe gegeben hast, dass sie sich in deinem Orte davon satt essen, 13 so sollst du vor dem HERRN, deinem Gott, sprechen: Ich habe das Geweihte aus dem Hause weggeschafft und es dem Leviten, dem Fremdling, der Waise und der Witwe gegeben genau nach dem Gebote, das du mir auferlegt hast, ich habe keines deiner Gebote übertreten und vergessen. 14 Ich habe nichts davon gegessen, als ich in Trauer war, und nichts davon weggeschafft, als ich unrein war, und nichts davon gegeben für einen Toten. Ich habe auf das Wort des HERRN, meines Gottes, gehört: Ich habe genau getan, was du mir geboten hast. 15 Blicke herab von deiner heiligen Wohnung, vom Himmel, und segne dein Volk Israel und das Land, das du uns gegeben, wie du unseren Vätern geschworen hast, ein Land, das von Milch und Honig fließt* (5 Mo 26,11-15).

Wie der aus dem Griechischen abgeleitete Name Deuteronomium sagt, ist das 5. Buch Mose vielfach eine Wiederholung der Bücher Exodus, Leviticus und Numeri. Diese Wiederholungen wurden auf den Feldern von Moab gegeben, vor der Überquerung des Jordans, unmittelbar vor der Eroberung des versprochenen Landes. Sie waren nötig, weil die Generation, die als Erwachsene aus Ägypten ausgezogen war, in der Wüste gestorben war. Ihre Nachkommen brauchten eine Erinnerung an das Gesetz, den Bundesschluss JAHWES mit dem Volk Israel. Segensversprechen Gottes, verbunden mit Aufforderungen zum Gehorsam, Rückblicke auf die Entscheidungen der Elterngeneration und ihrer Folgen für das Leben dieser Menschen, Warnungen, auch Androhungen von Flüchen, finden sich immer wieder. Diese Wiederholung war keine menschliche Idee, sondern erfolgte aufgrund göttlicher Offenbarung. Was Mose hier sagte, war wichtig; was nicht gesagt wurde, lief Gefahr, für immer vergessen zu werden. Deshalb verdienen die hier gemachten Aussagen über den *„Zehnten"* (und über das *„Zehntjahr"*) besondere Beachtung; bedeutsame Absichten Gottes für sein Volk Israel und jeden Menschen in ihm werden in diesem Buch mitgeteilt.

Das Größte von allem wird unübertreffbar gesagt in den Worten: *„Ihr seid Kinder JAHWES, eures Gottes"* (14,1) und *„Du bist ein JAHWE, deinem Gott, geweihtes Volk"* (14,2) und *„Dich hat JAHWE aus allen Völkern, die auf Erden sind, für sich erwählt, dass du sein eigen seiest"* (14,2). Das war und das sollte die Realität des Lebens für jeden Israeliten sein, und das war der tiefste Grund zum Jubeln: Abseits aller Götzen, die damals von den Menschen angebetet wurden, gab es einen, und nur einen wahren Gott, JAHWE (vgl. 4,35-36; 7,9; 10,17-21), ein Gott der Liebe für sein Volk, das er sich unter allen Völkern ausgesucht hatte (vgl. 4,37-40; 6,5; 7,8; 10,12-15; 14,2; 26,16-19; 28,1-14), die Nachkommen der Patriarchen Abraham, Isaak und Jakob, die wiederum auch ihn geliebt hatten.

Er hatte Pläne mit diesem Volk, Pläne zur Erlösung aller Menschen aus allen Völkern – aber das war noch nicht offenbart und daher damals noch nicht bekannt. Bekannt war aber, dass die Götzen, die Abgötter der Völker, die falschen Götter, ihre Völker bedrückten, unterdrückten – ihnen gerade nicht zu einer besseren Lebensqualität verhalfen, wie wir heute sagen würden. Bekannt war auch, dass hinter den falschen Göttern machtvolle spirituelle, dem wahren Gott (JAHWE) feindliche Kräfte verborgen waren – sonst machen die vielfach wiederholten, dringenden Verbote des

Götzendienstes keinen Sinn (vgl. 4,3; 4,15-19; 5,7-10; 6,13-15; 7,1-5.25-26; 8,19; 12,29-31; 13,1-18; 16,21-22; 18,9-12.14).

Zum Bundesschluss JAHWES mit seinem Volk gehörte auch das Land Kanaan, das versprochene, gelobte, verheißene Land: Anordnungen und Satzungen, die sich auf „Geben" beziehen, galten daher erst in diesem Land, darunter auch die Gabe des *„Zehnten"* – während 40 Jahren in der Wüste wurde kein *„Zehnter"* bezahlt, und nach der Vertreibung aus dem gelobten Land erlosch die Pflicht zur Zahlung des *„Zehnten"* (vgl. 3 Mo 27,30; 5 Mo 26,15; 5 Mo 12,9).

Aus 5. Mose 12,6-7 und 14,23 erfahren wir, dass es einen zweiten *„Zehnten"* gab. Dieser *„Zehnte"* diente der Finanzierung der zahlreichen, meist mehrtägigen Feste in Israel, die im Jahreszyklus abgehalten wurden. Er wurde von der ganzen Familie verkonsumiert einschließlich aller Bediensteten, und zwar immer am Ort des zentralen Heiligtums, in späterer Zeit war das Jerusalem. Was wollte Gott mit dem *„Festzehnten"?* Meiner Erkenntnis nach wollte er einen Ausgleich schaffen zwischen göttlichen und menschlichen Wünschen, Bedürfnissen und Notwendigkeiten. Nach der Eroberung des gelobten Landes sollte jeder Mensch aus seinem Volk einmal im Jahr an den Ort kommen, an dem Offenbarungen Gottes stattfanden. Jeder Mensch sollte schon damals eine Begegnung mit Gott wenigstens einmal im Jahr haben – wie z. B. Hanna, die Mutter Samuels (vgl. 1 Sam 1–2). Eine Begegnung mit Gott konnte man damals nicht überall haben – auch heute ist eine Gottesbegegnung nichts Selbstverständliches. So eine Reise kostete damals wie heute (vielleicht viel) Geld, das aus einer Sonderkasse, dem *„Festzehnten"* zu entnehmen war. Reisekosten sowie Unterkunft und Verpflegung sollten davon bezahlt werden – Gott wollte, dass seine Leute fröhlich seien, dass sie essen und trinken sollten, was sie sich wünschten – kein minderwertiges Essen, keine Minimalverpflegung, vielmehr Essen, an dem alle dankbare Freude erlebten.

Dieser Zweck des Zehntgebens war im Alten Testament bisher nicht offenbart worden! Dieser zweite *„Zehnte"* war nicht speziell für die Leviten reserviert wie implizit immer wieder gesagt wird. In freikirchlichen Gemeinden, die den neutestamentlichen *„Zehnten"* propagieren, habe ich noch niemand über die Verse 5. Mose 12,6-7 oder 14,23 und den zugehörigen Kontext sprechen hören –

wahrscheinlich kein Zufall, denn diese Verse erzeugen für solche Gruppen ein Dilemma. Wenn man sie anerkennt, müsste man den Menschen erlauben, von ihren *„Zehnten"* einen Teil zu nehmen und für Festzwecke zu verwenden – ein moderner Vorschlag wäre z. B. der Besuch von Kongressen auswärts. Weiter gilt: Wenn man anerkennt, dass es tatsächlich einen zweiten *„Zehnten"* gab, dann müsste eine Zehntgeld erhebende Gemeinde 20 % verlangen – ich gehe davon aus, dass kein Leiter dies durchfechten will und auch kein Gemeindemitglied so viel bezahlen will – oder doch?

Aus 5. Mose 14,28-29 und 26,12-13 erfahren wir, dass es noch einen weiteren, den dritten *„Zehnten"* gab, der jedoch nur alle drei Jahre erhoben wurde. Eine andere Interpretation der Texte besagt, dass jedes dritte Jahr vom *„Festzehnten"* nichts weggenommen werden durfte und auf diese Weise der sogenannte *„Armenzehnte"* generiert wurde. In jedem Fall diente dieser *„Zehnte"* sozialen Zwecken und wurde für den Lebensunterhalt von Witwen, Waisen, Fremden (auch Ausländern) sowie für die Leviten erhoben, deren Armut wegen fehlenden Landbesitzes immer vorausgesetzt wird. Dieser *„Armenzehnte"* wurde am Ort der Erhebung verbraucht. In jedem Fall kam hier Neues in die israelitische Gedankenwelt: Gott wollte einen finanziellen Ausgleich schaffen zwischen Bedürftigen und Besitzenden durch den dritten *„Zehnten"*. Gott will keinen Zwang – das wird aus diesen Texten deutlich –, aber er weist nachdrücklich darauf hin, dass sein Segen, hier der Ernteertrag, vom Einhalten seiner Gebote abhängt. Jeder Israelit wurde aufgefordert, sich danach zu richten und dann vor Gott zu treten und zu sagen: „Ich habe deine Gebote erfüllt, jetzt, o Gott, segne dein Volk und (implizit) auch mich als Mitglied deines Volkes!" Zusammenfassend kann man sagen: In großen Teilen des Alten Testamentes wird immer wieder deutlich, wie wichtig Gott eine ausreichende materielle Versorgung der Bedürftigen war. Fürsorge für die Armen war eine Aufgabe des ganzen Volkes, aber insbesondere eine Aufgabe der religiösen Führer.

Im Hinblick auf den *„Zehnten"* in diesem Buch ist es wichtig festzuhalten, dass die Armen keine *„Zehnten"* bezahlten – sie erhielten im Gegenteil Anteile der *„Zehnten"*, der Opfer, der freiwilligen Gaben und von Israels Überfluss. Der „Code of Jewish Law“[6] sagt:

> Wer selbst kaum genug hat, um seine eigenen Bedürfnisse zu befriedigen, ist nicht verpflichtet, zum Wohlfahrtssystem beizutragen, denn sein eigener Lebensunterhalt hat Vorrang vor demjenigen anderer.

Mit heutigen Worten könnte man sagen: Unsere erste ökonomische Pflicht ist es, für das Notwendige an Lebensmitteln, Kleidung und Unterkunft für unsere Familien zu sorgen. Das Sozialsystem Israels im Alten Bund enthielt noch weitere Anordnungen zur Unterstützung der Armen; hierher gehören: Die Satzung zur Nachlese (vgl. 5 Mo 24,19-21) – nach der Ernte sollte nicht nach zufällig nicht geerntetem Getreide oder zufällig hängen gebliebenen Früchten an den Bäumen gesucht werden –, die Satzung zur Reduktion der Opfer und Ablösesummen für die Armen (vgl. 3 Mo 14,21; 27,8), besondere Geschenke für die Armen während Festzeiten (vgl. Est 9,22), der Ertrag der Felder jedes siebte Jahr (Sabbatjahr, Zehntjahr) und alle 50 Jahre (Halljahr, Jubeljahr) u. Ä. Wir erfahren aus dem Neuen Testament, dass Josef und Maria, die Eltern Jesu, keine *„Zehnten“* zahlten und dass sie vom Armenopfer Gebrauch machten (vgl. Luk. 2,22-24). Auch Jesus bezahlte keine *„Zehnten“*, denn er besaß kein Land und keine Herden. Auch während seines Dienstes zahlte er zusammen mit seinen Jüngern keine *„Zehnten“* (vgl. Matth. 12,1-2; Mark. 2,23-24; Luk. 6,1-2), denn niemand aus dem Kreis der Jünger erfüllte die Qualifikation für die Zahlung des *„Zehnten“*.

Zur Zeit der Einsetzung dieser Satzungen und Anordnungen während der Wüstenwanderung und ebenso in der Zeit Josuas und der Richter beruhte alles auf Freiwilligkeit; eine Staatsautorität, um die Forderungen nach *„Zehntgeldern“* durchzusetzen, gab es erst ab Beginn der Königszeit. Für diese Zeit und danach ist die historische Erklärung einfach: Die *„Zehnten“* waren Steuern, total mindestens 23 1/3 Prozent pro Jahr. Der jüdische Talmud und die meisten jüdischen Schriftsteller wie Josephus beschreiben die *„Zehnten“* als Steuer, während viele Theologen schon lange Zeit darüber streiten, ob es einen oder mehrere *„Zehnten“* gab und

---

[6] Solomon Ganzfried, „Code of Jewish Law“, übersetzt von H. E. Goldin, Spencetown, New York: Hebrew Publishing 1961; zitiert nach Kelly, 2007, Seite 62.

wie hoch der exakte Steuersatz war. Als Steuersatz wären 23 1/3 Prozent vergleichsweise niedrig, die moderne Besteuerung ist gewöhnlich höher, auch in Deutschland.

Zur Zeit Jesu belief sich der Steuersatz im Römischen Reich auf mindestens 40 %. Wenn man die vielen Zölle und (un)freiwilligen Sonderabgaben dazurechnet, konnten 50 % durchaus überschritten werden. Betrachtet man Zehntgeld erhebende freikirchliche Gemeinden der heutigen Zeit in Deutschland, so ist es in jedem Fall unseriös, nur den ersten (levitischen) *„Zehnten"* für die Bezahlung des Klerus (sowie Mieten, Bauteninstandhaltung, Gemeindeaktivitäten etc.) zu erwähnen und einzufordern, die Existenz des *„Festzehnten"* und des *„Armenzehnten"* im Alten Testament aber zu verschweigen. Eine biblische Begründung gibt es auch nicht für die heutige Forderung an die sozial Schwachen, zuerst den *„Zehnten"* aus dem Bruttoeinkommen zu zahlen, ganz besonders dann nicht, wenn der Pastor durch die Zehntgelderhebung selbst ein wohlhabender oder gar reicher Mann geworden ist – oder gibt es so etwas nur in den Vereinigten Staaten von Amerika (USA)?

Beurteilung

Vor der Überquerung des Jordans und dem Einzug in das gelobte Land wurden von JAHWE nochmals Offenbarungen gegeben, die das Verhältnis zwischen ihm und seinem Volk in Gegenwart und Zukunft in großer Klarheit beschreiben sollten: JAHWE ist ein Gott der Liebe, der sich ein Volk als sein Eigentum erwählt hat, das wiederum seine absolut guten Eigenschaften durch Vertrauen und Gehorsam ihm gegenüber widerspiegeln sollte. Im *„Festzehnten"* sollte sich die Freude der Begegnung mit ihm widerspiegeln; mittels des *„Armenzehnten"* und anderer sozialer Vergünstigungen sollten die Bedürfnisse der notleidenden Bevölkerung erfüllt werden.

2.6 Der Zehnte als Steuer des Königs (1. Samuel 8,4-21)

Die sechste Erwähnung des „*Zehnten*" findet sich in 1. Samuel 8:

> *Von eurem Getreide und euren Weinbergen wird er (der König) den* ***Zehnten*** *nehmen und seinen Offizieren und Dienern geben ... Von euren Schafen wird er den* ***Zehnten*** *nehmen und ihr selbst müsst seine Sklaven sein* (1 Sam 8,15.17 [Amp]).

Der Gesamtzusammenhang wird in Kapitel 8 dargestellt.

> *1 Als aber Samuel alt geworden war, setzte er seine Söhne zu Richtern über Israel. 2 ... die sprachen Recht zu Beerseba. 3 Aber seine Söhne wandelten nicht in seinen Wegen, sondern gingen dem Gewinn nach, ließen sich bestechen und beugten das Recht.*
> *4 Da versammelten sich alle Ältesten Israels, kamen zu Samuel nach Rama 5 und sprachen zu ihm: Siehe, du bist alt geworden, deine Söhne aber wandeln nicht in deinen Wegen; so setze nun einen König über uns, dass er uns regiere, wie es bei allen Völkern Brauch ist.*
> *6 Doch Samuel missfiel es, als sie sagten: Gib uns einen König, dass er uns regiere! Und Samuel betete zum HERRN. 7 Der HERR aber sprach zu Samuel: Willfahre dem Begehren des Volkes in allem, was sie zu dir sagen; denn nicht dich, sondern mich haben sie verworfen, dass ich nicht König über sie sein soll. 8 Ganz so, wie sie mir getan haben seit dem Tage, da ich sie aus Ägypten heraufgeführt habe, bis auf diesen Tag, indem sie mich verließen und anderen Göttern dienten, so tun sie nun auch dir. 9 So willfahre ihrem Begehren; nur warne sie ausdrücklich und tue ihnen kund das Recht des Königs, der über sie herrschen soll.*
> *10 Und Samuel sagte dem Volke, das einen König von ihm begehrte, alle Worte des HERRN 11 und sprach: Das wird das Recht des Königs sein, der über euch herrschen soll: Eure Söhne wird er nehmen, dass er sie für seine Wagen und seine Rosse verwende, dass sie vor seinem Wagen herlaufen, 12 dass er sie zu seinen Obersten über Tausend und Obersten über Fünfzig mache, dass sie seine Äcker pflügen und seine Ernte schneiden*

und dass sie seine Kriegswaffen und seine Wagengeräte machen. 13 Eure Töchter wird er nehmen, dass sie ihm Salben mischen, kochen und backen. 14 Eure besten Felder, Weinberge und Ölbäume wird er nehmen und seinen Dienern geben. 15 Von euren Saaten und Weinbergen wird er den ***„Zehnten"*** *nehmen und seinen Kämmerern und Dienern geben. 16 Eure Knechte und Mägde und eure schönsten Rinder und eure Esel wird er nehmen und für seine Hofhaltung verwenden. 17 Von euren Schafen wird er den* ***„Zehnten"*** *nehmen, und ihr selbst müsst seine Sklaven sein. 18 Wenn ihr dann wegen eures Königs, den ihr euch erwählt habt, schreit, so wird der HERR euch alsdann nicht antworten.*

19 Aber das Volk weigerte sich, auf Samuel zu hören, und sprach: Nein! Ein König soll über uns herrschen! 20 Wir wollen es ebenso haben wie alle anderen Völker! Unser König soll uns Recht sprechen, soll vor uns her ziehen und unsere Kriege führen!

21 Als Samuel alle Worte des Volkes gehört hatte, trug er sie dem HERRN vor. 22 Der HERR aber sprach zu Samuel: Willfahre ihrem Begehren und gibt ihnen einen König. Danach sprach Samuel zu den Männern Israels: Geht heim, ein jeder in seine Stadt.

Die Geschehnisse, die in diesem Kapitel beschrieben werden, sind mehrheitlich negativ belegt. Am Anfang steht eine Fehlentscheidung des Propheten Samuel, der ohne entsprechende Anordnung Gottes seine Söhne als seine Nachfolger einsetzte. Das Ergebnis war ein Fiasko – Korruption, Rechtsbeugung usw. Das Versagen eines so hoch verdienten Mannes wie des Propheten Samuel ist schmerzlich, belegt aber zweifelsfrei, dass auch ein „geistgeleiteter Führer" sehr wohl zu Fehlentscheidungen fähig ist. Der Protest der Geführten, des Volkes, war heftig: Die aufgrund traditionell vorhandener Strukturen anerkannten Leiter, die Ältesten des Volkes Israel, suchten Samuel in seinem Heimatort auf und verlangten nicht nur eine Revision seiner Entscheidung, sondern eine umwälzende Verfassungsänderung – sie wollten einen König als Herrscher wie alle anderen Völker auch, aber dieser sollte von Gott eingesetzt, „gesalbt" sein – und dazu brauchten sie den Propheten Samuel.

Die besondere Beziehung Samuels zu Gott wurde von niemandem angezweifelt, auch seine religiösen, politischen, sozialen und anderen Verdienste nicht. Samuel war bis ins Innerste getroffen: Hatte er vergeblich versucht, die Menschen seines Volkes auf Dauer mit ihrem Gott zu verbinden? Sollte sein Lebenswerk vergeblich gewesen sein? Sollte er der letzte „geistgeleitete Führer", der letzte Richter Israels, gewesen seien – der letzte Leiter, der über das Volk keine Macht ausgeübt hatte? Dieses Mal wendet er sich sofort an Gott und erhält eine Antwort – sie konnte ihm nicht gefallen, und sie gefiel ihm auch nicht. Seit Anfang ihrer Volkwerdung, seit dem Auszug aus Ägypten, so sagte Gott, hat dieses Volk sich geweigert, mich über sie herrschen zu lassen, mich über sie HERR sein zu lassen, sie wie ihre Vorfahren – trotz aller Wunder, die in Ägypten geschahen, trotz aller Wunder in der Wüste, trotz aller späteren Wunder, trotz aller Nöte, aus denen ich sie später, nicht zuletzt auch unter deiner Mitwirkung herausgeführt habe. Gib ihnen, was sie wollen, sie sollen erfahren, was es heißt, mich zu verlassen, sie sollen erfahren, was es heißt, von Menschen abhängig zu sein. Aber gib ihnen eine letzte Warnung und verschweige ihnen die Folgen nicht.

So wurde Samuel noch einmal wirklich deutlich – Verse 10-17. Er nahm kein Blatt vor den Mund, manche würden auch sagen, er übertrieb. Alle diese Verse sind negativ belegt, besonders aber der zweite Teil des 17. Verses – ***„ihr aber müsst seine Sklaven sein!"*** Wer möchte freiwillig Sklave werden – der Willkür eines Herrschers ausgeliefert, von ihm behandelt werden, wie es diesem Menschen gefällt, rechtlos werden, eine Sache, ja Besitz eines anderen Menschen werden? Der *„Zehnte"* im Zusammenhang mit Willkür und Rechtlosigkeit?

Die Erhebung des *„Zehnten"* war in der Umwelt Israels vor und nach der Zeit Samuels üblich – bei Phöniziern, Babyloniern, Persern, Arabern, Griechen und Römern. Das war zur Zeit Samuels in Israel bekannt. Aber das Volk wollte nicht auf ihn und Gott hören. Sie blieben bei ihrer Forderung nach einem König; sie blieben bei der Forderung, ein hierarchisches Machtsystem zu etablieren, wie es anderswo auch üblich war. Die Berufung eines „geistgeleiteten Führers" wie Samuel durch Gott je nach Bedarf unter der immerwährenden Kontrolle (Königsherrschaft) Gottes wollten sie nicht mehr länger akzeptieren. Die Sturheit ihrer Weigerung ist erstaunlich: Die Verschlechterung ihrer politischen, sozialen, rechtlichen und finanziellen Situation war ihnen anscheinend ebenso gleichgültig wie der Hinweis Gottes, dass er nach Einführung eines solchen Machtsystems später nicht mehr bereit sein würde, dieses Machtsystem wieder zu beseitigen.

Gott wies Samuel an, dem Verlangen der Leute zu entsprechen; er machte (dem weinenden) Samuel auch klar, dass die Leute nicht zuerst ihn, Samuel, verwerfen würden, sondern Gott selbst.[7,8] Der *„Zehnte"* erscheint gemäß dieser Bibelstelle in einem ganz anderen Licht als bisher, nämlich eindeutig als Steuer: Die Freiwilligkeit der Abgabe wird durch ein Zwangssystem ersetzt, der Mensch muss bezahlen, ob er will oder nicht.

Die Ablehnung dieses Herrschaftssystems und des damit verbundenen Machtapparates durch Gott ist offenkundig – erstaunlich ist aber die Tatsache, dass die beteiligten Menschen sich eines Besseren nicht belehren lassen (wollen), sondern dieses System – Menschenherrschaft statt Gottesherrschaft – geradezu fordern. Samuel hatte klar auf den Zusammenhang zwischen Geld und Macht hingewiesen, auch auf die Gefahr des Machtmissbrauchs. Gibt es eine Erklärung dafür, dass die Menschen einem solchen

---

[7] Einen gleichartigen früheren Versuch, die Herrschaft Gottes durch die Herrschaft eines Menschen, hier eines Königs, zu ersetzen, erwähnt das Buch der Richter (Ri 8,22-23) für eine Zeit lange vor Samuel: *„Da sprachen die Männer Israels zu Gideon: Herrsche über uns, du und dein Sohn und deines Sohnes Sohn, weil du uns aus der Hand der Midianiter errettet hast. Aber Gideon sprach zu ihnen: Ich will nicht über euch herrschen, mein Sohn soll auch nicht über euch herrschen, der HERR soll über euch herrschen!"*

[8] Der entscheidende Unterschied zwischen einem vom Heiligen Geist geleiteten Führer (hier Samuel) und einem Herrscher nach dem System der Welt ist: Der wirklich geistgeleitete Führer stellt (oder versucht es zumindest) das richtige Verhältnis zwischen Gott und Mensch wieder her, der Einzelperson wie der Gruppe bis hin zum Volk insgesamt. Sein Anliegen ist Dienen – darin wird die Herrschaft Gottes erkennbar –, der Aufbau guter Verhältnisse in jeder Hinsicht, Förderung des Einzelnen, Wohlfahrt des ganzen Volkes. An Macht und Reichtum, Geld wie Besitz, ist er nicht interessiert. Der Herrscher nach dem System der Welt ist eine Person, die herrscht, die nicht dient. Er nimmt für sich, was er braucht, um das System zu erhalten; er setzt sich vielleicht sogar sehr ein, aber er kümmert sich nicht unbedingt um Recht, Gesetz – er will seine Macht etablieren, stabilisieren und erhalten – zu seinem Vorteil. Das kann schnell gehen, kann aber auch einige Generationen dauern – untersuchen wir doch einmal die deutsche und die europäische Geschichte unter diesem Gesichtspunkt!

System nicht nur freiwillig zustimmen, sondern es geradezu fordern? Ja, es gibt eine Erklärung; sie ist in 1. Mose 3,8-9 zu finden.

> *Sie (die ersten Menschen) hörten SEINEN Schall, Gottes, der sich beim Tageswind im Garten erging. Es versteckte sich der Mensch und sein Weib vor SEINEM, Gottes, Antlitz mitten unter den Bäumen des Gartens. ER, Gott, rief den Menschen an und sprach zu ihm: Wo bist du? Er sprach: Deinen Schall habe ich im Garten gehört und fürchtete mich, weil ich nackt bin, und ich versteckte mich. ER sprach: Wer hat dir gemeldet, dass du nackt bist? Hast du vom Baum, von dem nicht zu essen ich dir gebot, gegessen?* (Buber-Rosenzweigsche Übersetzung)

Der von Gott im Sündenfall abgefallene Mensch meidet die Nähe Gottes; er sucht ihm aus dem Weg zu gehen und versucht, sich vor ihm zu verstecken. Das führt dazu, dass der Mensch ganz generell sich lieber einen über ihm stehenden Menschen sucht, der zwischen ihm und Gott vermittelt – Priester, Pfarrer, Pastor usw. –, anstatt dass er selber Gott gegenübertritt. Zur Zeit Samuels wollte das Volk Israel einen theokratischen Herrscher, eine Person, die über ihnen thronte, die „geistliche und weltliche Macht" gleichzeitig ausübte, einen Führer, der sie aller eigenen Verantwortung enthob, dem sie zujubeln konnten.

Jetzt möchte ich Ihnen, dem Leser, der mir bis hierher gefolgt ist, einen Vorschlag machen und einige Fragen stellen, insbesondere, wenn Sie Mitglied einer Zehntgeld erhebenden Freikirche sind. Zuerst eine Selbstprüfung: Bevorzugen Sie, ein Leben in persönlicher Verantwortung vor Gott zu führen, oder bevorzugen Sie allgemein übliche säkulare Führungsstrukturen auch im Leben der Gemeinde, der Sie angehören? Sind Sie schon einmal auf den Gedanken gekommen, dass es Parallelen geben könnte zwischen dem freikirchlichen System, dem Sie angehören, und dem israelitischen Königtum, wie es hier geschildert wird? Sie haben keinen König über sich, sondern sind ein freier Mensch? Können Sie als Mitglied Ihrer Freikirche irgendetwas tun, ohne die Erlaubnis des Leiters oder Leitungsgremiums einzuholen? Gibt es innerhalb des Gottesdienstes Raum für Sie, um zu Wort zu kommen?

Im Synagogengottesdienst zur Zeit Jesu und der Apostel hatte jeder Israelit die Möglichkeit, am Schluss des Gottesdienstes das Wort zu ergreifen – Jesus und die Apostel haben davon vielfach

Gebrauch gemacht. Wenn Jesus in Ihre Gemeinde käme, würde er zu Wort kommen? Die Gabe des *„Zehnten"* und die Beteiligung an eventuellen Dienstleistungen in Ihrer Gemeinde sind freiwillig – was geschieht, wenn Sie sich verweigern? Sicher wird man Sie nicht zwingen können, aber ebenso sicher wird man Ihnen keine Position von Bedeutung anvertrauen, oder doch? Könnte es sein, dass Sie mit Mobbing rechnen müssten?

Falls Sie die Machtstellung des Leiters bzw. hierarchischen Systems infrage stellen oder offen Opposition gegen irgendeine Lehre Ihrer Denomination machen, die Sie aufgrund Ihres jetzigen Erkenntnisstandes als fragwürdig oder falsch ansehen – was wird dann geschehen? Wird man Ihnen nahe legen, sich eine andere Gemeinde zu suchen, die Ihnen besser gefällt, oder – falls Sie nicht gehen wollen – müssen Sie dann nicht mit einem Ausschluss rechnen? Haben Sie schon einmal daran gedacht, dass mittels des Pastorensystems auch große Macht ausgeübt wird, dass dieses System aber ohne entsprechende finanzielle Mittel nicht funktionieren kann? Passt zum System der Herrschaft von Menschen über Menschen nicht auch, dass üblicherweise die Gläubigen „ihre" Gemeinde aufbauen bzw. „ihr" dienen und dass wiederum der Aufbau eines Gemeindezentrums mit schönen Gebäuden ein Höhepunkt im Leben einer solchen Gemeinde ist?

Was wurde aus den Warnungen bzw. Drohungen des Propheten Samuel bezüglich der Rechte des Königs? Lassen sich für die Königszeit entsprechende Veränderungen im Leben des Volkes Israel nachweisen? Als bedeutendste Könige Israels gelten Saul, David und Salomo. Die einzigen Worte Sauls, die hierzu in 1. Samuel 22,6-8 überliefert sind, entsprechen aber den Warnungen Samuels. Aus den biblischen Quellen lassen sich für die Zeit Sauls und Davids keine zusätzlichen Angaben zum *„Zehnten"* oder zu den Beziehungen zwischen Herrscher und Volk gewinnen. Detailliertere Angaben finden sich erst wieder für die Zeit, als David sich dem Ende seines Lebens näherte. Kelly, 2007 gibt eine kurze Darstellung für diese Zeit:

> *Als David alt und lebenssatt war, machte er seinen Sohn Salomo zum König über Israel. Er versammelte alle Fürsten Israels sowie die Priester und die Leviten. Und die Leviten wurden gezählt, von 30 Jahren an und darüber, und es belief sich ihre Zahl, nach Köpfen gerechnet, auf 38 000. Von diesen (, gebot David,) sol-*

len 24000 dem Dienst am Hause des Herrn vorstehen, 6000 sollen Amtleute und Richter, 4000 Torhüter sein und 4000 sollen den HERRN preisen mit den Instrumenten, die ich zum Lobpreisen habe machen lassen (1 Chr 23,1-5).

Wir erfahren hier, dass der damalige Leiter, der König, sich als Oberhaupt einer Theokratie verstand und die politischen **und** religiösen Verhältnisse nach seinen Vorstellungen ordnete. Dazu gehörte, dass er die Leviten zu einem Hauptbestandteil seines Regierungssystems machte. Dienst am Tempel – dessen Bau damals erst vorbereitet wurde – bedeutete vor allem handwerkliche Arbeiten und die Erledigung von Verwaltungsaufgaben: Für religiöse Angelegenheiten bezüglich des Tempels waren die Leviten pro Abteilung jeweils für zwei Wochen im Jahr eingeteilt. Den Leviten stand bekanntlich der *„Zehnte"* zu, und es ist anzunehmen, dass die Staatsregierung, wie in allen Nachbarstaaten üblich, alle *„Zehnten"* als Steuern an sich zog. Die gesamte Steuerbelastung – darum handelt es sich nämlich – konnte leicht etwa 40 Prozent erreichen. Die Situation einer theokratischen Regierung wird in 1. Chronik 26,31-32 nochmals klar benannt:

... die setzte König David über die Rubeniten ... ***für alle Angelegenheiten Gottes und des Königs.***

Das war die Situation während der von Gott gesegneten Zeit des Königs David – die Schäden durch die Herrschaft eines Königs deuten sich bereits an. Wie war es zur Zeit Salomos?

Der König Salomo ließ Zwangsarbeiten ausführen, sowohl von Israeliten wie Ausländern. Er zwang auch viele israelitische Bürger, zeitweise auf seinen Gütern oder in seinen zahlreichen, viele Jahre dauernden Bauprojekten (Tempel, Palast, Mauer Jerusalems usw.) zu arbeiten – ohne Bezahlung. Das war Sklaverei oder kam der Sklaverei zumindest nahe. Eine Beschreibung findet sich in 1. Könige 9,15-23:

Und so verhielt es sich mit den Fronarbeitern, die König Salomo aushob, um den Tempel des HERRN und seinen Palast, das Millo und die Mauer Jerusalems zu bauen und um Hazor, Megiddo und Geser zu befestigen ... alles Volk, das noch übrig war von den Amoritern, Hethitern, Pheresithern, Hewitern und Jebusitern, die nicht zu den Israeliten gehörten; ihre Nachkommen, die im Lande übrig geblieben waren ... die machte Salomo zu Fronknechten (Sklaven) bis auf diesen Tag. Von den Israeliten aber machte er keinen zum Fronknechte (Sklaven), sondern sie waren seine Kriegsleute und Beamten, die Obersten über seine Wagenkämpfer und die Obersten über seine Streitwagen und Reiter. Dies waren die obersten Beamten, die Salomo über die Arbeit gesetzt hatte: 550 Mann, die über das arbeitende Volk die Aufsicht führten.

Nicht nur die Versklavung der Ausländer muss König Salomo angelastet werden, sondern auch Lebensbedingungen, welche die Israeliten als außerordentlich belastend empfanden und die nach seinem Tode zur Spaltung des Reiches führten. Belege dafür bieten die im Folgenden genannten Bibelstellen (1 Kö 11,28; 1 Kö 12,1-15, spez. 4.10.11.14; 2 Chr 10, spez. 10.11.14). Ein Zitat möge genügen:

> *So sollst du* (der König Rehabeam) *zu dem Volke reden, das zu dir gesagt hat: Dein Vater hat unser Joch schwer gemacht; mache du es uns leichter – so sollst du zu ihnen reden: Mein kleiner Finger ist dicker als meines Vaters Lenden. Nun wohl, hat mein Vater euch ein schweres Joch aufgeladen, so will ich es noch schwerer machen, hat mein Vater euch mit Geiseln gezüchtigt, so will ich euch mit Skorpionen züchtigen* (1 Kö 12,10-11).

Die „Amplified Bible" (1965, S. 408) enthält folgende Fußnote (vom Autor ins Deutsche übersetzt):

> Einmal auf dem Thron, wurde Salomo ein kompromissloser Despot. Alle politische Macht wurde den Stämmen genommen ... und in die Hände von Beamten gelegt, die nichts weiter als Kreaturen Salomos waren. Die Reichtümer der Nation wurden verbraucht, nicht für Arbeiten von öffentlichem Interesse, sondern für die persönliche Erhöhung des Monarchen. Im Hinblick auf die Mittel, die er ergriff, um seinen Passionen frönen zu können, erwies er sich als wenig besser als ein Wilder (*International Standard Bible Encyclopedia*).
>
> Die Teilung der Nation (bei Salomos Tod) mit all der Not und dem Elend, die sie in den kommenden Jahrhunderten verursachte – Abfall von Gott, Götzendienst, Gefangenschaft, Exil,

der Verlust der Zehn Stämme –, war das direkte Ergebnis von Salomos unheiligem Genussleben (Amos R. Wells in *„Bible Miniatures"*).

Wegen seines extensiven Bauprogramms und seines extravaganten Aufwandes für die Führung seines luxuriösen Hofes nahm er Zuflucht zu Zwangsarbeit und hohen Steuern. Erbitterter Widerstand gegen seine Herrschaft verursachte die Teilung des Königreiches nach seinem Tode *(The New Jewish Encyclopedia)* (vgl. auch Seidenberg, 2003 und Kapitel 7 dieses Buches).

2.7 Religiöse Formalitäten – kein Ersatz für wirkliche Umkehr zu Gott (Amos 4; speziell 4,4)

Kommt nach Bethel und frevelt, nach Gilgal und frevelt noch mehr! Bringt am Morgen eure Schlachtopfer, und eure ***Zehnten*** *am dritten Tag! Verbrennet als Dankopfer gesäuerte Brote und kündigt laut freiwillige Gaben an! So liebt ihr es ja, ihr Israeliten, spricht Gott, der HERR. Ob ich euch schon müßige Zähne gab in all euren Städten und Mangel an Brot in all euren Orten: Dennoch seid ihr nicht umgekehrt zu mir, spricht der HERR. Auch habe ich euch den Regen versagt, drei Monate schon vor der Ernte ... dennoch seid ihr nicht umgekehrt zu mir, spricht der HERR* (Amos 4,4-8).

In Amos 4,4 wird erneut der *„Zehnte"* erwähnt, zusammen mit Schlacht- und Dankopfern sowie weiteren freiwilligen Gaben, d. h. äußerlichen, nachprüfbaren religiösen Handlungen.

Dieser *„Zehnte"* wurde für die Staatsheiligtümer in Bethel und Dan erhoben (vgl. auch 1 Mo 28,22 – Jakobs Traum bei Bethel), dort standen Götzenbilder. Die Sachlage könnte der Situation bei der Anbetung des Stiergottes (goldenes Kalb) am Berg Sinai ähnlich gewesen sein. Der *„Zehnte"* war nach den obigen Ausführungen über die Situation zur Zeit des Königs David und seines Sohnes Salomo eine Steuer. Darüber hinaus wurden offenbar freiwillige Spenden erwartet, denen man sich nicht einfach entziehen konnte. Gott findet an all dem nichts zu loben:

Ich hasse, ich verschmähe eure Feste ... ***an euren Gaben habe ich keinen Gefallen ...*** *Aber es ströme wie Wasser das Recht, und* *die Gerechtigkeit wie ein unversieglicher Bach ...* (Amos 5,21-25).

Aufgrund des Textzusammenhangs zwischen Opfern und den *„Zehnten"* sowie der Tatsache, dass bei der Reichsteilung viele Leviten das Nordreich Israel verlassen und sich im Südreich Juda niedergelassen hatten, ist anzunehmen, dass die *„Zehnten"* nicht mehr den Leviten übergeben wurden, sondern als Bezahlung für Opfertiere und anderes verwendet wurden – eben als Steuer. Unzweifelhaft ist aber, dass der Prophet Amos die fehlende Umkehrbereitschaft des Volkes heftig tadelt – sie fehlt, deshalb ließ Gott zahlreiche äußere Nöte wie Regenmangel, Missernten, Hunger, Schädlingsbefall der Nahrungspflanzen, Seuchen, Überfälle der Nachbarvölker, Tod und Verschleppung kommen. Unzweifelhaft ist aber auch, dass diese Nöte die Menschen nicht „bußfertig" gemacht haben. Es folgt deshalb eine letzte dringende Mahnung (5,4-7) zu wahrer Gottesfurcht – Abschaffung aller Götzen –, zu Gerechtigkeit und Rechtsstaatlichkeit gegenüber allen Menschen. Wird sie nicht befolgt, wird der Untergang des Volkes unausweichlich (vgl. Kap. 5). Der Text zeigt, dass JAHWE überhaupt kein Interesse an irgendwelchen religiösen Handlungen hat, die außerhalb seines Willens liegen, auch wenn sie die Menschen vielleicht viel kosten wie der *„Zehnte"* oder Schlacht- und Brandopfer. Großes Interesse hat er aber an einem richtigen Verhältnis des Einzelnen und der Gesellschaft zu ihm – Letzteres wird erkennbar an einer gerechten sozialen Ordnung, die ihre Zwecke erfüllt.

2.8 Der Zehnte als Teil freudiger Umkehr zu Gott (2 Chr 29-32)

2 Hierauf bestellte Hiskia die Abteilungen der Priester und Leviten, Abteilung für Abteilung, einen jeden nach Maßgabe seines Dienstes, wie er für die Priester und für die Leviten vorgesehen war, für das Brandopfer und für die Heilsopfer, um in den Toren der Vorhöfe des Tempels Dienst zu tun und zu loben und zu preisen. 3 Der Beitrag des Königs aus seinem Besitztum war für die Brandopfer bestimmt, für die Brandopfer des Morgens sowohl als des Abends, für die Brandopfer an den Sabbaten und Neumonden und Festtagen, wie es im Gesetz des HERRN verordnet ist. 4 Und er gebot dem Volke, den Bewohnern von Je-

*rusalem, sie sollten den Priestern und Leviten den ihnen gebührenden Anteil geben, damit sie am Gesetze des HERRN festhalten könnten. 5 Sobald dieses Gebot bekannt wurde, brachten die Israeliten die Erstlinge von Getreide, Wein, Öl, Honig und allen übrigen Erträgnissen des Feldes in Menge; dazu lieferten sie den **Zehnten** von allem reichlich ab. 6 Und die in den Landstädten wohnenden Israeliten und Judäer brachten gleicherweise den **Zehnten** von Rindern und Schafen sowie den **Zehnten** von den Weihegaben, die dem HERRN, ihrem Gott, geweiht wurden; in einzelnen Haufen legten sie das hin. 7 Im dritten Monat begannen sie, die Haufen anzulegen, und im siebenten Monat wurden sie damit fertig. 8 Dann kamen Hiskia und die Fürsten, und als sie die Haufen sahen, priesen sie den HERRN und sein Volk Israel. 9 Als nun Hiskia die Priester und Leviten wegen der Haufen befragte, 10 antwortete ihm der Oberpriester Asarja vom Hause Zadok: Seitdem man angefangen hat, die heilige Abgabe zum Tempel zu bringen, haben wir uns satt gegessen und noch viel übrigbehalten; denn der HERR hat sein Volk gesegnet, sodass wir diesen großen Haufen übrigbehalten haben. 11 Da befahl Hiskia, Zellen im Tempel einzurichten; als man diese eingerichtet hatte, 12 brachten sie die Abgaben, den **Zehnten** und die Weihegeschenke getreulich dahin. Oberaufseher war der Levit Chonanja, sein Bruder Simei stand an zweiter Stelle …* (2 Chr 31,2-12).

In diesem Text wird beschrieben, wie im Zuge einer Buß- und Erneuerungsbewegung unter dem König Hiskia um 720 vor Christus die Praxis des Zehntengebens für die Leviten (und die Priester) in Juda wieder eingeführt wurde, nachdem sie lange nicht beachtet worden war. Das war ein Teil umfassender Reformen, die vom König ausgingen, von ihm angeordnet, energisch betrieben und von ihm und den Fürsten mit immer größerer Begeisterung durchgeführt wurden. Die Begeisterung riss (fast) das ganze Volk in Juda mit, aber nur relativ wenige in Israel Übriggebliebene hörten auf die Aufforderung zur Umkehr, welche die Boten des Königs verkündigten (vgl. 2 Chr 30,11). Diese Menschen schlossen sich der alttestamentlichen Reformation des Hiskia aus einer veränderten inneren Einstellung heraus an. Das gesamte Geschehen wird in den Kapiteln 29–32 detailliert beschrieben. Liest man die Texte, so kann man zwei Seiten des Geschehens erkennen: Die eine Seite ist eine machtvolle, bis dahin nicht erlebte Initiative Gottes, sie wirkte nicht nur Umkehr, sondern stiftete eine Einigkeit, die über das menschlich Machbare weit hinausging:

> *Auch in Juda zeigte sich das Handeln Gottes darin, dass er ihnen Einigkeit des Herzens verlieh, um das Gebot des Königs und der Fürsten zu erfüllen, das dem Wort des HERRN entsprach* (2 Chr 30,12).

Die andere Seite ist die Freude, mit der die Menschen, König wie Fürsten, Leviten wie Priester und das Volk die Möglichkeit der Umkehr zu JAHWE wahrnahmen. Diese Freude griff im Laufe der Zeit immer weiter um sich. Die teilweise Zerstörung ihres Landes sowie die weitgehende Vernichtung des Nordreiches Israel, der Zehn-Stämme-Nation, durch die Assyrer als Folge ihrer Abwendung von Gott war vielen durchaus bewusst – sie wollten zu Gott zurück. Die Freude kommt immer wieder zum Ausdruck, zum Beispiel:

> *Da brachte die Volksgemeinde Schlachtopfer und Dankopfer, und* ***jeder, den sein Herz dazu trieb,*** *Brandopfer* (2 Chr 29,31b).

> *Hiskia aber und das ganze Volk waren* ***hoch erfreut*** *über das, was Gott dem Volke hatte zuteil werden lassen* (2 Chr 29,36).

> *So* ***feierten*** *die Israeliten, die sich in Jerusalem zusammenfanden, das Fest der ungesäuerten Brote* ***sieben Tage lang mit großer Freude,*** *und die Leviten und Priester lobten den Herrn mit aller Macht Tag für Tag* (2 Chr 30,21).

Im Zusammenhang dieses Buches ist die Frage zu stellen: Was sagen die Texte über die Abgabe des *„Zehnten"* und die sonstigen Einkommensverhältnisse der Leviten und Priester aus? Unter vielen früheren Königen vor Hiskias Zeit war der Tempelgottesdienst, die Beachtung des mosaischen Gesetzes und auch die Gabe des *„Zehnten"*, d.h. das gesamte Glaubensleben, vernachlässigt worden: Hiskias Vater Manasse hatte sogar den Tempel schließen und Baal, einen Götzen der Nachbarvölker, anbeten lassen. Hiskia musste also ganz von vorne wieder anfangen. Er erneuerte die von David eingeführten Traditionen der Einteilung von Leviten und Priestern nach Abteilungen für eine turnusgemäße Dienstausübung (vgl. 31,2; 1 Chr 24) und ließ auch die nach dem mosaischen Gesetz angeordneten *„Zehnten"* wieder erheben (vgl. 31,5-

6). Die Menschen gehorchten ihrem König und brachten ihre Abgaben nach Jerusalem, und sehr schnell wurden Lagerungsprobleme offenbar – der Platz im Tempel Salomos reichte nicht aus (vgl. 31,7-9).

Für uns Heutige entstehen hier sehr schnell Verständnisprobleme, die aber durch eine ins Einzelne gehende Textuntersuchung auflösbar sind (Kelly, 2007). 90 % der *„Zehnten"* wurden unter der Aufsicht von Leviten in den Ackerbaustädten der Leviten an die nicht diensttuenden Leviten (23 Abteilungen von 24) und Priester sowie ihre Angehörigen verteilt (vgl. 31,15.19), 10 % der *„Zehnten"* wurden von den Leuten **direkt** nach Jerusalem gebracht. Das entsprach den Vorgaben des mosaischen Gesetzes jedoch nicht, hier irrte sich König Hiskia (im Gegensatz zu Nehemia: Neh. 10,37.38) und anscheinend auch der Hohepriester. Deshalb kam es zu den Lagerungsproblemen im Tempel Salomos, dessen Vorratsräume für ein gesetzadäquates Vorgehen gebaut worden waren (vgl. 31,7.8.11-13): Verteilung des kompletten *„Zehnten"* in den levitischen Ackerbaustädten und Rücktransfer von 10 % des *„Zehnten"* durch Leviten und Priester entsprechend ihrer Dienstperiode.

2.9 Der Zehnte als Teil umfassender Reformen des öffentlichen wie privaten Lebens (Nehemia 10, 12 und 13); Kontext zum Buch des Propheten Maleachi

In Nehemia 10,37-38 sowie 12,44 und 13,10-13a werden die *„Zehnten"* wiederum erwähnt.

Ferner wollen wir den Priestern das Beste von unserem Mehl … liefern, den Leviten dagegen den ***Zehnten*** *von unserem Bodenertrag, den Leviten nämlich, die in allen unseren Ackerbaustädten den* ***Zehnten*** *einsammeln. Und der Priester, der Nachkomme Aarons, soll dabei sein, wenn die Leviten den* ***Zehnten*** *einsammeln, und die Leviten sollen den* ***Zehnten*** *vom* ***Zehnten*** *zum Hause unseres Gottes in die Zellen des Vorratshauses hinaufbringen* (Neh 10,37-38).

Zur selben Zeit wurden Männer bestellt über die Zellen für die Vorräte, die Abgaben, die Erstlinge und die ***Zehnten****, damit sie* *darin je nach dem Ackerland der Städte die gesetzlichen Anteile für die Priester und Leviten sammeln sollten* (Neh 12,44).

Ferner erfuhr ich, dass den Leviten ihre Anteile nicht gegeben worden seien, weshalb die Leviten und Sänger, die den Dienst zu versehen hatten, ein jeder auf seinen ländlichen Besitz entwichen sei. Nun schalt ich die Vorsteher und sprach: Warum ist das Haus Gottes vernachlässigt worden? Und ich sammelte die Leute und stellte sie wieder auf ihren Posten. Da brachte ganz Juda den **Zehnten** *von Korn, Wein und Öl zu den Vorratsräumen. Und ich bestellte zur Aufsicht über die Vorratsräume ...* (Neh 13,10-13a).

Wie Nachschlagewerken zur Bibel zu entnehmen ist, war die Vorgeschichte zu diesen Zitaten die folgende: Bis zum Jahre 586/582 v. Chr. wurde die große Mehrzahl der Menschen aus den Stämmen Juda und Benjamin nach mehreren verlorenen Kriegen auf Anordnung des babylonischen Königs Nebukadnezar nach Babylonien deportiert, d. h. in den mittleren Teil des heutigen Irak. Nur ein kleiner Teil des Volkes konnte im Land bleiben, von dem aber wiederum der größere Teil sowie die Reste des jüdischen Heeres nach der Ermordung des Statthalters Gedalja nach Ägypten flohen. Nach anfänglicher Härte wurde die Lebenslage der Verbannten günstiger, ein wirtschaftlicher und sozialer Aufstieg wurde möglich, sogar höchste Staatsämter waren erreichbar (Daniel). Auch das Verhältnis zum Gott der Väter änderte sich grundlegend: Der Götzendienst der Vergangenheit hörte fast gänzlich auf, man besann sich auf die gemeinsamen Wurzeln, das Gesetz Moses. Eine innere und äußere Erneuerung fand statt. Als Babylon von den Persern erobert worden war, gab der Großkönig Kores (Kyros) 538 v. Chr. den Juden die Erlaubnis, in ihre Heimat zurückzukehren. Davon machten zunächst etwa 40 000–50 000 Personen Gebrauch, andere blieben lieber in den Ländern, in die sie deportiert worden waren.

Die Gesamtdauer dieser sogenannten babylonischen Gefangenschaft betrug 70 Jahre, gerechnet von der ersten Wegführung von Juden im Jahre 606 v. Chr. bis zur ersten Rückkehr von Juden in die alte Heimat 536 v. Chr. Der Tempel wurde unter dem Statthalter Serubbabel, der zur jüdäischen Königsfamilie gehörte, wieder aufgebaut und 515 v. Chr. eingeweiht, einen großen Anteil an diesem Erfolg hatten die Propheten Haggai und Sacharja. Weitere

Verbannte kehrten unter dem Priester und Schriftgelehrten Esra im Jahre 458 v. Chr. zurück.

Um die Juden als unmittelbare Nachbarn des als unzuverlässig geltenden Ägypten für die persische Herrschaft zu gewinnen, wurden Esra vom Großkönig Arthahsastha (Artaxerxes I.) große Zugeständnisse gemacht, so wurden ihm u. a. erhebliche finanzielle Mittel zur Verfügung gestellt. Offenbar gelang es trotzdem nicht, eine tiefgreifende Verbesserung der Lebensverhältnisse zu erreichen. Als eines der Haupthindernisse erscheint die Schutzlosigkeit des Volkes gegenüber seinen unmittelbaren Nachbarn wegen des Fehlens einer intakten Mauer um Jerusalem. Nehemia, einem hohen Beamten jüdischer Herkunft am Hofe zu Susa, wird berichtet, dass das Volk in großer Schmach und Not leben müsse. Nehemia ist tief erschüttert, er erreicht es, auf begrenzte Zeit als Statthalter der Provinz Judäa bestellt zu werden, auch wird er ermächtigt, die Mauer Jerusalems wieder herzustellen. Er kommt 445 v. Chr. in Jerusalem an und es gelingt ihm unter großem Einsatz alle Kräfte zu aktivieren und in nur 52 Tagen die Mauer der Stadt wiederherzustellen. Die Feinde des jüdischen Volkes werden dadurch entmutigt: Sie müssen erkennen, dass ein solches Werk ohne göttliche Hilfe nicht hätte durchgeführt werden können.

Was ist der biblische Kontext zu diesen Ereignissen? Es sind die Bücher Esra, Nehemia, Haggai, Sacharja und Maleachi, die zusammengehören und den Zeitraum von 536 v. Chr. bis um 400 v. Chr. umfassen, d. h. die ersten etwa 150 Jahre der sogenannten nachexilischen Zeit. Statt einer umfassenden Darstellung wird im Folgenden versucht, mit eher skizzenartigen Bemerkungen die wichtigsten Sachverhalte darzustellen.

Nach Wiederherstellung der Mauer Jerusalems unter der Leitung Nehemias – d. h. der Etablierung eines wirksamen Schutzes gegen räuberische Überfälle aller Art und damit Sicherung der Existenz des Volkes – waren die Menschen dankbar für diese in der damaligen Zeit unbedingt nötige Sicherheitsmaßnahme. Dieser große Erfolg und die lange Zeit der vorangegangenen Not machten das Volk bereit für eine Umkehr zum Gott der Offenbarung. Nehemia lässt in Zusammenarbeit mit Esra umfassende Reformen des Gottesdienstes gemäß dem Gesetz durchführen. Am Anfang stand die Verlesung des Gesetzes, die Wiedereinführung des Laubhüttenfestes (vgl. Neh 8), was beim ganzen Volk große

Freude hervorrief, und die fortgesetzte Verlesung des Gesetzes während der ganzen Zeit dieses Festes (eine Woche).

Die gehörten Tatsachen lösten eine umfassende Bußbewegung aus mit (zum Teil) öffentlichem Sündenbekenntnis (vgl. Neh 9) und eine freiwillige Neuverpflichtung des Volkes auf das Gesetz, d.h. Wiederherstellung der gottgefälligen Ordnung. Die Neuetablierung der Gabe der *„Zehnten"* war ein Teil dieser Reformen; viele andere Maßnahmen werden außerdem aufgezählt (siehe Nachschlagewerke). Alle Maßnahmen wurden sehr schnell, d.h. noch im ersten Jahr der Statthalterschaft Nehemias durchgeführt, über die späteren Jahre hören wir nichts mehr. Es fällt auf, dass, wie schon bei Abraham gezeigt, zuerst das hilfeschaffende und segenwirkende Eingreifen Gottes kommt und darauf dann eine Antwort der Menschen in Form einer Hinwendung zu Gott, die damals die Gabe des *„Zehnten"* umfasste. Nach dem Bericht von Nehemia 8 las der Theologe Esra aus den Büchern des Mose kontinuierlich vor.

> *So las man denn aus dem Buch des Gesetzes Gottes Abschnitt für Abschnitt vor und erläuterte es, sodass die Leute auf die Vorlesung acht hatten. Und der Statthalter Nehemia sowie der Priester Esra, der Schriftgelehrte, und die Leviten, die das Volk belehrten, sprachen zu ihnen allen: Dieser Tag ist dem HERRN, eurem Gott heilig. Seid nicht traurig und weinet nicht! Das ganze Volk weinte nämlich, als es die Worte des Gesetzes vernahm ... Seid daher nicht bekümmert; die* ***Freude am HERRN*** *ist eure Zuflucht ... Da ging alles Volk hin, zu essen und zu trinken und anderen davon mitzuteilen und sich großer Festfreude hinzugeben; denn sie hatten auf die Worte gemerkt, die man ihnen kundgetan* (Neh 8,8-12).

Ähnliches geschah auch nach der erneuerten Feier des Laubhüttenfestes (vgl. Neh 8,17-18).

Es bleibt die Frage: Was sagt das Buch Nehemia über die materielle Versorgung von Priestern und Leviten, zu der nach dem mosaischen Gesetz auch der *„Zehnte"* gehörte? Neh. 10,32-33 heißt es dazu:

> *Sodann nehmen wir die gesetzliche Verpflichtung auf uns, jährlich ein Drittelslot Silber für den Dienst im Hause unseres Gottes zu geben: für die Schaubrote, für das tägliche Speisopfer und*

das tägliche Brandopfer, für die Opfer an den Sabbaten, den Neumonden und den [jährlichen] Festtagen ... und für alles, was es im Hause unseres Gottes zu tun gibt.

Nach Kelly, 2007 war diese Tempelabgabe und nicht der *„Zehnte"* die bei weitem wichtigste Einnahmequelle für den theokratischen Staat, da jeder Mensch sie zu zahlen hatte und Überschüsse für zivile Zwecke verwendet wurden. Im Hinblick auf manuelle Dienstleistungen für den Tempel (wie die Beschaffung des Brennholzes für den Altar) waren Priester, Leviten und das Volk gleichgestellt (vgl. Neh 10,34). Die Erneuerung der Beachtung des mosaischen Gesetzes führte dazu, dass die Einkünfte der Priester und Leviten genau diejenigen waren, die in 4. Mose 18 beschrieben sind (siehe oben).

Ebenso [verpflichten wir uns], jährlich die Erstlinge unseres Bodens zum Hause des HERRN zu bringen und die Erstlinge aller Baumfrüchte, auch die Erstgeburt unserer Söhne und unseres Viehs, wie im Gesetz geschrieben steht; die Erstlinge unserer Rinder und Schafe aber sollen zum Hause unseres Gottes gebracht werden für die Priester, die darin Dienst tun. Ferner wollen wir den Priestern das Beste von unserem Mehl, von den Früchten aller Bäume, von Wein und Öl in die Zellen des Hauses unseres Gottes liefern, den Leviten dagegen den „Zehnten" von unserem Bodenertrag, den Leviten nämlich, die in allen unseren Ackerbaustädten den „Zehnten" einsammeln (Neh 10,35-37).

Aus diesen Angaben kann man folgern, dass die Priester reichlich versorgt waren, während der Lebensunterhalt der Leviten, die ihnen als Hilfskräfte, Tempelwachen, Sänger usw. zur Verfügung standen, eher knapp war.

Vers 37b ist von besonderer Bedeutung: Der *„Zehnte"* wird den Leviten in ihren Ackerbaustädten übergeben, die Leviten ihrerseits hatten den *„Zehnten"* vom *„Zehnten"* den Priestern zu übergeben. Es kann also keine Rede davon sein, dass alle *„Zehnten"* in das Vorratshaus des Tempels gebracht werden sollten – eine Behauptung, die üblicherweise von Zehntgeld befürwortenden freikirchlichen Leitern, Predigern, Pastoren usw. aufgestellt wird. Diese ohne detaillierte Kenntnis der realen biblischen Sachverhalte aufgestellte Behauptung muss als vorschnell charakterisiert werden, sie ist eindeutig falsch! Mit Sorgfalt zu beachten ist weiter, dass nach Nehemia 10,38 wie nach 4. Mose 18,26 die Leviten den Priestern den *„Zehnten"* vom *„Zehnten"* übergaben, ursprünglich in den Ackerbaustädten, zur Zeit Nehemias jedoch im Lagerhaus des Tempels in Jerusalem.

Es waren also nicht die „gewöhnlichen Menschen", die den Priestern den *„Zehnten"* überbrachten, sondern vielmehr die Leviten. Wieder gilt: Andere Behauptungen sind falsch! Das Zitat aus Nehemia 10,37b wie auch 11,29 und 13,10, ferner 4. Mose 35, Josua 20,21, 1. Chronik 6,48-81 sowie 2. Chronik 31,15-19 belegen, dass weder Priester noch Leviten ständig in Jerusalem lebten. Daraus folgt, dass sie keinesfalls ihre ganze Zeit mit dem Tempeldienst verbrachten.

> *Gebiete den Israeliten, dass sie von ihrem Erbbesitz den Leviten Städte geben, wo sie wohnen können; zu den Städten aber sollt ihr den Leviten auch Weideland in deren Umkreis geben. Die Städte sollen ihnen als Wohnsitz dienen, und die Weideplätze sind für ihr Vieh und ihre Habe und für alle ihre Tiere bestimmt* (4 Mo 35,2-3).

Die Zustände zur Zeit Nehemias sind in Nehemia 11,1-3 angegeben:

> *Es wohnten aber die Obersten des Volkes zu Jerusalem; das übrige Volk warf das Los, um je einen von zehn zur Niederlassung in Jerusalem, der heiligen Stadt, zu bestimmen, während die anderen neun von zehn in den [übrigen] Städten blieben. Und das Volk segnete alle die Männer, die freiwillig zu Jerusalem wohnen wollten. Folgendes sind die Häupter der Provinz, die zu Jerusalem und in den Städten Judas wohnten, ein jeder auf seinem Grundbesitz in ihren Stadtgebieten, die Israeliten, die Priester, die Leviten, die Tempelhörigen und die Nachkommen der Sklaven Salomos.*

In der immer noch in Trümmer liegenden Stadt Jerusalem zu wohnen, war keine einfache Angelegenheit. Jeder, der dies freiwillig tat, war eine geachtete Person. Keinesfalls lebten Priester oder Leviten permanent in Jerusalem, sondern immer nur zeitweilig, je nach Maßgabe ihrer Dienstordnung, die bereits König David festgelegt hatte (vgl. 1 Chr 23,2-6; vgl. auch Kapitel 2.6 dieses Buches).

Jede Abteilung diente im Tempel jeweils nur eine von 24 Wochen, in der übrigen Zeit kümmerten sie sich um die Feldarbeit in ihren Ackerbaustädten und hüteten ihr Vieh (vgl. Esra 6,18; 1 Chr 28,13.21; 2 Chr 8,14; 23,8; 31,2.15-19; 35,4; Neh 11,30; 12,24). Die Leviten können demnach korrekterweise nicht mit den sogenannten vollzeitlichen Mitarbeitern der heutigen Freikirchen verglichen werden – ein solcher Vergleich ist geradezu abwegig. Die Richtigkeit dieser Behauptung gemäß der Wiederherstellung der nach dem mosaischen Gesetz gebotenen Verhaltensweisen belegen folgende Verse:

> *Zur selben Zeit wurden Männer bestellt über die Zellen für die Vorräte, die Abgaben, die Erstlinge und die* ***„Zehnten"****, damit sie darin je nach dem Ackerland der Städte die gesetzlichen Anteile für die Priester und Leviten sammeln sollten; Juda hatte nämlich Freude an den diensttuenden Priestern und Leviten ... Und ganz Israel gab zur Zeit Serubbabels und zur Zeit Nehemias den Sängern und Torhütern ihre Anteile, so viel ihnen Tag für Tag zukam. Sie entrichteten ihre Weihegaben an die Leviten; die Leviten aber entrichteten ihre Weihegaben an die Nachkommen Aarons* (Neh 12,44.47).

Das Buch Nehemia kann man auch als Chronik verstehen, in der die Taten Nehemias im Detail beschrieben werden: Eine Fülle von Ereignissen wird beschrieben, eine Vielzahl von Personen wird namentlich und ihrer Funktion nach genannt, und die Vorschriften des mosaischen Gesetzes werden detailliert ausgebreitet – das kann den nicht speziell interessierten Leser so ermüden, dass wichtige Details leicht übersehen werden können. Kelly, 2007 beschreibt einen solchen Sachverhalt (vgl. Neh 13,4-6): Nachdem Nehemia zeitweilig nach Babylon zum persischen Großkönig zurückgekehrt war (Vers 6), kam all sein Werk in Jerusalem zum Stehen. Schlimmer noch, es gab Personen, die aus Geringschätzung Nehemias Werk der Erneuerung in wichtigen Teilen rückgängig zu machen drohten – um persönlicher Vorteile willen.

> *Vordem aber hatte der Priester Eljasib, der zur Aufsicht über die Zellen des Hauses unseres Gottes bestellt war, ein Verwandter Tobias, für diesen eine größere Zelle hergerichtet. Dort pflegte man vorher das Speisopfer, den Weihrauch, die Geräte und den* ***„Zehnten"*** *von Korn, Wein und Öl unterzubringen,*

> *das, was den Leviten, Sängern und Torhütern zukam, dazu die Abgabe an die Priester* (Neh 13,4-5).

Aus diesen Versen erfahren wir, dass es ein Schatzhaus, ein Vorratshaus gab, in dem Opfer, Erstlinge und tägliche Portionen des *„Zehnten"* für die Priester und Leviten lagerten, die ihren Wochendienst der Anbetung Gottes ausführten. Zweitens erfahren wir, dass Eljasib, der Hohepriester, dieses Lagerhaus hatte leeren lassen und dass er es Tobia, einem seiner Verwandten und gleichzeitig einem Feind Nehemias, übergeben hatte. Die Verantwortung für diese Sünde traf die Priester unter der Führerschaft des Hohenpriesters (dritter Sachverhalt). **Das ist der exakte Kontext zu Maleachi 3,8-10!** Nach seiner Rückkehr machte Nehemia, bei dem die politische Macht lag, diesen Dingen umgehend ein Ende.

> *Da entrüstete ich mich sehr, sodass ich sämtliche Hausgeräte Tobias aus der Zelle hinauswerfen ließ und befahl, die Zellen zu reinigen. Dann ließ ich die Geräte des Gotteshauses, das Speisopfer und den Weihrauch dorthin zurückbringen. Ferner erfuhr ich, dass den Leviten ihre Anteile nicht gegeben worden seien, weshalb die Leviten und Sänger, die den Dienst zu versehen hatten, ein jeder auf seinen ländlichen Besitz entwichen seien* (Neh 13,8-9).

In den Dingen, die in das Vorratshaus zurückgebracht wurden, waren die *„Zehnten"* nicht enthalten – plausiblerweise einfach deshalb, weil es sich um Lebensmittel handelte, die inzwischen von anderen Menschen verkonsumiert worden waren. Das waren die von den Priestern, nicht aber von den gewöhnlichen Menschen des Volkes gestohlenen *„Zehnten"* wie Maleachi 3,8 belegt:

> *Betrügt je ein Mensch die Gottheit, wie ihr mich betrügt? Aber ihr fragt: Worin haben wir dich beraubt? In „Zehnten" und Opfern!*

Weil keine Lebensmittel für ihre Ernährung zur Verfügung standen, hatten die Leviten Jerusalem verlassen und waren in ihre Ackerbaustädte zurückgekehrt. Der Dienst der Leviten für den Tempel war damit zusammengebrochen. In Nehemia 13,11-13 wird uns berichtet, wie Nehemia die gottgewollte Ordnung wiederherstellte:

*Nun schalt ich die Vorsteher und sprach: Warum ist das Haus Gottes vernachlässigt worden? Und ich sammelte die Leviten und stellte sie wieder auf ihren Posten. Da brachte ganz Juda den **„Zehnten"** von Korn, Wein und Öl zu den Vorratsräumen. Und ich bestellte zur Aufsicht über die Vorratsräume den Priester Selemja und den Schreiber Zadok und von den Leviten Pedaja und ihnen zur Seite Hanan, den Sohn Sakkurs, des Sohnes Mattanjas. Denn sie galten als treu; ihnen sollte daher das Amt obliegen, die Verteilung an ihre Brüder zu besorgen.*

Diese Episode endete damit, dass die Leute aus dem gewöhnlichen Volk ausnahmsweise und freiwillig einen zusätzlichen *„Zehnten"* an die Leviten gaben und dass der Hohepriester Eljashib von Nehemia abgesetzt und durch vier andere vertrauenswürdige Männer ersetzt wurde.

Zusammenfassung und Beurteilung

Wie zur ganzen Königszeit Israels so war es auch zur Zeit des persischen Reiches so, dass die politische Autorität gleichzeitig auch spirituelle Autorität war. Der jeweilige „gesalbte Herrscher" war in dieser Theokratie auch für die Aufrechterhaltung des Tempeldienstes JAHWES verantwortlich, zu dem auch die Erhebung der *„Zehnten"* gehörte. Von etwa 450–400 war Nehemia als Statthalter im Amt. Er war tief bewegt worden vom Geschick der aus der Verbannung heimgekehrten Juden in Jerusalem und ganz Judäa und wurde auf seine Bitte hin vom persischen König zum Statthalter bestellt. Er besorgte die politischen Geschäfte, deren wichtigstes der Wiederaufbau der Mauer von Jerusalem war; er ernannte gleichzeitig aber auch die geistlichen Leiter. Vor allem anderen jedoch kümmerte er sich in Zusammenarbeit mit dem Priester Esra um die Erneuerung des spirituellen Lebens im ganzen Volk und die Wiederherstellung einer Staatsordnung entsprechend dem mosaischen Gesetz. Hierin war er sehr erfolgreich, denn die große Mehrzahl der Menschen aus dem Volk erlebte eine geistliche Erneuerung und folgte deshalb gerne seinem von Gott geschenkten Führer Nehemia.

Wirklichen Widerstand und verdeckte Opposition erfuhr er jedoch von einem Teil der Priester unter der Leitung des Hohenpriesters (Eljashib). Als direkter Kontext zu Maleachi 3,8-10 kann Nehemia 13,4-14 identifiziert werden, was neues Licht auf diese

Maleachistelle wirft (siehe auch dort). Die Lebensbedingungen der Leviten und Priester zur Zeit Nehemias waren gänzlich andere als diejenigen von heute. Die Zahl der Leviten und Priester war groß, es gab jedoch eine Einteilung, nach der jeder Priester und Levit jeweils nur zwei Wochen im Jahr mit dem Tempeldienst beschäftigt war. Die übrige Zeit verdienten diese Menschen ihren Lebensunterhalt durch Ackerbau und Viehzucht, aber auch als Handwerker, Händler, Staatsbeamte und in weiteren Berufen. Der *„Zehnte"* wurde nur von Landbesitzern in Gestalt von Agrarprodukten erhoben, die direkt der Verpflegung dienten – auch während des turnusmäßigen Dienstes im Tempel von Jerusalem. Die Einkommen der Priester waren weitgehend anders geregelt, sie erhielten nur den *„Zehnten"* vom *„Zehnten"* durch die Leviten. Die damaligen Verhältnisse lassen sich auf die heutige Zeit nicht übertragen: Was heute als der *„Zehnte"* im Neuen Bund ausgegeben wird, ist eine erheblich abgeänderte Form des alttestamentlichen *„Zehnten"*.

2.10 Gottes Streit mit seinen unwürdigen Dienern – durch Gericht zur Erlösung (Maleachi 1–3)

Das letzte alttestamentliche Zitat über den *„Zehnten"* findet sich im Buch des Propheten Maleachi (vgl. Maleachi 3,8-10). Da es die wichtigste biblische Belegstelle für alle diejenigen ist, welche die Zehntgelderhebung befürworten, ist die richtige, die korrekte und unverfälschte Interpretation entscheidend. Bevor ich dies versuche, möchte ich einige persönliche Bemerkungen machen. Als jüngerer Mann (später mit Familie) war ich mitbeteiligt oder habe miterlebt, wie einige neue Gemeinden gegründet wurden. Diejenigen, die das getan haben, sahen sich von Jesus Christus dazu berufen und brachten meist große persönliche, familiäre und finanzielle Opfer. Alle haben überlebt, selbstverständlich war das nicht. Auch ich freute mich mit ihnen, wenn die Sammlung von Menschen zu einer Gemeinde gelang und die finanzielle Situation sich stabilisierte, wozu in der Regel der *„Zehnte"* einen wichtigen Beitrag leistete.

Später habe ich sowohl christliche Gemeinden und Gruppen kennen gelernt, die über Geld nicht sprachen, als auch solche, deren Leiter bzw. Beauftragte häufig über Finanzen sprachen.

Hier wurde nicht selten versucht, in aggressiver, meiner Ansicht nach unverantwortlicher Weise Menschen zum Spenden hoher Summen zu veranlassen. Erhebliche Bedenken kamen mir, als ich feststellen musste, dass das Thema *„Der Zehnte"* vielerorts Dogma wie Tabu beinhaltete: daran glauben, ohne nach einer Begründung zu fragen, und vor allem nicht darüber reden.

Erhebliche Bedenken kamen mir weiter, als ich wie auch andere (Seidenberg, 2003) entdeckte, dass die Androhung des Fluches Gottes (vgl. Mal 3,10) manche Menschen in große Not stürzte und ihrem Glauben schwer schadete (vgl. Kapitel 5.5). Erhebliche Bedenken kamen mir auch beim Vergleich der Belegstelle aus Maleachi (und anderer alttestamentlicher Stellen zum *„Zehnten"*) mit den Aussagen des Neuen Testamentes über das Erlösungswerk Jesu Christi. Für mich wurden Widersprüche sichtbar, die ich für nicht ausräumbar ansehe (vgl. Kapitel 3). Von da an suchte ich nach dem Schlüssel für die richtige Erkenntnis der Maleachi-Stelle zum *„Zehnten";* gefunden habe ich ihn erst kürzlich (Kelly, 2007).

Unzweifelhaft war mir immer, dass die viel zitierte Belegstelle aus Maleachi zum *„Zehnten"* nicht aus ihrem biblischen und historischen Zusammenhang herausgerissen werden darf, ohne dass man Gefahr läuft, sie zu verfälschen. Meiner Meinung nach wird ein angemessenes Verständnis erst dann möglich, wenn die Personen korrekt identifiziert werden, zu denen der Prophet Maleachi spricht. Die erste Adressatengruppe ist offensichtlich das gesamte Volk Israel (Juda) (vgl. Mal 1,1-5) – alle Menschen des Volkes Gottes sollten wissen, was der Prophet bzw. Gott wollte. Die zweite Adressatengruppe sind die Priester: Ab Kapitel 1,6 bis zum Ende des Buches spricht Gott zu ihnen. In 1,6 heißt es:

> *... Es spricht der HERR der Heerscharen zu euch, ihr Priester, die ihr meinen Namen verachtet.*

In 2,1 heißt es:

> *Und nun ergeht über euch, ihr Priester, dieser Beschluss.*

Die Tatsache, dass der Prophet ab Maleachi 1,6 die Priester, nicht mehr aber das ganze Volk anspricht, ist für die korrekte Interpretation von Maleachi 3,8-10 (mit)entscheidend, wie wir noch sehen werden. Das Buch Maleachi hat als Ganzes zwei Hauptthemen, einmal Strafreden über Sünden – minderwertige Opfergaben für

Gott, das schlechte Vorbild schlechter Priester, Mischehen, Ehebruch, Scheidung, Zaubereisünden, Unehrlichkeit, Unterdrückung – das andere Mal Gottes Gericht und Verheißung – Kommen des Bundesengels, Aufruf zur Buße und Zusage des Segens, der kommende Gottestag, Verheißung eines neuen Elia. Die Aussagen über den *„Zehnten"* sind in beide Komplexe eingebunden. Im Folgenden werden die für die Fragestellung wichtigen Teile des Buches Maleachi zitiert, die nicht zitierten Teile bitte ich den Leser in seiner Bibel nachzulesen.

In Kapitel 1,6-14, dem zweiten formalen Abschnitt, beklagt Gott, dass seine Diener, die levitischen Priester, ihn verachten: Sie opfern ihm, was kein Mensch haben will: verdorbenes Brot (Vers 7), blinde, lahme oder kranke (Vers 8) und sogar gestohlene Tiere (Vers 13). Gestohlen haben sie diese Tiere insofern, als sie sich mehr als ihren gesetzlichen Anteil genommen haben, nämlich den Anteil ihrer levitischen Brüder aus dem Vorratshaus (vgl. Neh 13,10-11). Mit diesen Priestern, seinen alttestamentlichen Dienern, ist der HERR außerordentlich unzufrieden. Er lässt ihnen ausrichten (Vers 10):

> *O dass doch einer von euch die Türen des Tempels verschlösse, dass ihr nicht umsonst auf meinem Altar das Feuer entfachtet! Ich habe kein Wohlgefallen an euch, spricht der HERR der Heerscharen, und eure Opfergaben werde ich nicht annehmen.*

In Vers 14 geht Gott noch einen Schritt weiter:

> ***Verflucht** ist der Betrüger, der in seiner Herde ein männliches Tier hat, das er gelobt, und dennoch dem HERRN ein minderwertiges opfert.*

Das ist ein erster Fluch aus dem Munde Gottes, der auf einen Priester (!) gelegt wird – ein wichtiger Hinweis für unser Thema! Von den Priestern wurden keine *„Zehnten"* erhoben, jedoch wurde von ihnen erwartet, dass sie mittels freiwilliger Opfer mit gutem Beispiel vorangingen. Ihre Sünde bestand darin, dass sie gute Tiere hatten, Gott das Beste gelobten und ihm dann tatsächlich das Schlechteste brachten. Kapitel 2 fährt fort:

> *Und nun, ihr Priester, ergeht über euch dieser Beschluss: Wenn ihr nicht zuhört und nicht darauf achtet, meinem Namen die Ehre zu geben, spricht der HERR der Heerscharen, so lasse ich*

*den **Fluch** wider euch los und wandle in **Fluch** euren Segen. Ja, ich habe ihn schon in **Fluch** verwandelt, weil ihr nicht darauf achtet. Siehe, ich schelte eure Saat [das Korn, um eine richtige Ernte zu verhindern, und anstelle von Schultern Kopfstück und Magen der Festopfer] werfe ich euch Kot ins Gesicht, den Kot eurer Festopfer, und man wird euch zu ihm hinaus bringen* (Mal 2,1-3 [Zü+Amp]).

Diese Verse sind ebenfalls wichtig für das richtige Verständnis des Maleachi-Textes, denn hier spricht Gott zum zweiten Mal ausdrücklich die Priester an, nicht das ganze Volk. Dabei bleibt es denn auch, denn kein späterer Vers zeigt an, dass sich die Zuhörerschaft geändert hätte. Der fünfte und letzte Fluch, der im Buch des Propheten Maleachi aufgezeichnet ist, findet sich erst wieder in Kapitel 3, Vers 9: *„Vom **Fluch** seid ihr* (Priester) *getroffen, und doch betrügt ihr mich ...“*, gehört aber ebenfalls zu diesem Komplex.

Im Buch Maleachi werden aber in Kapitel 2 zunächst die Wechselbeziehungen zwischen Gott, seinem Volk Israel (Juda) und den Priestern behandelt.

4 Und ihr werdet erkennen, dass ich diesen Beschluss über euch gesandt habe, weil zwischen mir und Levi ein Bund besteht, spricht der HERR der Heerscharen.
5 Darin bestand mein Bund mit ihm, dass ich ihm Leben und Heil gab und dass er in Ehrfurcht vor meinem Namen sich beugte.
6 Wahrhafte Weisung war in seinem Munde, und kein Trug fand sich auf seinen Lippen. In Frieden und Aufrichtigkeit wandelte er mit mir, und viele hielt er von Schuld zurück.
7 Denn die Lippen des Priesters bewahren Erkenntnis, und Weisung sucht man von seinem Munde, ist er doch der Bote des HERRN der Heerscharen.
8 Ihr aber seid vom Weg abgewichen und habt viele zu Fall gebracht durch eure Weisung; ihr habt den Bund Levis verderbt, spricht der HERR der Heerscharen.
9 Darum habe auch ich euch verächtlich und niedrig gemacht vor dem ganzen Volke, gleichwie ihr meine Wege nicht haltet, sondern die Person ansieht bei der Weisung (Mal 2,4-9).

Die Verse Maleachi 2,4-7 sind der unmittelbare Kontext zum Text über den *„Zehnten“* im Kapitel 3,8-10 – das muss beachtet werden. Gott hatte einen Bund mit dem ganzen Volk Israel geschlossen, aber es gab noch einen speziellen Bund mit den Priestern, die alle aus dem Stamm Levi kamen. Der Sinn dieses Bundes war folgender: Gott gab dem levitischen Priester Anteil an seinem Leben; dieser wurde so in eine heile Welt versetzt, in der er in Ehrfurcht vor Gott leben konnte. Der Priester wiederum gab Gottes Weisung an die Menschen des Volkes Israel weiter; es entstand eine Atmosphäre von Frieden und Aufrichtigkeit, in der (idealerweise) kein Betrug vorkam und in der viele Menschen von Schuld zurückgehalten wurden. Auf diese Weise wurde der Priester zum Boten des HERRN der Heerscharen an sein Volk. Der Umkehrschluss hierzu lautet wie folgt: Immer wenn die Nation Israel sündigte, machte Gott die Priester in erster Linie dafür verantwortlich, dass sie vor ihm nicht richtig lebten und dass sie sein Wort nicht richtig lehrten. Zu diesem Tadel gehörte auch, dass die Priester untereinander ausgemacht hatten, welche Teile des Gesetzes sie beachten und lehren wollten und welche nicht.

Ab Vers 10 wechselt das Pronomen von „ihr" zu „wir" und „uns", d.h. es spricht jetzt nicht mehr Gott selbst, sondern der Prophet Maleachi. Da der Name Maleachi „mein Bote" bedeutet, ist Maleachi wahrscheinlich selbst ein Priester. „Wir" heißt dann „wir Priester".

Kapitel 2,13-17 wird eine weitere Sünde der Priester aufgedeckt: Scheidung und Heirat mit heidnischen Frauen. Diese Vorwürfe gelten wieder den Priestern, indirekt kann auch das Volk angesprochen sein. Der Beleg steht im Vers 13:

> *Ihr bedeckt den Altar des HERRN mit Tränen, mit Weinen und Seufzen, sodass er sich nicht mehr zum Opfer wendet, auch nichts mit Wohlgefallen aus eurer Hand annimmt.*

Direkten Zugang zum Altar hatten nur die Priester, nicht das Volk. Die Priester weinten buchstäblich über dem Altar. Die Verse 2,17-3,4 sprechen vom Gericht Gottes und von seiner Gnade – die Verse 3,1- 4 sind auch heute gut bekannt. In ihrem ursprünglichen, historischen Zusammenhang werden wieder die Priester des Alten Bundes angesprochen, nicht das ganze Volk.

> *Er* (Maleachi, mein Bote, der Bundesengel) *wird sich setzen, zu schmelzen und zu reinigen; er wird die Söhne Levis reinigen,*

wird sie läutern wie Gold und wie Silber, dass sie dem HERRN richtige Opfergaben darbringen ...

Gottes Gericht beginnt in seinem Haus, in seinem Tempel mit seinen Priestern, deren erste Verantwortung es ist, die Wahrheit zu lehren. Auch der Kontext in Nehemia 13,29-31 spricht von den Priestern:

Gedenke ihnen, mein Gott, daran, dass sie das Priestertum und den den Priestern und Leviten geltenden Bund befleckt haben!

Der Priester Esra und der Statthalter Nehemia hatten buchstäblich das Ziel, die entweihte Priesterschaft wieder zu reinigen und den Bund Gottes mit der Priesterschaft wiederherzustellen (vgl. Esra 9–10; Neh 13,8-13.29-31). Die tatsächliche Reinigung konnte allerdings nur Gott selbst vollziehen (vgl. Mal 3,1-4).

Wir kommen jetzt zum unmittelbaren Kontext, in dem das *„Zehntgebot"*, die Verse 3,8-10 stehen. Für ein richtiges Verständnis ist es zwingend, diese Verse mit und in ihrem unmittelbaren Zusammenhang zu betrachten.

5 Ich nahe mich euch zum Gericht und werde ungesäumt Zeuge sein wider die Zauberer und wider die Ehebrecher, wider die Meineidigen und wider die, die dem Tagelöhner, der Witwe und der Waise Gewalt antun und den Fremdling bedrücken, wider sie alle, die mich nicht fürchten, spricht der HERR der Heerscharen.

6 Denn ich bin der HERR, ich ändere mich nicht; das ist der Grund, warum ihr, o Söhne Jakobs, nicht vernichtet seid.

7 Schon seit den Tagen eurer Väter seid ihr von meinen Satzungen abgewichen und habt sie nicht gehalten. Kehret um zu mir, so will ich zu euch umkehren, spricht der HERR der Heerscharen. Aber ihr fragt: Wieso sollen wir umkehren?

8 Beraubt oder betrügt je ein Mensch Gott? Aber ihr beraubt und betrügt mich. Aber ihr sagt: Auf welche Weise berauben oder betrügen wir dich? Ihr habt eure ***Zehnten*** *und Abgaben zurückbehalten.*

9 Ihr seid vom Fluch getroffen, und doch betrügt ihr mich, ihr, das ganze Volk.

10 Bringt den ganzen ***Zehnten*** *ins Vorratshaus, dass in meinem Hause Speise sei, und versucht es doch damit bei mir, spricht der HERR der Heerscharen, ob ich euch dann nicht die Fenster des Himmels auftue und Segen über euch ausgieße, sodass nicht Raum genug ist ihn aufzunehmen.*

11 Und ich will für euch dem Fresser (Insekten, Seuchen) wehren, dass er euch die Frucht des Ackers nicht verderbe und dass euch der Weinstock auf dem Felde nicht fehl trage, spricht der HERR der Heerscharen

12 Dann werden euch alle Völker glücklich preisen, denn ihr werdet ein Land des Wohlgefallens sein, sagt der HERR der Heerscharen (Mal 3,5-10 [Zü+Amp].

In Vers 5 werden erneut die levitischen Priester schwer beschuldigt: Dieses Mal wird ihnen Zauberei, Ehebruch, Meineid und Gewalttat vorgeworfen, und zwar Gewalttat gegenüber dem Tagelöhner, der Witwe, der Waise und dem Fremdling. In dieser Liste fehlen die Leviten, die aber nach 5. Mose 14,27-29 und 26,12-13 und 16,11.14 (die Feste) dazugehören sollten. Dies bedeutet, dass die levitischen **Priester** wieder die Unterdrücker sind, nicht die Unterdrückten. Diese Auffassung stimmt überein mit Nehemia 13,10:

Ferner erfuhr ich, dass den Leviten ihre Anteile (Zehnte) nicht gegeben worden seien, weshalb die Leviten und Sänger, die den Dienst zu versehen hatten, ein jeder auf seinen ländlichen Besitz entwichen seien.

Dieses Zitat stimmt wieder überein mit der Tatsache, dass im Buch Maleachi bisher nur über die Priester, nicht aber über das Volk schwere Gerichtsurteile Gottes ausgesprochen worden waren. Dazu passt auch, dass im Vers sieben von Satzungen die Rede ist, das heißt Befehlen an die Priester im Hinblick auf kultische Handlungen gemäß dem mosaischen Gesetz. Gott selbst ändert sich niemals (3,6), er bleibt immer gerecht, er verurteilt immer die Sünde und er hält immer seine Bundesversprechen im Hinblick auf Segen und Fluch. Auch die Adressaten der Verse 3,8-10 sind immer noch dieselben, die levitischen Priester, die Diener Gottes im Alten Testament.

Da die folgenden Verse vor allen anderen Zitaten aus dem Alten Testament die Basis für die Forderung nach Erhebung des *„Zehnten"* in neutestamentlicher Zeit darstellen, müssen sie hier in allen Details besprochen werden. In den Versen 3,7-16 sind Wechselreden Gottes und der Priester aufgezeichnet. Auf die Aufforderung Gottes zur Umkehr in Vers 7a fragen die Priester in Vers 7b: *„Wieso sollen wir umkehren?"* und Gott antwortet in Vers 8: *„Betrügt je ein Mensch die Gottheit, wie ihr mich betrügt?"* Die Priester antworten wieder mit einer Frage: *„Worin haben wir dich betrogen?"* Antwort: *„In Zehnten und Abgaben."*

Wie oben schon einmal gesagt, besteht eine direkte Beziehung zu Maleachi 1,13-14. Im ganzen bisherigen Buch Maleachi waren es die Priester, die als Schurken angesprochen wurden. Der Sachverhalt des Diebstahls wird im Buch Nehemia bestätigt (vgl. 10,37.38; 12,44.47 und 13,4.5.10.11). Der in Vers 9 ausgesprochene Fluch gegen die Priester ist bereits der fünfte Fluch; schon viermal vorher waren Flüche gegen die Priester ausgesprochen worden (vgl. 1,14; 2,2-3).

Der Vers 9 stellt allerdings ein Problem dar. Die mir bekannten deutschen Bibelübersetzungen formulieren: *„Ihr betrügt mich, ihr,* ***das ganze Volk."*** Hat plötzlich die Gruppe der Angesprochenen gewechselt, sind es nicht mehr die Priester, sondern ganz unvermittelt das ganze Volk? In der dem Urtext stärker angenäherten Übersetzung von Buber und Rosenzweig[9] heißt es jedoch:

> *Mit dem Fluch seid ihr verflucht, und mich wollt ihr noch prellen,* ***du Stamm allesamt!***

Diese Übersetzung macht deutlich, dass nicht das ganze Volk Israel (Juda) gemeint ist, sondern ein bestimmter Stamm, der Stamm Levi, zu dem die Priester gehörten. Dasselbe Problem stellt sich in den angloamerikanischen Übersetzungen. *„You are cursed with a curse, for you have robbed me, even* ***this whole nation****"* (KJV). NASU und ähnlich NAS, RSV und NIV[10] übersetzen jedoch: *„You are cursed with a curse, for you are robbing Me,* ***the whole***

[9] *Bücher der Kündung,* verdeutscht von Martin Buber gemeinsam mit Franz Rosenzweig, Deutsche Bibelgesellschaft, Stuttgart 1992.

[10] KJV = King James Version; NASU = New American Standard Update Bible; NAS = New American Standard Bible; RSV = Revised Standard Version; NIV = New International Version.

nation of you." Der Zusatz „of you" macht nur dann Sinn, wenn man „of you **priests"** liest und damit das ganze Volk der Priester vom Rest der Nation unterscheidet (Kelly, 2007). Dieses Ergebnis stimmt mit der Buber-Rosenzweigschen Übersetzung überein. Damit ist klar: Das Problem war ein Scheinproblem, ein Übersetzungsfehler.

Die Aufforderung in Vers 10 *„Bringt den ganzen Zehnten ins Vorratshaus, damit in meinem Hause Speise sei ..."* gilt somit wieder ausschließlich den Priestern, nicht aber dem ganzen Volk. Was war geschehen? Nach Nehemia 13,7-12 war der *„Zehnte"* von den Priestern gestohlen worden. In Maleachi 3,10a werden sie aufgefordert, das **gesamte** gestohlene Gut wieder zurückzubringen. Dieses Gut bestand ausschließlich aus Lebensmitteln, die für die Verpflegung der Priester und Leviten während der einen Woche ihres turnusmäßigen Dienstes gedacht waren (1 Woche in 24 Wochen). Da die Verpflegung für die Leviten (Assistenten der Priester, Sänger, Wächter, Bauleute und Handwerker aller Art) nicht vorhanden war, waren diese in ihre ländliche Heimat geflohen (vgl. Neh 13,10). Die Konsequenz war der Zusammenbruch des Tempeldienstes, der HERR konnte nicht mehr so geehrt werden, wie das im Gesetz angeordnet war, sein Wille war gewissermaßen ausgehebelt worden – kleine Ursache, große Wirkung. Gemäß dem im Bundesschluss enthaltenen Gesetz von Segen und Fluch wurde jetzt von Gott der Fluch über die Priester ausgesprochen (Vers 9).

Diese kurze Skizze stellt nur die Sachverhalte dar, bringt aber nicht die Beweise. Ganz allgemein lässt sich sagen, dass die Erhebung des *„Zehnten"* zusammen mit dem Sabbatjahr und dem Halljahr in das komplexe Wirtschaftssystem eines Agrarstaates eingearbeitet war, der Theokratie des alten Israel. Uns heute lebenden Menschen sind diese Anordnungen weitgehend unbekannt, den Israeliten zur Zeit Nehemias müssen sie aber gut bekannt gewesen sein, denn Nehemia hatte sich – mit Billigung des persischen Großkönigs – aufgemacht, als persischer Statthalter in Juda das Leben des Volkes des HERRN wieder nach den Gesetzen des HERRN auszurichten. Die relevanten Anordnungen des mosaischen Gesetzes finden sich in 4. Mose 18 und 5. Mose 14,22-29 und 26,12-15 sowie bedingt in 3. Mose 27,30-34 (siehe auch die entsprechenden Kapitel in diesem Buch). Für eine detaillierte Erörterung der angesprochenen Sachverhalte sei auf Kelly, 2007 verwiesen.

Wir wollen jetzt dem Vers 10 weiter folgen und den gesamten Text bis zu 3,12 ebenfalls im Detail besprechen. Die Aussage *„dass in meinem Hause Speise sei ..."* ist ganz wörtlich zu nehmen, genau so wie sie dasteht. Die Verpflegung für die Priester und Leviten musste vorhanden sein, damit der Tempelgottesdienst ordnungsgemäß durchgeführt werden konnte – von Geld ist niemals die Rede. *„... und versucht es doch damit bei mir, spricht der HERR der Heerscharen ..."* Diese Worte besagen nichts anderes, als dass Gott dem Volk Israel erneut befiehlt, das mosaische Gesetz in seiner Gesamtheit zu halten, um gesegnet zu werden, der Test bestand im Gehorsam gegenüber dem Alten Bund.

> *... ob ich euch dann nicht die Fenster des Himmels aufschließe und Segen über euch ausschütte bis zum Überfluss.*

Die Bedeutung dieser Worte ist im Zusammenhang von 5. Mose 28, dem Kapitel über Segen und Fluch, eindeutig:

> *Der Herr wird dir sein reiches Schatzhaus, den Himmel, auftun, dass er deinem Lande Regen gebe zu seiner Zeit und dass er alle Arbeit deiner Hände segne ...* (5,12; vgl. auch 3 Mo 26,3).
>
> *Und ich werde für euch dem Fresser (der Heuschrecke) wehren, dass er euch die Frucht des Ackers nicht verderbe und dass euch der Weinstock auf dem Felde nicht fehl trage, spricht der HERR der Heerscharen. Dann werden euch alle Völker glücklich preisen, denn ihr werdet ein Land des Wohlgefallens sein, spricht der HERR der Heerscharen* (Mal 3,11-12).

Das alte Israel war ein Agrarstaat, seine wirtschaftliche Wohlfahrt beruhte in der Hauptsache auf dem Ertrag der Felder und der Herden. Die geografische Lage am südöstlichen Rand des Mittelmeeres und die dadurch bedingte klimatische Situation war jedoch immer schwierig: Fielen Frühjahrs- und Herbstregen nicht in dem benötigten Umfang oder blieben sie gar aus, drohte schnell Dürre und Hungersnot. Gott verspricht nun hier, dass der Ertrag der Landwirtschaft so groß sein werde, dass nicht genug Lagerraum vorhanden sein werde, um alles aufzunehmen, vorausgesetzt, die Priester kommen ihrer Vorbildfunktion für das Volk nach. Das **Volk**, die Leviten und die Priester hatten gemeinsam am

Erfolg oder Misserfolg teil: War das Land nicht gesegnet, konnten die Menschen ihre *„Zehnten"* den Leviten nicht oder nicht in dem benötigten Umfang geben, und den Leviten wiederum erging es genauso gegenüber den Priestern.

Die noch fehlenden Teile des Buches Maleachi (vgl. Mal 3,13–4,6) werden im Folgenden nicht mehr besprochen, da sie zu unserem Thema, dem *„Zehnten"*, nichts Neues mehr beitragen. Alle Aussagen bewegen sich im Rahmen des Alten Bundes und sind analog den bisherigen Aussagen des Buches Maleachi. Zu beachten ist, dass die Adressaten der Worte Maleachis immer noch die Priester sind; die Menschen aus dem Volk werden erst durch das schlechte Vorbild dieser Priester mit hineingezogen.

Die Prophezeiungen Maleachis hören sich zum Teil an wie eine Umkehrung der Berichte über die staatliche (und persönliche) Erneuerung, die zur Zeit des Königs Hiskia in Juda aufgrund einer Art Reformation herbeigeführt worden war (vgl. 2 Chr 29-31; Kapitel 2.8 dieses Buches). Damals hatte es eine umfassende Umkehr und eine weitverbreitete Freude im Volk gegeben. Die Generation, die Maleachi ansprach, hatte diese Freude noch nicht erlebt; die Aufrufe des Propheten Maleachi könnten sie aber befördert haben, wenn man die Berichte aus dem Buch Nehemia liest (vgl. Neh 8–13; Kapitel 2.9 dieses Buches). Dort erscheint typischerweise wieder die Freude an JAHWE als die Kraftquelle des Volkes.

Nach der Besprechung des biblischen Kontextes, in dem die Maleachistelle zum *„Zehnten"* steht, soll jetzt der historische Kontext dieser Stelle angesprochen werden. Wie Nachschlagewerke (Lexikon zur Bibel von F. Rienecker, Thompson Studienbibel) belegen, fehlen gesicherte Erkenntnisse über die Person des Propheten Maleachi. Zusammen mit Haggai und Sacharja gehörte er aber zu den Propheten der nach Juda zurückgekehrten jüdischen Gemeinde. Es wird angenommen, dass er ein Zeitgenosse Nehemias und Esras war. Aufgrund der Bedeutung des hebräischen Wortes Maleachi – „Mein Bote" (in der Regel mit Engel übersetzt) – und der „Wir-Reden" im Buch Maleachi ist es plausibel, anzunehmen, dass er ein Priester war. Andere vermuten, dass Maleachi mit dem Priester Esra identisch ist oder dass es sich um einen „Decknamen" für den Statthalter Nehemia selbst handelt. Eine sichere Zuordnung ist nicht möglich, in jedem Fall weissagte Maleachi aber nach der Vollendung des zweiten Tempels, d.h. nach 515 v.Chr. Es kommt die Zeit infrage, in der Nehemia sich kurzfristig wieder am persischen Hofe aufhielt – 443 v. Chr. – oder die Zeit vor oder parallel zu den Reformen Nehemias und Esras. Tatsächlich passen die in dem Buch beschriebenen Zustände am besten in die Zeit Nehemias.

Zur Zeit Maleachis gehörten Jerusalem und Juda zum Imperium der Perser. Um die politische, religiöse, wirtschaftliche und soziale Situation der Juden in der damaligen Zeit besser verstehen zu können, müssen die Verhältnisse im Medopersischen Reich beachtet werden. Die folgenden Ausführungen basieren in der Hauptsache auf Forschungen von Schaper, 2000.

Die Größe und geopolitische Lage dieses Reiches – nach dem biblischen Chronisten von *„Indien bis zum Mohrenland"* – ermöglichten langfristig außenpolitische Stabilität und damit dauerhaften äußeren Frieden. Im Inneren des Reiches stellte lediglich Ägypten einen gewissen Unsicherheitsfaktor dar. Deshalb wurde das in unmittelbarer Nachbarschaft wohnende jüdische Volk von den persischen Königen begünstigt. Die europäische Außengrenze zu Makedonien/Griechenland ließ sich jedoch nicht auf Dauer sichern, tatsächlich erfolgte nach etwa 200 Jahren von dort der militärische Angriff, unter dem dieses Imperium zusammenbrach. Ein dauerhafter innenpolitischer Friede wurde durch einen permanenten Interessenausgleich zwischen Zentralgewalt und den unterworfenen Völkern erreicht: Die kulturelle und religiöse Identität der fremdländischen Untertanen wurde gestärkt, indem deren lokale Normen in die Reichsverfassung aufgenommen wurden. Dafür erhielt die Zentralgewalt die Möglichkeit, deren Selbstverwaltung effizient zu kontrollieren, sodass deren Gesetzgebung nicht dem Reichsinteresse widersprach (Institution der Reichsautorisation). Eine für die damalige Zeit erstaunliche Rechtssicherheit ermöglichte eine effektive Wirtschafts- und Sozialpolitik.

Anders als heute in Europa waren sogenannte religiöse Belange für die damalige Zeit von wesentlicher Bedeutung. Zwei Gründe waren ausschlaggebend für die Religionspolitik der persischen Großkönige. Einmal sahen es die Großkönige Persiens als sehr wichtig an, sich die Unterstützung möglichst vieler Götter zu sichern, zum zweiten ging man davon aus, dass Ahuramazda, der gute Gott in der Lehre Zarathustras, in erster Linie ein Gott des iranischen Volkes sei und deshalb weniger für die Nachbarvölker eintrete als deren eigene Götter.

Kyros und seine Nachfolger sahen sich als Hüter der Götter der von ihnen unterworfenen Völker – überall, z. B. in Babylon, Ur, Sin und eben auch in Jerusalem. Kyros rühmt sich, „deportierte" Götter (Statuen) aus den verschiedensten Teilen seines Reiches an ihren angestammten Ort zurückgeführt und ihre Tempel großartig wiederaufgebaut zu haben. Er rühmt sich weiter, die Völker dieser Götter ebenso an ihren angestammten Wohnort zurückgebracht zu haben. Das war genau die historische Situation, die es den Juden ermöglichte, in ihr Ursprungsland zurückzukehren und den Tempel JAHWES wiederaufzubauen (vgl. Esra 1,1-4; 3,7-13; 5,1–6,22). Kyros und seine Nachfolger ließen durch die Priester aller Götter für sich und ihre Söhne beten, u. a. um ein langes Leben – Darius I. ließ auch von den Jerusalemer Priestern für sich und seine Söhne beten (vgl. Esra 6,10).

Kyros wurde nicht zum Juden bzw. Anhänger JAHWES, man weiß auch nicht, ob er sich zur Religion des Zoroastrianismus bekannte. Aber dadurch werden die Prophezeiungen der Bibel in keiner Weise entwertet – sie wurden vielmehr durch die Religionspolitik des Kyros erfüllt. Dafür war entscheidend, dass die persischen Großkönige das Verhalten ihrer neubabylonischen Vorgänger umkehrten: Diese hatten sich die Völker und ihre Götter in der Weise dienstbar machen wollen, dass sie die Götter und ihre Völker aus ihrer Heimat deportierten. Man kann weiter eine gewisse grundsätzliche Sympathie der achämenidischen Herrscher für die JAHWE-Religion unterstellen, denn es gab Berührungspunkte mit der Religion des Zoroastrianismus, nämlich die (kultischen) Reinheitsgebote.

Nehemias Verhalten muss im Einklang mit den Vorstellungen der persischen Könige gestanden haben, sonst hätte er nicht die hohe Stellung am Hofe einnehmen können, die er tatsächlich ausübte. Im Edikt des Artaxerxes (vgl. Esra 7,12-26) wurde die Jerusalemer Tempelhierarchie mit weitreichenden Privilegien versehen (vgl. Esra 7,24), auch wurden die Durchführung des Kultes sowie die Übergabe der Tempelgeräte genauestens geregelt (vgl. Esra 7,17-20). Man kann vermuten, dass die Jerusalemer Priester so eine Machtstellung erhielten, die nicht mit den ursprünglichen Geboten des mosaischen Gesetzes übereinstimmte und ihnen die oben beschriebenen Übergriffe gegenüber ihren levitischen Brüdern bzw. dem ganzen Volk erst ermöglichten.

Die Achämeniden, die Herrscher des Persischen Reiches des Altertums, erhoben Steuern wie jeder Staat. Aufgrund der Reichsautorisation existierten zwei Steuersysteme nebeneinander, ein lokales, religiöses System, das an die jeweiligen Tempel gebunden war, und ein staatliches System für die Großkönige (vgl. Esra 4,13.20; 6,8; 7,24; Kopfsteuer bzw. Grundsteuer?). Die beiden Systeme existierten jedoch nicht unabhängig voneinander, vielmehr spielten die Tempel der unterworfenen Gebiete eine Schlüsselrolle für die Nutzung der lokalen Abgaben durch die Zentralgewalt. Die Steuern an die Tempel bestanden meist aus Naturalien, seltener aus Edelmetallen und schöpften ungefähr zehn Prozent des Einkommens der Steuerpflichtigen ab. Steuerpflichtig waren offenbar alle Einwohner des jeweiligen, mit dem Tempel verbundenen Landstrichs, so auch in Juda. Die Großkönige verfügten über eine „Königliche Kasse“, mit deren Hilfe die jeweiligen Verwaltungen im ganzen Persischen Reich regelmäßig einen Teil der Tempeleinnahmen an die Herrscher abzuführen hatten, auch im achämenidischen Juda (vgl. Esra 4,13,20; Neh 5,4; 9,37; 10,39).

In der Praxis war das Einschmelzen von Edelmetallen besonders wichtig, von dem die Großkönige Anteile als Bezahlung anstelle noch nicht universell verbreiteter Münzen (oder später parallel dazu) verwendeten. Die Einschmelzstellen des Reiches waren wahrscheinlich in den Schatzhäusern der Satrapien untergebracht, aber auch in Tempeln – nachweislich auch im Tempel in Jerusalem. Dadurch wurde der Tempel JAHWES in Jerusalem so etwas wie ein illegitimes Bankhaus, ähnlich den heidnischen Tempeln. Die Schatzhäuser waren Zentren der zivilen und wohl auch der militärischen Logistik, sie waren auch Knotenpunkte der Finanzverwaltung, in ihnen lagerten Lebensmittel, andere Waren, Waffen, Edelmetalle u. a. Die Schatzhäuser waren oft auch Manufakturen mit vielen Arbeitern. Hauptaufgaben waren die Gold- und Silberbearbeitung, die Herstellung von Möbeln und Textilien und Luxusartikeln für den Hof. In Maleachi 3,10 wird der Tempel als Schatzhaus bezeichnet – andere übersetzen Vorratshaus, Lagerhaus, Kornhaus bzw. mein Haus – er war in jedem Fall **auch** ein Knotenpunkt der Finanzverwaltung[11].

Zusammenfassung und Beurteilung

Eine korrekte Bewertung des Textes Maleachi 3,8-10 mit seinen Aussagen zum *„Zehnten"* ist nur möglich, wenn dieser Text in seinem biblischen und historischen Kontext gesehen wird. Die detaillierte Analyse des gesamten Buches Maleachi führt zu der Erkenntnis, dass Maleachi die levitischen Priester, die alttestamentlichen Diener JAHWES, anspricht, nicht aber das gesamte Volk. Diese Priester werden aufgrund des Alten Bundes mit seinen Aussagen über Segen und Fluch beurteilt: Ihr schlechtes Vorbild für das Volk veranlasst JAHWE, sie schwer zu tadeln und mehrere Flüche über sie auszusprechen. Der Fluch in Maleachi 3,10 im Hinblick auf den *„Zehnten"* gilt deshalb wieder nicht dem Volk, sondern nur den Priestern: Sie hatten den Anteil der Leviten und der Armen für sich behalten – in deutlichen Worten: Sie hatten ihn gestohlen (vgl. Kelly, 2007; Helser). Die Aufforderung zur Rückgabe gilt deshalb wiederum nur ihnen. Das Buch Nehemia stellt den unmittelbaren biblischen Kontext dar, ihm ist besondere Aufmerksamkeit zu widmen (siehe oben). Die historische Situation, die Zugehörigkeit der Juden zum Medopersischen Reich, sollte ebenfalls beachtet werden.

---

[11] Die Rekonstruktion geschichtlicher Sachverhalte durch Historiker, Archäologen und andere Spezialisten für Zeiten, in denen relevante Dokumente und andere Beweismaterialien nicht oder nur bruchstückhaft vorliegen, kann nur zu Modellen führen, welche die tatsächliche Situation, „die Wahrheit", mehr oder weniger präzise widerspiegeln. Das kann zur Folge haben, dass verschiedene Wissenschaftler mittels desselben Materials zu unterschiedlichen, mitunter sogar konträren Ergebnissen kommen. Solche Fälle sind bekannt. Es ist vom Ansatz her grundsätzlich nicht möglich, zu sagen, wie nahe die erarbeiteten Hypothesen an der „Wahrheit" liegen. Um ein leicht verständliches Bild zu gebrauchen: Wenn jemand mit einer begrenzten Anzahl von erhalten gebliebenen Puzzleteilen versucht, das gesamte ursprüngliche, aber unbekannte Bild zu rekonstruieren, so kann ein anderer mit denselben Teilen aufgrund anderer Kombinationen eventuell auch ein anderes Gesamtbild erstellen. Keines davon muss a priori „richtiger" sein als das andere – wissenschaftliche Korrektheit, insbesondere Beachtung der Grenzen der angewandten Methoden, ist dabei immer vorausgesetzt. Wenn diese Bedingung erfüllt ist, halte ich es aus den oben genannten Gründen für sinnlos, über die „Richtigkeit" von Modellen zu streiten – so auch hier.

Da die Ansprechpartner des Propheten Maleachi die levitischen Priester waren und nicht das ganze Volk, ist die traditionelle Zuordnung des Fluches zum *„Zehnten"* falsch und muss aufgegeben werden. Der Bezug zum gesamten Volk war schon im Alten Testament irreführend – die traditionelle Zuordnung zu den Gläubigen des Neuen Bundes in freikirchlichen Gemeinden Deutschlands und des deutschen Sprachraums ist ebenfalls irreführend und muss widerrufen werden. Eine Beurteilung aufgrund des neutestamentlichen Erlösungswerkes Jesu Christi wird später erfolgen.

KAPITEL 3

Der Zehnte im Neuen Testament

Im Neuen Testament wird der *„Zehnte"* nur wenige Male erwähnt. Diese Stellen werden im Folgenden besprochen.

3.1 Stellungnahme Jesu zum Zehnten in den Evangelien des Matthäus und Lukas

Die Evangelien beschreiben eine einzigartige Zeit in der Geschichte: Vor etwa 2000 Jahren war Gott selbst – genauer die zweite Person der Gottheit, der Sohn, (später Jesus, der Christus, genannt) – Mensch geworden und lebte unter seinen Zeitgenossen. Er lebte sein Leben hauptsächlich in Galiläa, einem der Klientelstaaten des Römischen Reiches auf dem Territorium des alten Israel, aber er kam auch nach Judäa, einer Provinz des Römischen Reiches, und in die übrigen Nachfolgestaaten des Reiches von Herodes, dem Großen. 30 Jahre lebte er ein Leben wie andere Menschen auch, dann bekannte er sich zu Person und Auftrag, nämlich der Messias Gottes zu sein und die Menschheit zu erlösen. Dieses Erlösungswerk wurde vollzogen durch seinen Tod am Kreuz auf Golgatha. Das Blut Jesu setzte einen Neuen Bund, das Neue Testament, in Kraft, der Alte Bund mit dem mosaischen Gesetz wurde ein für alle Mal aufgehoben. Damit endete auch das gesamte Opfersystem mit seinen Gesetzen, seiner Priesterschaft und seinen Satzungen. **Vor** Golgatha war jedoch immer noch das mosaische Gesetz in Kraft: Der Gottmensch Jesus Christus kam als der zweite Adam, der neue Mensch, und lebte ein sündloses vollkommenes Leben. Er erfüllte als einziger Mensch jedes einzelne Gebot des Gesetzes und hob dieses Gesetz für diese Zeit auch nicht auf. Im Hinblick auf den *„Zehnten"* machte er folgende Aussagen:

> *Wehe euch, ihr Pharisäer und Schriftgelehrten, ihr Heuchler, dass ihr die Minze, den Anis und den Kümmel* ***verzehntet*** *und die gewichtigeren Stücke des Gesetzes außer acht gelassen habt: das Recht und die Barmherzigkeit und die Treue. Diese sollte man besonders beachten und jene nicht unterlassen. Blinde Führer seid ihr, ihr siebt Mücken aus und verschluckt Kamele* (Mt 23,23-24).

> *Aber wehe euch Pharisäern, dass ihr die Minze und die Raute und jegliches Gartengewächs* ***verzehntet*** *und das Recht und die Liebe zu Gott außer acht lasst. Vielmehr sollte man diese Dinge tun und jene nicht unterlassen (*Luk 11,42).

> *Der Pharisäer stellte sich für sich allein hin und betete so: O Gott, ich danke dir, dass ich nicht bin wie die übrigen Menschen, Räuber, Ungerechte, Ehebrecher oder auch wie dieser Zöllner. Ich faste zweimal in der Woche, ich gebe den* ***Zehnten*** *von meinem ganzen Einkommen (*Luk 18,11-12).

Selbstverständlich müssen auch diese Zitate wieder in ihrem biblischen Zusammenhang gelesen werden, damit sie richtig verstanden werden können. Da Matthäus im Kapitel 23 die meisten Details bietet und der entsprechende Text bei Lukas – Kapitel 11,37-54 – sehr ähnlich ist, genügt es meiner Ansicht nach, den Text aus Matthäus abzuhandeln. Die Personen, zu denen gesprochen wird, und die Personen, über die gesprochen wird, werden in Matthäus 23,1-2 genannt:

> *Darauf redete Jesus zur Volksmenge und zu seinen Jüngern und sprach: Auf Moses Stuhl haben sich die Schriftgelehrten und die Pharisäer gesetzt.*

Das bedeutet: Jesus spricht **zu** seinen Jüngern und zum gesamten Volk **über** die Pharisäer und Schriftgelehrten. Ab Vers drei wird sehr heftige Kritik an dieser Personengruppe geübt, in den Versen 13-33 sind insgesamt neun Weherufe enthalten, die ihrer Natur nach mit den alttestamentlichen Flüchen zu vergleichen sind.

13: Wehe, ihr verschließt das Reich der Himmel vor den Menschen.
14: Wehe, ihr verzehrt die Häuser der Witwen und sprecht dazu lange Gebete.
15: Wehe, ihr macht aus einem Judengenossen ein Kind der Hölle.
16: Wehe, ihr blinden Führer, ihr Narren.
23: Wehe, ihr verzehntet Minze und Anis und Kümmel.
25: Wehe, ihr reinigt das Äußere der Schüssel und des Bechers.
27: Wehe, ihr seid wie getünchte Gräber.
29: Wehe, ihr schmückt die Gräber der Propheten und die Grüfte der Gerechten.
33: Wehe, ihr seid Schlangen und Natterngezücht.

Inmitten dieser Verse stehen die Verse 23 und 24:

> *Wehe euch, ihr Pharisäer und Schriftgelehrten, ihr Heuchler, dass ihr die Minze, den Anis und den Kümmel* ***verzehntet*** *und die gewichtigeren Stücke des Gesetzes außer acht gelassen habt: das Recht und die Barmherzigkeit und die Treue. Diese sollte man besonders beachten und jene nicht unterlassen. Blinde Führer seid ihr, ihr siebt Mücken aus und verschluckt Kamele.*

Im „Konkordanten Neuen Testament" liest sich Vers 23b wie folgt:

> *…* ***doch das Wichtigste im Gesetz, das*** *gerechte* ***Richten, die Barmherzigkeit und den Glauben,*** *das* ***lasst ihr*** *außer acht.* ***Dies muss man beachten und jenes nicht*** *unter****lassen.***

Der Gesamtzusammenhang ist ausgesprochen negativ belegt, die Angesprochenen mussten sich heftig getadelt, ja brüskiert, beleidigt und beschimpft sehen – und genau so sahen sie das auch (vgl. Luk 11,45). Jesus übte schwere, ja heftige Kritik am Wesen und Verhalten von Pharisäern und Schriftgelehrten (Theologen). Welcher gläubige Mensch möchte als Lügner, Heuchler, Betrüger, Scheinheiliger, blinder Blindenführer und als dem Gericht Gottes verfallene Person bezeichnet werden – als gierig nach Ansehen, Macht und Geld? Diese Äußerungen Jesu mussten die Feindschaft von Pharisäern und Schriftgelehrten gegen ihn doch immer mehr verstärken! Warum ist Jesus so heftig, warum geht er so weit? Dazu wird am Schluss dieses Abschnittes Stellung genommen.

Im engeren Zusammenhang des *„Zehnten“* fällt auf, dass die Pharisäer und ihre Anhänger weiter gingen, als Gott im Gesetz geboten hatte – sie wollten eine höhere Leistung als die von Gott genannte erbringen, um ihren Zeitgenossen klar zu machen, dass sie noch mehr leisteten, als das Gesetz verlangte. Sie predigten skrupulösen Gehorsam gegenüber dem Sabbatgebot und den Geboten der Beschneidung und des *„Zehnten“* – eine allzu menschliche Verhaltensweise, die auch wir kennen und die sich z. B. in der Redensart „päpstlicher sein wollen als der Papst“ ausdrückt.

Die Pharisäer und Schriftgelehrten sahen sich als **die** autorisierten Interpreten des Gesetzes – und sie hatten es übertrieben, indem sie im Gegensatz zum mosaischen Gesetz in der Mischna und im Talmud u. a. ganz gewöhnliche Gartenkräuter mit aufgenommen hatten. Aus sinnvollen Anordnungen des Gesetzes hatten sie eine schwere Bürde gemacht. Der Halbsatz aus Matthäus 23,23b nach dem „Konkordanten Neuen Testament“ – ***„... doch das Wichtigste im Gesetz, das*** *gerechte* ***Richten, die Barmherzigkeit und den Glauben,*** *das* ***lasst ihr*** *außer acht.* ***Dies muss man beachten und jenes nicht*** *unter****lassen“*** **–** stellt die richtige Ordnung wieder her: Das Wichtigste im Gesetz – gerechtes Richten, Barmherzigkeit und Glaube – **muss** zuerst beachtet werden, es **darf nicht** unterlassen werden. Anschließend **darf** man das Zehntgebot auf Gartenkräuter anwenden, man **muss das nicht** lassen, obwohl es ohne Sinn ist.

Die freieren Übersetzungen wie *„Diese sollte man besonders beachten und jene nicht unterlassen“* können leichter zu Missdeutungen Anlass geben. Keineswegs wird aber ein Gebot für alle ausgesprochen, wie manche meinen. Der Vers 24 macht das unmissverständlich klar. Die Pharisäer und Schriftgelehrten hätten ihre eigenen Forderungen erfüllen sollen, das taten sie aber gerade nicht. Bildlich wird das so formuliert: Ihr Pharisäer verwendet große Energie für minder wichtige Dinge wie den *„Zehnten“* – d. h. Mücken sieben –, aber ihr missachtet weit wichtigere Stücke des Gesetzes wie Recht, Barmherzigkeit, Treue – d. h. Kamele verschlucken. Diese Stücke des Gesetzes sind deshalb weit wichtiger, weil sie Bestandteil des Charakters des ewigen Gottes sind, die Gabe des *„Zehnten“* ist lediglich Teil des Zeremonialgesetzes – und damit vergänglich.

Das bekannte Gleichnis vom Pharisäer und vom Zöllner (Luk 18,9-14) bietet im Hinblick auf den *„Zehnten"* inhaltlich nichts Neues, es gibt jedoch eine bildhafte Darstellung der Gedankenwelt der Pharisäer, der Frommen der damaligen Zeit, mit ihrer Selbstgerechtigkeit und dessen, was Gott darüber denkt. Ein Bestandteil der Selbstgerechtigkeit der damaligen Pharisäer war die Gabe des *„Zehnten"*.

3.2 Der Zehnte: Bestandteil des levitischen Priestertums, nicht aber des Priestertums Melchisedeks bzw. Jesu Christi (Hebr 7)

Die Zitate aus dem Hebräerbrief zum *„Zehnten"* (vgl. Hebr 7,2.4-6.8.9) gehören alle zum Bereich der Begegnung Abrahams und Melchisedeks im Alten Testament (vgl. Kapitel 2.1 dieses Buches). Es sind die einzigen Aussagen des Neuen Testaments, die sich auf die Zeit nach Golgatha beziehen. Man kann sie deshalb als besonders wichtig ansehen und eine detaillierte Analyse in ihrem biblischen und historischen Kontext vorlegen (Kelly, 2007). Da in diesem Buch aber nicht Spezialisten angesprochen werden sollen und da die Lebenssituation der Leser kaum der Lebenssituation der Personen im Hebräerbrief entsprechen dürfte, wird hier nur eine kurze Skizze mit den wichtigsten Fakten gegeben.

Es ist plausibel, anzunehmen, dass der Hebräerbrief in der Zeit vor dem jüdischen Krieg und vor der Zerstörung Jerusalems durch die Römer unter Titus im Jahre 70 n. Chr. geschrieben wurde, denn er setzt die Existenz des Tempeldienstes voraus. Dieser Brief ist an Juden gerichtet, die sich zu Jesus, dem Christus, bekehrt hatten und später als Judenchristen bezeichnet wurden. Es ist wahrscheinlich, dass die judenchristlichen Adressaten des Briefes in Jerusalem und Judäa lebten und dass der Brief diese Menschen auf den kommenden, vielleicht kurz bevorstehenden kulturellen und religiösen Schock vorbereiten sollte, der mit der Zerstörung Jerusalems einherging: dem Ende des Tempel- und Opferdienstes, dem Verlust des Zentrums der jüdischen Kultur, dem Verlust der Heimat und sogar des Lebens für viele Juden.

Das besondere Problem bestand darin, dass die Judenchristen sich zuerst als Juden und dann erst als Christen ansahen. Als Juden beachteten sie weiter die Vorschriften des mosaischen Gesetzes (vgl. Apg. 15,1-33; 18,18; 21,17-26) – eine Situation, die zu Konflikten mit den Christen führte, die sich aus nichtjüdischen, d. h. heidnischen Völkern zu Jesus, dem Christus, bekehrt hatten. Es ist weiter plausibel, anzunehmen, dass diese Judenchristen auch nicht aufgehört hatten, ihre *„Zehnten"* an das levitische System zu zahlen.

Der Verfasser des Hebräerbriefes musste diese Menschen davon überzeugen, dass das mosaische Gesetz nicht mehr länger ein Teil von Gottes Plan für die *„Ecclesia"* (Kirche) war und dass sie deshalb alle ihre Bindungen an dieses religiöse System lösen sollten – eine überaus schwierige Aufgabe angesichts der herrschenden Theologie und einer über tausendjährigen Tradition. Sie mussten verstehen: Jesus Christus war die Antwort auf alle ihre Probleme! Als Gläubige empfingen sie in ihm: ein besseres Land, eine bessere Stadt und ein besseres Heiligtum – die spirituellen Gegenstücke zur realen Situation in Judäa –, weiter einen besseren Hohenpriester, nämlich Jesus Christus selbst, eine bessere Priesterschaft – die Gemeinschaft aller Gläubigen (nicht der neutestamentlichen Gemeindeleiter), bessere Opfer – Dank und Anbetung als spirituelle Gegenstücke zu Tieropfern – und ein besseres finanzielles Unterstützungssystem, nämlich ein durch Liebe begründetes und in freiwilligen Gaben sich offenbarendes finanzielles System.

In Hebräer 7 wird demonstriert, dass das Hohepriestertum Jesu Christi ähnlich dem Priestertum Melchisedeks dem levitischen System weit überlegen ist – dieses System mitsamt dem Zehntgebot wurde mit dem Neuen Bund abgeschafft. Die Belege hierfür sind insbesondere die Verse 5,12 und 18-19. Der an weiteren Details interessierte Leser möge bitte selbst das relevante Kapitel bei Kelly, 2007 studieren, ich selbst möchte abschließend lediglich noch darauf hinweisen, dass es im gesamten Kapitel 7 keinen Vers gibt, der zur Gabe des *„Zehnten"* im Neuen Testament auffordert – und auch sonst nirgendwo in diesem Brief.

3.3 Nichterwähnung des Zehnten im übrigen Neuen Testament

Der *„Zehnte"* wird außer in den oben zitierten Versen nirgendwo im Neuen Testament erwähnt, weder in den Evangelien des Markus und Johannes, noch in der Apostelgeschichte oder in irgendeinem Brief, auch nicht in der Offenbarung. Nirgends wird gesagt, dass Zehntgelder zur Finanzierung der öffentlichen Wirksamkeit

Jesu oder der Apostel verwendet worden wären oder dass irgendeine Gemeinde Zehntgelder erhoben hätte. Solche Gelder dienten auch nicht zur Finanzierung der Reisen des Apostels Paulus, obwohl diese Reisen viel Geld gekostet haben müssen. In der Apostelgeschichte wird mit Ausnahme der Erwerbstätigkeit des Paulus während seiner Missionsreisen nicht einmal erwähnt, wie die damaligen Mitarbeiter finanziert wurden – durch Zehntgelder geschah es offenbar nicht. Dieser auffällige Befund kann zwanglos nur so interpretiert werden, dass der *„Zehnte"* zur Zeit des Neuen Testaments in den neu entstandenen christlichen Gemeinden keine Bedeutung besaß. Damit stellt sich umgekehrt die Frage, wie die damaligen Aktivitäten finanziert wurden, wie Jesus und die Apostel mit dem Geld umgingen und ob und welche Lehren sie uns über Geld und seine Verwendung hinterlassen haben. Für diese Frage werden in einem letzten Teil des Artikels Antworten gesucht.

KAPITEL 4

Der historische Prozess zur Zehntgelderhebung in der (den) christlichen Kirche(n) des Westens

Um eigene Entscheidungen im Hinblick auf die Finanzierung von Kirchen und Gemeinden treffen zu können, gleich, ob es sich um das System der Zehntgelderhebung handelt oder um Steuern, ist es für den heutigen Gläubigen von großer Wichtigkeit, die historischen Prozesse kennenzulernen, die zur Erhebung des *„Zehnten"* in deutschen Freikirchen bzw. zur Steuererhebung in den sogenannten Volkskirchen in der Gegenwart führten. Diese Tatsachen sind dem durchschnittlichen Gläubigen fast völlig unbekannt, weshalb sie hier präsentiert werden. An dieser Stelle möchte ich anmerken, dass die von mir hier präsentierten historischen Fakten durch Vergleich der Angaben in Publikationen anderer Autoren gewonnen wurden (Kelly, 2007; Viola, 2008; Nachschlagewerke zur Bibel).

Wie uns Emil Brunner schon 1951 belehrt (Seite 7, 19-20) war die „Ecclesia", die Christusgemeinde des Neuen Testaments, eine reine Personengemeinschaft – die persönliche Gemeinschaft gläubiger Menschen mit Jesus Christus, dem Vater und dem Heiligen Geist bzw. von Gläubigen miteinander – sie war keine Organisation, keine Institution und kein religiöses System, sondern wie eine Familie, ein Organismus, eine Braut. Keine der heute existierenden Kirchen oder Gemeinden kann mit ihr identifiziert werden, denn diese alle sind Institutionen. Eine Vielzahl von Traditionen, die wir heute für selbstverständlich halten, gab es zur Zeit des Neuen Testamentes nicht oder nicht in dieser Form: das Amt des Pastors, Pfarrers oder Priesters, die Besoldung des Klerus, die Gottesdienstliturgie, die Predigt, Kirchengebäude, die Bräuche des Sonntagmorgens, die Musiker – auch nicht Taufe oder Abendmahl und christliche Ausbildung in der heutigen Form. Dafür gab es damals etwas, das es heute in dieser Art auch nicht mehr gibt: die unmittelbare Herrschaft Jesu Christi in seiner Gemeinde. Diese Herrschaft wurde ausgeübt durch die Gaben des Geistes, die jedem Gläubigen nach dem Belieben des Heiligen Geistes verliehen wurden (vgl. 1 Kor 12). Entsprechend seiner gottgegebenen Begabung übte jeder Gläubige die ihm übertragenen Aufgaben aus – seien es Predigt, Lehre, Weisheit bei Entscheidungen, Glaube in Notzeiten, Heilungskräfte, Wunderkräfte, Prophetie, Geisterunterscheidung, Sprachenreden und Auslegung oder soziale Aufgaben, Verwaltungsaufgaben u. a.

Nicht nur in dieser Zeit, sondern auch in den folgenden Jahrhunderten wurden nirgendwo irgendwelche Zehntgelder in der Gemeinde Christi zur Finanzierung des Klerus erhoben – diesen gab es ursprünglich gar nicht. Vielmehr waren die christlichen Leiter der nachapostolischen Zeit, die sogenannten Kirchenväter, meistens Personen, welche die Worte Jesu aus Matthäus 19,21 buchstäblich befolgten:

> *Willst du vollkommen sein, so geh hin, verkaufe, was du hast, und gib es den Armen, und du wirst einen Schatz in den Himmeln haben – und komm und folge mir nach!*

Sie pflegten im Allgemeinen einen asketischen Lebensstil und lebten die Armut als eine Tugend – Zehntgelder zur Finanzierung dieses Lebensstiles brauchten sie nicht.

Der Erste, der die Erhebung von Zehntgeldern zur Finanzierung eines vollzeitlichen Klerus vorschlug, war Cyprian von Karthago (200–258) – Karthago lag in Nordafrika, nahe dem heutigen Tunis. Dieser Vorschlag war für seine Zeit höchst ungewöhnlich und wurde nirgends verwirklicht, möglicherweise nicht einmal in seinem eigenen Einflussgebiet um Karthago. Hierzu ist zu bemerken, dass das, was man später „Kirche" nannte, zur Zeit Cyprians so noch nicht existierte: Es gab keine zentralistische Organisation, vielmehr existierten lokale Zentren der Christenheit in Rom, Ephesus, Antiochia in Syrien, Jerusalem und Karthago, die miteinander konkurrierten. Zu seiner Zeit waren aber bereits Prozesse in Gang gekommen, die im Laufe der Jahrhunderte zu einer völligen Veränderung der neutestamentlichen „Ecclesia" führen sollten: Die Lehre von der Priesterschaft aller Gläubigen war bereits zurückgedrängt worden, die Gleichheit aller wurde ersetzt durch die Macht der Bischöfe und Priester.

In einem ersten Schritt des Niedergangs wurden die Geistesgaben den Laien abgesprochen. In einem zweiten Schritt wurde der Bischof als Autorität eine Stufe höher gesetzt als die vorher gleichberechtigten Leiter (Ältesten) in der Kirche. Im dritten Schritt wurde dem Bischof der Status eines Hohenpriesters des Alten Testaments gegeben, der geistliche Macht über die jetzt sogenannten „Laien" ausüben konnte. Im vierten Schritt wurden die Bischöfe, Ältesten und Diakone dazu gedrängt, einen „vollzeitlichen" Dienst in der „Kirche" zu übernehmen und mit Arbeit zum Erwerb des Lebensunterhaltes aufzuhören.

Die Wiedereinführung des Zehntgebotes bzw. die Einführung einer Besoldung des Klerus wurde der fünfte Schritt dieses spirituellen Niedergangs. Das bedeutete die Wiederherstellung des alttestamentlichen Systems mit dem Hohenpriester (Bischof), Priestern (Ältesten) und Leviten (Diakonen) – und eine Wiedereinführung priesterlicher Macht, denn Opfer und Vergebung standen jetzt wieder unter der Kontrolle der Priester. Cyprian selbst war Bischof, das bedeutet aber nicht, dass er sich persönlich bereichern wollte: Bei seiner Taufe verschenkte er sein beträchtliches Vermögen an die Armen, seine Zehntgeldforderung für den Klerus ging nicht über den Status der Sozialhilfe hinaus, wie wir heute sagen würden (Kelly, 2007).

Wie ging es weiter mit dem *„Zehnten"*? Wie es scheint, wurde der erste ernsthafte Versuch zur Wiedereinführung des *„Zehnten"* auf legislativem Wege in Gallien, dem späteren Frankreich, während der Bischofskonferenz in Tours im Jahre 567 und durch die Verordnungen des Konzils von Macon in Jahre 585 gemacht – das waren aber lediglich regionale Ereignisse, die Abgabe des *„Zehnten"* blieb ansonsten freiwillig. Im frühen Mittelalter erwarb die katholische Kirche Reichtum in Form von Landbesitz, damit wurde die Grundrente in Höhe von 10 % an sie entrichtet – das geschah aber nicht ohne längere politische Kämpfe. In jedem Fall sollte man beachten, dass die Wiedereinführung des *„Zehnten"* historisch erst dann zustande kam, als die katholische Kirche eine politische Macht geworden war.

Als richtungsweisend und maßgeblich für die Geschichte Europas erwies sich das Verhalten des fränkischen Königs Karl – von der späteren Geschichtsschreibung „der Große" genannt. Nach der Eroberung des langobardischen Königreiches Italien (die Langobarden gehörten dem arianischen Glauben an!) reichte seine Herrschaft bis nach Rom. Unter Berufung auf das mosaische Gesetz als Autorität und auf die Stellungnahme einer Kirchensynode gelang es dem Papst, Karl den Großen zu überzeugen, die Staatsgewalt einzusetzen, um die Erhebung des *„Zehnten"* auf allen landwirtschaftlichen Besitz der katholischen Kirche zu gewährleisten. Als Gegenleistung für diese Unterstützung der Kirche wurde Karl der Große am Weihnachtstag 800 vom Papst zum Kaiser des „Heiligen Römischen Reiches" gekrönt. Der Papst erklärte damit offiziell die Erneuerung des Römischen Reiches der Antike.

Nach den Konzilien von Gerona in den Jahren 1067 und 1078 sowie dem dritten und vierten Laterankonzil von 1179 bzw. 1215 war der *„Zehnte"* eine gesetzlich garantierte Steuer zur Finanzierung der Staatskirche geworden. Noch einmal anders gesagt: Das Zehntgebot wurde erst dann eine christliche Lehre, nachdem die römisch-katholische Kirche sich mit säkularen politischen Kräften verbündet hatte. **Im Gegensatz dazu akzeptierte die orthodoxe Kirche des Ostens niemals das Zehntgebot, und ihre Mitglieder haben es auch niemals praktiziert.**

Welchen Einfluss hatte die Reformation auf das Zehntgebot in der römischen und in den späteren reformatorischen Kirchen? Die Reformatoren nahmen unterschiedlich Stellung: Zwingli erklärte 1525 in einem Gutachten, dass der *„Zehnte"* im Neuen Testament nicht bestätigt worden und für das Volk Gottes nicht mehr gültig sei. Er hielt den Kirchenzehnten aber als Steuer zur Finanzierung der kirchlichen Tätigkeit der neuen „evangelischen" Gemeinden für berechtigt und nötig. Äußerungen Luthers zur Begründung des *„Zehnten"* im Neuen Testament waren lange nicht bekannt, neuerdings wurde eine Predigt entdeckt, in welcher der späte Luther den levitischen *„Zehnten"* ablehnte (Kelly, 2007). Dennoch befürwortete er die Erhebung des *„Zehnten"* als die gerechteste Abgabe, weil so auf den Ertrag Rücksicht genommen wird, und erklärte ihn als rechtmäßige Einnahme der Obrigkeit. Konsequenterweise erklärte er weiter, dass die Obrigkeit über die Verwendung des *„Zehnten"* niemand Rechenschaft schuldig sei. Sie habe vielmehr das Recht, den *„Zehnten"* einzuziehen, ohne dass ihr daraus irgendwelche Pflichten erwüchsen.[1]

Die Auffassung Luthers über den *„Zehnten"* setzte sich mit dem Sieg der Fürsten im Bauernkrieg durch. Die Praxis der Zehnterhebung bestand also nicht nur während des ganzen Mittelalters, sondern auch in den folgenden Jahrhunderten. Der *„Zehnte"* wurde in Deutschland generell erst im 18. und 19. Jahrhundert abgelöst.

Haben Luthers Auffassungen freikirchliches Denken und Handeln in Deutschland beeinflusst? Beim einfachen Vergleich nach Theorie und Praxis kann man Erstaunliches entdecken: Der fehlende Schriftbezug des *„Zehnten"* bei Luther spiegelt sich wider in einem verkürzten und verfälschten Schriftbezug der meisten Freikirchen. Eine Gesamtschau zum *„Zehnten"* in der Bibel wird nicht gegeben, Bibelstellen wie Deuteronomium 14,22-29 und 26,12-15, die eine Relativierung der „Zehntgeldpflicht" bedeuten, werden nicht erwähnt. Übereinstimmend wird jedoch – offen oder verdeckt – der *„Zehnte"* als eine Art Steuer zur Finanzierung der Gemeinden befürwortet. Luthers Auffassung, dass der *„Zehnte"* als rechtmäßige Abgabe der jeweiligen „Obrigkeit" zustehe, findet sich im freikirchlichen Denken ebenso wieder wie seine Meinung, dass diese „Obrigkeit" über die Verwendung des Geldes niemand Rechenschaft schuldig sei – hier gibt es heute allerdings gesetzliche Einschränkungen.

In der Zeit der Gründung der ersten freikirchlichen Gemeinden in Deutschland und danach – 1834 Gründung der ersten Baptistengemeinde in Hamburg (Johann Gerhard Oncken), 1854 Gründung der ersten freien evangelischen Gemeinde in Wuppertal/Elberfeld (Hermann Heinrich Grafe) – müssen Konzepte zur Finanzierung erarbeitet worden sein. Da ich die historischen Quellen bisher nicht einsehen konnte, kann ich nur hypothetisch davon ausgehen, dass die freikirchliche Praxis zum *„Zehnten"* damals eingeführt wurde.

Die Zahl der Mitglieder einer freikirchlichen Gemeinde war immer kleiner als die volkskirchlicher Gemeinden, also musste der

---

[1] *Theologisches Reallexikon*, Bd. 36, Der Zehnt.

Einzelne mehr geben als 1–2 % (siehe unten). In der Einführung des *„Zehnten"* gemäß den alttestamentlichen Aussagen scheint man die Lösung der Finanzprobleme gesehen zu haben, Einigkeit scheint auch in dem Sinne bestanden zu haben, dass der *„Zehnte"* der jeweiligen Gemeinde zustehe. Wer sich mit der Gemeindezuordnung des *„Zehnten"* nicht abfinden wollte, sondern von diesem Geld auch anderen geben wollte und dies öffentlich sagte, geriet im Allgemeinen in Konflikte mit der jeweiligen Leitung. Als Beleg kann ein Beispiel aus der Zeit der Gründung der Pfingstgemeinden um 1900 dienen.[2]

Der Zehntgelderhebungstradition folgen die meisten Bibelschulen; ihre Schüler sehen wiederum diese Praxis in vielen Freikirchen und setzen sie ihrerseits ein, um den Finanzbedarf zu decken. Dies mag zum Teil unreflektiert geschehen, aber spätestens bei der Gründung neuer Gemeinden muss ein Konzept für die Finanzierung vorliegen, insbesondere, wenn eine von einem größeren Verband unabhängige Gemeinde aufgebaut werden soll. So manche Neugründung in meinem Gesichtsfeld konnte sich nicht etablieren und verschwand (schnell) wieder, nur einige überlebten. Mangel an Geld kann auch ein Faktor in diesem Geschehen gewesen sein. Wie das Beispiel aus dem Alten Testament zur Zeit des Königs Hiskia zeigt, erfüllten damals die Israeliten ihre finanziellen Verpflichtungen gegenüber den Leviten nicht – diese überlebten aber dank des ausbalancierten göttlichen Systems. Solange man das „Pastoralmodell" bejaht, kann die Erfahrung von heute durchaus analog sein: Menschen versprechen zwar Unterstützung für Gemeinden und ihre Leiter, aber nach einiger Zeit wollen sie davon (vielleicht) nichts mehr wissen – und gehen anderswo hin.

[2] E. G. White, 1905 (vgl. www.avvento.de/zehnte.htm).

KAPITEL 5

Die aktuelle freikirchliche Praxis der Zehntgelderhebung in Deutschland und ihre Folgen

5.1 Die Wahrheit macht frei – die Unwahrheit verursacht neuen Schaden

Am Anfang dieses Buches wurde die gängige freikirchliche Praxis zum *„Zehnten"* in Deutschland und ihre biblische Begründung in Kürze skizziert. In den Folgekapiteln wurden **alle** Texte des Alten wie des Neuen Testaments, die Aussagen zum *„Zehnten"* enthalten, in ihrem biblischen und historischen Zusammenhang sorgfältig untersucht. Die Ergebnisse sind in den Kapiteln 2 und 3 dieses Buches im Detail dargestellt; der Leser wird gebeten, sie dort nachzulesen. Ich habe auf diesen Seiten die Lehre der Bibel zum *„Zehnten"* und die Realität des Lebens der Menschen der damaligen Zeit so genau beschrieben, wie es mir möglich war; Ausblicke auf die heutige Situation wurden jedoch nur begrenzt gegeben.

Die folgenden Ausführungen beschäftigen sich deshalb einerseits mit den neuen Realitäten, die das Neue Testament für die Zeit nach Golgatha und Pfingsten für den an Christus gläubigen Menschen sieht, und andererseits mit der Art, wie freikirchliche Gemeinden ihr Christentum in der Realität heute ausleben. Dabei wird nicht verschwiegen, dass die aktuelle Praxis schwere seelische Schäden für gläubige Menschen verursachen kann und dass dem

Ansehen des wahren Gottes durch sachlich falsche Aussagen über das Zehntgeldkonzept sowie die Tabuisierung und Dogmatisierung dieser Falschaussagen so sehr geschadet wird, dass viele Menschen sich nicht nur von den entsprechenden Gemeinden und Kirchen abwenden, sondern von Gott selbst.

5.2 Das mosaische Gesetz – Herzstück des Alten Bundes; die Christusoffenbarung – Herzstück des Neuen Bundes

Der Alte Bund wurde von Gott durch die Gesetzgebung am Sinai mit dem Volk Israel geschlossen; Mose war der Mittler dieses Bundes. In diesem Bund offenbarte Gott seinen Willen durch das **Gesetz,** das Volk Israel und nur das Volk Israel gehörte zu diesem Bund. Ein radikaler Wechsel geschah auf Golgatha: In Christus annullierte Gott diesen Alten Bund mit allem, was dazugehörte – es sei denn, bestimmte Prinzipien wurden im Neuen Bund bestätigt. Der Mittler des Neuen Bundes ist Jesus Christus; der Neue Bund gilt allen Menschen; das Wort **Gnade** kennzeichnet ihn zutreffend.

Im Moment des Todes Christi – als dieser ausrief: *„Es ist vollbracht (beendet, vollendet)"* – zerriss der Vorhang im Tempel (ein Bild für den Körper Christi) von oben bis unten, das Allerheiligste wurde für die gesamte Menschheit sichtbar und zugänglich. In diesem Moment wurde das levitische Priestertum abgeschafft mitsamt all seinen Opfern, dem Tempeldienst, allen Ritualen, Heiligen Tagen, das gesamte Zeremonialgesetz, auch die Gabe des *„Zehnten".* Nicht abgeschafft wurden Gottes ewige Eigenschaften wie Glaube, Hoffnung, Liebe, Gerechtigkeit, Gnade usw. Kein Christ steht mehr unter der Jurisdiktion irgendeiner alttestamentlichen Rechtssatzung, die das richtige Verhalten in einer bestimmten Lebenssituation festgelegt. Grundsätzlich jeder Christ hat stattdessen die Möglichkeit, mit dem Heiligen Geist zusammenzuarbeiten und die Chance zu ergreifen, sich Anteile des Wesens Gottes schenken zu lassen, sodass das Empfangene im eigenen Leben sichtbar wird. Man kann auch vom „Gesetz Christi" sprechen, das in einer neuen Schöpfung sichtbar wird.

In finanzieller Hinsicht kann das z. B. bedeuten, aus frohem Herzen Geld an Bedürftige zu verschenken, ohne dem Zwang des Zehntgeldsystems zu unterliegen. Das Gesetz des Alten Bundes als

Gegenüber Gottes in seiner Gesamtheit einzuhalten, ist keinem Menschen möglich. Deshalb führt dieses Gesetz buchstäblich zur Verurteilung, zu Strafe und Tod: *„... der Buchstabe tötet ..."* Die Gemeinschaft mit Gott in der Zusammenarbeit mit dem Heiligen Geist eröffnet dagegen die Möglichkeit, das Leben Gottes auf die Erde zu bringen: *„... der Geist aber macht lebendig ..."* (vgl. 2 Kor 3,6) – eine kaum fassbare Herausforderung. In 2. Korinther 3,4-18 beschreibt Paulus den Unterschied der Offenbarung göttlicher Herrlichkeit am Beispiel des Mose im Alten Bund und an seinem eigenen Beispiel und dem seiner Mitarbeiter im Neuen Bund:

> *4 Ein solches Vertrauen aber haben wir durch Christus zu Gott;*
> *5 nicht dass wir von uns selbst aus tüchtig wären, etwas zu denken als aus uns selbst heraus, sondern unsere Tüchtigkeit stammt von Gott, 6 der uns auch tüchtig gemacht hat zu Dienern des Neuen Bundes, nicht des Buchstabens, sondern des Geistes; denn der Buchstabe tötet, der Geist aber macht lebendig.*
> *7 Wenn aber der Dienst des Todes, mit Buchstaben in Stein eingegraben, zu Herrlichkeit gelangt ist, sodass die Söhne Israels in das Angesicht des Mose nicht schauen konnten wegen des herrlichen Glanzes seines Angesichtes, der [doch] verging, 8 wie sollte nicht der Dienst des Geistes noch mehr in Herrlichkeit sein?*
> *9 Denn wenn der Dienst der Verdammnis Herrlichkeit hat, so ist noch viel mehr der Dienst der Gerechtigkeit reich an Herrlichkeit. 10 In diesem Stück ist ja das, was Herrlichkeit hatte, sogar ohne Herrlichkeit, [nämlich] wegen der überragenden Herrlichkeit [des Neuen Bundes]. Denn wenn das, was vergeht, in Herrlichkeit ist, so ist noch viel mehr das, was bleibt, in Herrlichkeit.*
> *12 Weil wir nun solche Hoffnung haben, wenden wir viel Freimütigkeit an 13 und [handeln] nicht so, wie Mose eine Decke über sein Angesicht legte, damit die Söhne Israels nicht auf das Ende dessen schauen könnten, was verging. 14 Aber ihre Gedanken wurden verstockt. Denn bis zum heutigen Tage bleibt dieselbe Decke auf der Vorlesung des Alten Testaments, und sie wird nicht aufgedeckt, weil sie [nur] in Christus abgetan wird, 15 sondern bis heute liegt, so oft Mose vorgelesen wird, eine Decke auf ihrem Herzen; 16 sobald es sich jedoch zum HERRN bekehrt, wird die Decke weggenommen.*

17 Der HERR aber ist der Geist; wo aber der Geist des HERRN ist, da ist Freiheit. 18 Wir alle aber spiegeln mit aufgedecktem Angesicht die Herrlichkeit des HERRN wieder und werden [dadurch] in dasselbe Bild verwandelt von Herrlichkeit zu Herrlichkeit, wie von dem HERRN aus, welcher Geist ist.

Bedenken Sie bitte: Mose war **die** Autorität des Alten Bundes für die Juden; Paulus und seine Mitarbeiter waren damals nichts weiter als reisende Evangelisten und Gemeindegründer – keine Spur der heutigen „kanonisierten" Autorität! Wenn Sie diese Verse gelesen haben – könnte es sein, dass wir heutigen Christen die dort beschriebene Decke über unserem Gesicht liegen haben?

Selbstverständlich gibt es eine Vielzahl weiterer Belegstellen zum Unterschied von Altem und Neuem Testament, viele aus der Feder des Paulus. Hier soll jedoch nur noch eine Belegstelle zitiert werden, die direkt den Anschluss an das Alte Testament herstellt:

Aber in Wirklichkeit hat er (Christus) *einen umso* ***vortrefflicheren*** *Dienst erhalten, als er auch eines* ***besseren*** *Bundes Mittler ist, der auf* ***bessere*** *Verheißungen hin festgesetzt worden ist. Denn wenn jener erste [Bund] ohne Mangel gewesen wäre, so würde nicht Raum für einen zweiten gesucht werden. Tadelnd nämlich sagt er zu ihnen: Siehe, es kommen Tage, spricht der HERR, da ich mit dem Hause Israel und mit dem Hause Juda einen neuen Bund aufrichten will (*Hebr 8,6-8).

Auch hier wird klar herausgestellt, dass der Neue Bund etwas weit Besseres ist als der Alte Bund, denn Letzterer war nicht frei von Mängeln und Fehlern. Ein neuer Bund war zwingend erforderlich. Ähnliches wird auch in den folgenden Versen gesagt, bis in Hebr. 8,13 apodiktisch festgestellt wird:

Indem Er sagt: Einen neuen [Bund], hat er den ersten für veraltet erklärt. Was aber veraltet ist und sich überlebt hat, ist dem Verschwinden nahe.

Kann man die Situation noch deutlicher beschreiben? Wollen wir uns danach richten oder nicht?

5.3 Die Priesterschaft aller Gläubigen – ein zentrales Anliegen des Neuen Bundes, aber abgeschafft im Pastoralsystem der heutigen Kirchen und Gemeinden

Gemäß dem am Anfang dieses Buches genannten Zehntgeldkonzept, das aus der Belegstelle Maleachi 3,7-11 ohne Beachtung des Kontextes abgeleitet ist, werden die Priester des Alten Bundes im Neuen Bund zu Pastoren, Gemeindeleitern usw. umgedeutet und der Tempel wird zur lokalen Gemeinde. Damit ist unauffällig eine entscheidende Weichenstellung vollzogen: So wie es im Alten Bund nur wenige von Gott gesalbte Auserwählte gab, z. B. die Leviten, aber viele gewöhnliche Menschen, so gibt es in einer solchen Gemeinde auch wieder viele gewöhnliche Menschen und nur einige auserwählte Menschen wie die „Pastoren" (Gemeindeleiter) usw. – eine neue klerikale Gesellschaftsschicht.

Diese neue Priesterschaft wird legitimiert durch eine Ausbildung an Bibelschulen und anderen Einrichtungen oder aber durch eine spezielle, für gewöhnliche Gläubige nicht verfügbare Begabung mit dem Heiligen Geist („Salbung"). Diese „Kleriker" werden bezahlt, sie gelten als Fachleute, stehen über den gewöhnlichen Gemeindemitgliedern und leiten eine Gemeinde häufig wie ein Unternehmen oder aber sind selbst wie Angestellte eines Geschäftes. In aller Regel dürfen nur Mitglieder dieser neuen Priesterschaft in den Gottesdiensten wichtige Handlungen ausführen, insbesondere predigen, zu den Besuchern sprechen und bestimmte Rituale vollziehen. Die gewöhnlichen Menschen sind zur Passivität verurteilt – einen lebendigen Leib Christi wie in den Paulusbriefen aufgezeigt gibt es nicht mehr (vgl. Kapitel 2.6 dieses Buches). Das System der neuen Priesterschaft ist in den existierenden christlichen Gemeinden so weit verbreitet, dass es kaum jemand je infrage stellt – zu Unrecht, wie wir sehen werden.

Die Wiedereinführung dieses alttestamentlichen Systems steht in direktem Gegensatz zu den Aussagen des Neuen Testaments über die Aufgaben der Gläubigen des Neuen Bundes:

Ihr aber seid ein auserwähltes Geschlecht, eine königliche Priesterschaft, eine heilige Nation, ein zum Eigentum (Gottes) erworbenes Volk, damit ihr die großen Taten dessen verkündet, der euch aus der Finsternis heraus in sein wunderbares Licht gerufen hat. Ihr, die ihr einst kein Volk wart, seid jetzt Gottes

Volk; und ihr, die ihr einst nicht in Gnaden wart, seid jetzt begnadigt! (1 Petr 2,9-10 [Mül]).

Ganz ähnlich auch Vers 5 [Mül]:

... und lasset euch selbst als lebendige Steine aufbauen zu einem geistlichen Tempel, damit ihr als eine heilige Priesterschaft Opfer darbringt, die der Geist wirkt, die Gott durch Jesus Christus angenehm sind.

Ebenso auch Offenbarung 1,5b-6 [Mül]:

Dem, der uns liebt (Jesus Christus) *... und uns zu Königen und Priestern vor Gott, seinem Vater, gemacht hat.*

und 5,9b-10 [Zü+Mül]:

... und du (das Lamm) *hast durch dein Blut [Menschen] erkauft aus allen Stämmen und Sprachen und Völkern und Nationen und hast sie unserem Gott zu Königen und Priestern gemacht, und sie werden Könige sein auf Erden.*

Schlägt man in der Konkordanz nach, so stellt man fest, dass es schon im Alten Testament eine ganz ähnliche Aussage gab:

Und nun, wenn ihr wirklich auf meine Stimme hört und meinen Bund haltet, so sollt ihr vor allen Völkern mein Eigentum sein; denn mein ist die ganze Erde. Ihr sollt mir ein Königreich von Priestern werden und ein heiliges Volk. Das sind die Worte, die du (Mose) *den Israeliten sagen sollst* (2 Mo 19,5-6).

Ein bloßer Zufall? Keineswegs! Es steht eine Absicht Gottes dahinter, auf die andere Autoren hinweisen (Kelly, 2007; New Scofield Reference Bible). Zurzeit der Patriarchen war jeder Patriarch auch Priester seiner Familie. Diese Funktion sollte gemäß 2. Mose 19,5-6 noch vor der Gesetzgebung am Sinai auf **ganz** Israel ausgedehnt werden (ein Königreich von Priestern). Dazu kam es aber nicht, weil Israel das Gesetz verletzte, indem es Götzen anbetete (das Goldene Kalb, vgl. 2. Mose 32), sodass das Priestertum auf die Familie Aarons beschränkt wurde und der übrige Stamm Levi gewissermaßen als Hilfskräfte hinzugezogen wurde (vgl. 2 Mo 28,1).

So entstand das typische Priestertum, wie wir es kennen. Für diese Priesterschaft wurde die Rechtssatzung des *„Zehnten"* gemäß 4. Mose 18 eingerichtet. Das war aber niemals Gottes eigentliche Absicht gewesen. Wäre Israel gehorsam gewesen, so wäre dieses Volk sofort als Königreich von Priestern installiert worden – viele Tausende von Priestern wären da gewesen, um Aaron und seine Familie zu unterstützen, die Rechtssatzung des *„Zehnten"* hätte es niemals gegeben.

Im Zeitalter der Kirche sollten alle Christen ohne Vorbedingungen ein *„Königreich von Priestern"* bilden, wie 1. Petrus 2,5 und 2,9-10 bzw. Offenbarung 1,6 und 5,10 belegen. Mit der Wiedergeburt wurde jedem Christen dieses Recht zugesprochen; es handelt sich um ein Geburtsrecht analog der Tatsache, dass im Alten Testament jeder Nachkomme Aarons für die Priesterschaft geboren bzw. bestimmt war (vgl. Hebr 5,1). Nochmals mit anderen Worten: Im Neuen Testament ist Christus der Hohepriester, jeder Gläubige ist Priester und nimmt eine Position ein, wie sie ursprünglich dem ganzen Volk Israel zugedacht worden war. Das Hauptprivileg des Priesters ist der freie Zugang zu Gott. Auch im Neuen Bund bringt jeder Priester Opfer dar, aber diesmal sind es geistgewirkte Opfer wie die Hingabe des eigenen Körpers, Gottes Lobpreis, die Bedürfnisse der Gläubigen, der Dienst und die Fürbitte.

Das Priestertum aller Gläubigen gehört zum Herz des Neuen Bundes! Jede(r) Gläubige ist verantwortlich für seine (ihre) persönliche geistliche Suche nach Gottes Willen. Es ist Aufgabe des Heiligen Geistes, die Menschen zu lehren, nicht die der Pastoren – vor vielen Jahren schon wurde dies als „Leben aus erster Hand" bezeichnet. Das ist genau das, was in Hebräer 8,10 -11 gesagt wird:

> *Dies nämlich ist der Bund, den ich mit dem Hause Israel nach jenen Tagen schließen will, spricht der HERR: Ich will meine Gesetze in ihren Sinn legen und sie ihnen ins Herz schreiben, und ich will ihr Gott sein, und sie sollen mein Volk sein. Und nicht werden sie jeder seine Mitbürger und jeder seinen Bruder lehren mit den Worten: Erkenne den HERRN! Denn alle werden mich kennen vom Kleinsten bis zum Größten unter ihnen.*

Die logische Konsequenz drängt sich geradezu auf, trotzdem soll sie ausdrücklich genannt werden: Wenn dieses System heute in Funktion wäre, bräuchte es keine Zehntgelder, da jede Aufgabe des levitischen Priesters im Alten Testament durch jeden Gläubigen in Priesterfunktion entsprechend den Anweisungen Gottes ausgeübt werden könnte.

Ein solches System, auf das auch die Worte Jesu in Matthäus 23,8 hinweisen *„... ihr sollt euch nicht Rabbi nennen lassen, denn einer ist euer Meister,* ***ihr alle aber seid Brüder" –*** gab es tatsächlich in der „Ecclesia" des Neuen Testaments und weiter bis etwa 200–300 n. Chr. Es folgte jedoch eine Kirchengeschichte, in der das Priestertum aller Gläubigen durch ein Herrschaftssystem von Menschen über Menschen, einem „Pastoralsystem" (wenn auch unter anderem Namen), fest etabliert wurde. Das System wurde im Laufe einer langen Kirchengeschichte variiert, aber nie abgeschafft.

Wie ich schon im Kapitel 2.6 dieses Buches – „Der Zehnte als Steuer des Königs" (vgl. 1 Sam 8,4-21) unter Berufung auf 1. Mose 3,8-9 ausgeführt habe, hätte dies nie geschehen können, wenn die betroffenen Menschen ein System der Herrschaft von Menschen über Menschen statt der Herrschaft Gottes nicht tatsächlich gewollt hätten. Das ist Folge des Sündenfalls und universal gültig. In allen Religionen sucht der Mensch einen Vermittler zwischen ihm und „Gott", der ihn der Notwendigkeit enthebt, in eigener Person seinem „Gott" gegenüberzutreten. Deshalb gibt es in allen Religionen eine Priesterklasse mit besonderer Ausbildung, Kleidung, speziellem Vokabular und besonderem Lebensstil – und eine hierarchische Struktur, die Ausdruck menschlicher Herrschaft ist.

Von einer hierarchischen Struktur der Leiterschaft ist im Neuen Testament jedoch keine Rede; in der „Ecclesia" des ersten Jahrhunderts liefen alle Beziehungen auf der gleichen Ebene ab. Auf der anderen Seite waren Menschen erforderlich, die willens und bereit waren, Macht zu übernehmen und Macht auszuüben – und diese gab es. Ausführungen hierzu finden sich z. B. in F. Viola: „Der krumme Weg – Heidnische Einflüsse im Christentum" Seite 145–196.

Hier soll eine kurze Skizze der Stationen genügen: Die Forderung nach absoluter Macht für den Bischof durch Ignatius von Antiochia (35–107 n. Chr.) als Schutz gegen Irrlehren nach dem Vorbild des römischen Staates (Monoepiskopat); die Wiedereinführung alttestamentlicher Elemente wie Priester, Tempel, Altäre und Opfer sowie unbiblischer Lehren unter dem Einfluss Cyprians von Karthago (200–258); definitive Etablierung des Monoepiskopats, des Klerus und einer hierarchischen Struktur im vierten Jahrhundert nach dem Vorbild der römischen Reichsregierung, insbesondere nach der Einführung des Christentums als Staatsreligion unter Kaiser Konstantin.

Konstantin verschaffte dem Klerus Prestige durch Ämter, die Privilegien einer gehobenen Gesellschaftsklasse und die Macht einer wohlhabenden Elite: Er befreite die „Kleriker" von öffentlichen Pflichten, darunter dem Dienst in der Armee, gestattete eine gesonderte Gerichtsbarkeit, gewährte Steuererlass und führte eine Bezahlung ein. Die Kleriker wurden in ihrem Ansehen (hohen) römischen Beamten gleichgestellt, deren Kleidung sie schließlich trugen, wozu später noch Tonsur und Zölibat kamen – eine Priesterkaste der besonderen Art. Damit waren heidnische Elemente in die neue Staatsreligion eingezogen – das biblische Christentum war mit Erfolg weitgehend verdrängt worden.

Die Veränderungen in der Zeit der Reformation waren nicht radikal genug, um wieder neutestamentliche Zustände herzustellen. Die Reformatoren bejahten zwar in Wort und Schrift das Priestertum aller Gläubigen, aber in der Praxis behielten sie die Trennung zwischen Klerus und Laien uneingeschränkt bei. Auch im freikirchlichen Pastoralsystem ist dies nicht anders.

Das nahezu universal praktizierte „Einmann-System" (oder Mehrmänner-System mit einem Hauptpastor (!) (oder erstem (!) Pastor) aller christlichen Kirchen und Gemeinden steht im direkten Gegensatz zu den Aussagen des Neuen Testamentes. Das Ende des levitischen Priestertums, ein Hauptanliegen des Hebräerbriefs, wird ebenso verworfen wie die Botschaft aus 1. Petrus 2 über das Priestertum jedes Gläubigen und die Lehre aus 1. Korinther 12–14, dass jeder Nachfolger Jesu sowohl das Recht als auch die Pflicht hat, sich in einem Gottesdienst aktiv zu beteiligen, um so anderen Gläubigen zu dienen.

Das Pastoralsystem mit seinen zwei Klassen von Gläubigen und seinen Verboten für „gewöhnliche Gläubige", z. B. dem Sprechverbot im Gottesdienst, setzt den Leib Christi außer Funktion – von lebendigen Steinen kann keine Rede mehr sein. Lassen Sie es mich noch einmal mit anderen Worten deutlich sagen: Was hier geschieht, ist Diebstahl! Derjenige, der zuerst bestohlen wird, ist Jesus Christus selbst: Er darf nicht mehr Haupt der Gemeinde sein, nicht Schlussstein, nicht Zentrum, nicht Leiter. Diese Funktionen nimmt der Pastor ein, der durch sein Amt illegitimerweise zum menschlichen Haupt der Gemeinde gemacht wurde. Die Herrschaft des Heiligen Geistes ist abgeschafft: Er darf sich nicht ohne Einwilligung der Leitung durch Geistesgaben in „gewöhnlichen Gläubigen" äußern, insbesondere die Funktion der Prophetie muss unterdrückt werden, um die Herrschaft des Pastors zu sichern.

Die andere bestohlene Gruppe ist, wie schon gezeigt, die der Gläubigen. Erinnert Sie dieser Sachverhalt wirklich nicht an die Aussagen des Propheten Samuel in 1. Samuel 8,4-21? Waren es unsere geistigen Vorfahren vor 1700/1900 Jahren, die wie die Israeliten im Alten Testament einen Herrscher über sich haben wollten? Könnte es sein, dass auch wir, die Gläubigen von heute, wieder von Königen missachtet, unterdrückt und ausgebeutet werden (wollen) – vielleicht sogar, ohne uns dessen bewusst zu sein? Könnte es sein, dass analog zu den Aussagen im Alten Testament (vgl. 1 Sam 8,18-19) Gott deshalb bis heute nicht willens war, dieses System wieder zurückzunehmen?

5.4 Macht und Geld im Pastoralsystem der Freikirchen

Welche weiteren Folgen hat der Aufbau eines religiösen Systems mit einer Priesterschaft für die gewöhnlichen Mitglieder? Zunächst einmal muss zuallererst und **vor** allen möglichen Bedürfnissen der Mitglieder die Existenz des Systems gesichert werden, dazu gehören minimal ein religiöser Überbau, Menschen und – Geld. Die genannten gewöhnlichen Menschen **schulden** ihren Gemeindeleitern analog dem System des Alten Testamentes gemäß der Umdeutung und Falschinterpretation der Stelle aus Maleachi 3,7-10 nun wieder den *„Zehnten"*. Die Leiter haben ein **Recht** auf die Ablieferung dieses Geldes. Wenn das so ist, eine direkte Besteuerung in welcher Form auch immer aber nicht eingeführt werden soll oder kann (einige Gemeinden tun das jedoch), wie können dann die finanziellen Forderungen der Leiter erfüllt werden?

Appelle zur Zahlung des *„Zehnten"* und Aufrufe zu weiteren Spenden und Sonderopfern sind eine Seite, die andere Seite ist eine weitgehende Disziplinierung der Mitglieder im Sinne einer „Unterordnung" unter die Leiter, eine Forderung, die insbesondere im charismatisch-pfingstlichen Lager nach dem Vorbild US-amerikanischer Gemeinden erhoben wird. Damit ist jetzt explizit die Machtfrage gestellt, nicht mehr verdeckt wie im vorigen Kapitel. Bei entsprechender Konsequenz und geschicktem Vorgehen kann diese Macht erfolgreich eingesetzt werden, um Geld zu beschaffen.

In allen säkularen Systemen ist der Besitz von Geld und die Ausübung von Macht eng miteinander verbunden, sie bedingen einander geradezu – Geld ist das Medium der Macht. Ist es wirklich eine Überraschung, dass es in religiösen Systemen nicht anders ist? Könnte es sein, dass die Macht des freikirchlichen Pastoralsystems auf der Erhebung des *„Zehnten"* beruht und ansonsten zusammenbricht? Wenn man die als Analogie immer wieder herangezogene Situation zur Zeit des Alten Testaments bedenkt, ist diese Frage zu bejahen: Die Gabe des *„Zehnten"* im Alten Testament war die grundlegende Rechtssatzung (vgl. 4. Mose 18), welche die alltägliche Existenz des religiösen Systems im alten Israel mit den Leviten und dem Tempeldienst überhaupt erst ermöglichte. Ein religiöses System und die Welt des Glaubenslebens im Neuen Testament – das sind allerdings zwei ganz verschiedene Dinge! *„Mein Reich ist nicht von dieser Welt"* – so sagte Jesus nach Johannes 18,36a. Oder sind Kirchen und Gemeinden, die nach dem Geld drängen, doch nichts anderes als Teile des Systems dieser Welt?

Die Mitglieder einer christlichen Gemeinde, deren Leiter Unterordnung der Mitglieder unter ihre Autorität (!) verlangen, müssen außer Geld einen weiteren Preis für ein solches Verhalten bezahlen, denn ohne neue Umdeutungen biblischer Aussagen und die Eliminierung solcher Aussagen, die nicht ins Konzept passen, ist die Behauptung eines normativ-verpflichtenden Charakters der „Unterordnung" nicht zu belegen.

Zu den Fakten: Die Zürcher Bibel spricht meist von „Unterordnung", die Lutherbibel gebraucht stattdessen Begriffe wie „untertan, untertun, Untertan, untertänig, Untertänigkeit". Von insgesamt 31 Zitaten einer Konkordanz aus dem Neuen Testament bezogen sich 8 auf das Leben des Menschen in der real existierenden Welt und 11 auf die Beziehungen zwischen gläubigen Menschen. Die im aktuellen Zusammenhang zuerst relevanten 8 Zitate (Mt 8,9; Lk 2,51; Röm 13,1 und 13,5; Tit 3,1; 1 Petr 2,13.18 sowie Tit 2,9) beschreiben die Existenz hierarchischer Systeme in der säkularen Welt, im Militärwesen, in der Familie, in Gesellschaft und im

Staatswesen und beinhalten implizit oder explizit die Aufforderung, sich hier einzuordnen bzw. „unterzuordnen".

Paulus begründet dies in der Weise, dass hierarchische Systeme in einer Welt der Sünde erforderlich sind bzw. sogar von Gott eingesetzt wurden, um das Böse (z. B. Kriminalität) einzudämmen und dem Guten zum Durchbruch zu verhelfen. Dass Regierende ihre Macht auch nutzen können, um das Gegenteil zu tun, war den Aposteln angesichts des real existierenden Römischen Reiches sicher bewusst. Dennoch wurde nicht zum Sklavenaufstand aufgerufen, sondern auf die innere Überwindung dieses Systems gesetzt – es würden etwa 1800 (!) Jahre vergehen, bis in der christlich geprägten Welt die Sklaverei definitiv überall beseitigt war.

Von den 11 Zitaten zum Verhältnis gläubiger Menschen untereinander (1 Kor 14,34; 16,15-18; Gal 2,5; Eph 5,21.22.25; Kol 3,18; 1 Tim 2,11; Tit 2,5; 1 Petr 3,1.5; 5,5) beziehen sich allein vier auf das Verhältnis von (Ehe)Mann und (Ehe)Frau und zwei auf das Verhältnis von Frau und „Gemeinde". Epheser 5,22 sagt:

Ihr Frauen, seid untertan [euren Männern] wie dem Herrn.

Epheser 5,25 sagt:

Ihr Männer, liebt eure Frauen, wie auch Christus die Kirche geliebt und sich für sie dahingegeben hat.

Diese Sätze stehen im Zusammenhang geistgewirkten Lebens; ihnen zu folgen ist keine natürliche Qualifikation des Menschen, sondern ein Geschenk des Heiligen Geistes, ein übernatürliches Geschehen. Der Kontext führt das deutlich aus. Die Liebe der Männer zu ihren Frauen ist die männliche Antwort auf die Erfahrung der Liebe Christi; die Unterordnung der Frauen unter ihre Männer die weibliche Antwort auf die Erfahrung der Liebe Christ **und** ihrer Männer:

Wie nun aber die Kirche Christus untertan ist, so sollen es auch die Frauen ihren Männern in allem sein (Eph 5,24).

Das ist die innere Überwindung des Fluches von Genesis 3,16. Man kann – und das ist vielfach geschehen – diese Aussagen aber auch nutzen, um ein Machtsystem des Mannes über die Frau zu etablieren – mit (pseudo)christlicher Begründung im Gegensatz zur eigentlichen Intention der Bibel.

Ganz analoge Schlussfolgerungen sind für das Verhältnis der Gläubigen untereinander zu ziehen. *„Seid einander untertan in der Furcht Christi"* (Eph 5,21) spricht von freiwilliger, wechselseitiger Unterordnung Gleichgestellter. Nicht zufällig steht diese Aufforderung wieder im Zusammenhang eines Handelns unter der Fülle des Heiligen Geistes (vgl. Eph 5,18-24). Das Gleiche gilt auch für ähnliche Aussagen im 1. Petrusbrief:

> *Ihr Jüngeren, ordnet euch den Ältesten unter. Alle aber gürtet euch mit Demut gegeneinander, denn Gott widersteht den Hochmütigen, den Demütigen aber gibt er Gnade* (1 Petr 5,5 [GN]).

Die Jüngeren sind dem Lebensalter bzw. der Glaubenserfahrung nach jünger, nicht aber der Wertschätzung nach. Aus dem Zusammenhang mit Ermahnungen der Ältesten (vgl. 1 Petr 5,1-4) geht zweifelsfrei hervor, dass eine Unterordnung nur möglich ist als Antwort auf die Erfahrung der Liebe Christi in den Ältesten. Liebe ist der innerste Kern des Wesens Gottes; Menschen, die von ihm gesandt wurden und in der Kraft des Heiligen Geistes leben und arbeiten, werden sie ausstrahlen, werden entsprechende Werke und Früchte hervorbringen. Auf solche Menschen soll man hören, schreibt Paulus, solche Menschen soll man anerkennen, solchen Menschen soll man sich unterordnen:

> *Ich ermahne euch aber, ihr Brüder: ihr kennet das Haus des Stephanas, dass es die Erstlingsfrucht von Achaja ist, und dass sie sich dem Dienste der Heiligen gewidmet haben; seid auch ihr solchen untertan und einem jeden, der mitwirkt und arbeitet. Ich freue mich aber über die Ankunft des Stephanas … denn sie haben meinen Geist und den eurigen erquickt. Darum erkennet solche Männer an!* (1 Kor 16,15-18 [GN]).

Eine Unterordnung unter Menschen (Älteste) in der Gemeinde Christi ist aber nicht möglich, falls diese mit/unter Zwang arbeiten, dem Geld (!) anhängen oder herrschen wollen – „Unterordnung". „Unterordnung" wird kein wirklich geistlicher Mensch fordern; diese Forderung ist fleischliches Verhalten, sie entspricht säkularen Normen. Nach Galater 2,4-5 ist dagegen Widerstand zu leisten.

> *Wegen der eingedrungenen falschen Brüder aber, die sich eingeschlichen hatten, um unsere Freiheit, die wir in Christus Jesus*

haben, auszukundschaften, denen gaben wir auch nicht für eine Stunde durch Unterwerfung nach, damit die Wahrheit des Evangeliums bei euch bestehen bliebe.

Geistliche Dinge im Munde oder in der Hand fleischlich gesinnter Menschen sind nicht nur nutzlos, sondern können darüber hinaus großen Schaden anrichten.

Wem diese Beweisführung zu indirekt und kompliziert ist, dem können direktere Belege genannt werden: Die Forderungen nach Erfüllung der finanziellen Ansprüche der Leiterschaft und nach „Unterordnung" (Akzeptieren der Herrschaft von Menschen über Menschen) wären schon im Ansatz nicht möglich, wenn alle Gläubigen gleichgestellt wären. Genau diese Gleichheit aber lehrt das Neue Testament, z. B.:

Ihr aber seid ein auserwähltes Geschlecht, ein königliches Priestertum, ein heiliges Volk, das Volk des Eigentums ... (1 Petr 2,9 [Mül])

und (siehe oben):

*... ihr sollt euch nicht Rabbi nennen lassen, denn einer ist euer Meister, **ihr alle aber seid Brüder*** (Mt 23,8).

Wem das immer noch nicht genügt, dem können sicher Schriftstellen helfen, die Jesus zitieren (vgl. Mt 20,20-28; Mk 10,35-45; Luk 22,24-27) und die an Eindeutigkeit nichts zu wünschen übrig lassen:

Als die Zehn das hörten, fingen sie an, über Jakobus und Johannes unwillig zu werden. Und Jesus ruft sie zu sich und sagt zu ihnen: Ihr wisst, dass die, welche als Fürsten der Völker gelten, sie knechten und ihre Großen über sie Gewalt üben. Unter euch soll es aber nicht so sein, vielmehr wer unter euch groß sein will, sei euer Diener, und wer unter euch der Erste sein will, der sei der Diener aller. Denn auch der Sohn des Menschen ist nicht gekommen, damit ihm gedient werde, sondern damit er diene und sein Leben als Lösegeld gebe für viele (Mk 10,41-45).

5.5 Religiöser Missbrauch mit dem Zehnten – Folgen für die Opfer

Was geschieht mit Menschen, die, wie oben ausgeführt, immer wieder mit verfälschten Aussagen über den *„Zehnten“* konfrontiert werden?

Wenn die Worte Jesu zutreffen, dass die Wahrheit frei macht (vgl. Joh 8,30-36), **dann ist umgekehrt zu erwarten, dass die Unwahrheit neue Bindungen, neue Fesseln für gläubige Menschen schafft.**

Wie oben schon erwähnt, wird den Menschen Angst gemacht und es werden Schuldgefühle erzeugt, in der Regel insbesondere mit der Stelle aus Maleachi 3,8-11, um sie zu finanziellen Leistungen für die jeweilige Institution zu bewegen. Die Erfahrung Angst gehört zur Welt, in der wir leben, sie ist letztlich eine Folge der Sünde, die sich in Naturgesetzen (2. Hauptsatz der Wärmelehre bzw. Thermodynamik; siehe Anhang) widerspiegelt. Das System der Welt macht den Menschen Angst – Paulus formulierte es theologisch so:

> *19 Wartet doch die natürliche Schöpfung mit banger Sehnsucht auf das Offenbarwerden der Kinder Gottes. 20 Denn die natürliche Schöpfung ist unverschuldet jetzt der Vergänglichkeit unterworfen durch den, der sie unterworfen hat, 21 auf die Hoffnung hin, dass die ganze Schöpfung auch von dem Fluch des Sterbens und Vergehens befreit werden und an der Freiheit der Kinder Gottes in der Herrlichkeit teilhaben soll.*
> *22 Denn wir wissen, dass die ganze Schöpfung mitseufzt und mit in Geburtswehen liegt bis heute. 23 Das ist aber nicht nur bei ihnen so, sondern auch wir seufzen in unserem tiefsten Inneren, weil wir zunächst nur die Erstlingsgabe des Geistes haben, und harren mit Geduld, bis wir durch die Erlösung unseres Leibes die volle Sohnschaft empfangen.*
> *24 Denn auf Hoffnung hin sind wir errettet worden. Sieht man aber eine Hoffnung schon verwirklicht, dann ist das keine Hoffnung mehr. Warum sollte man denn auf etwas hoffen, das man schon verwirklicht sieht? 25 Wenn wir aber etwas erhoffen, was wir noch nicht sehen, dann warten wir darauf in Geduld* (Röm 8,19-25 [Mül]).

Wie u. a. Johannes 16,33 belegt, wusste auch Jesus um die Macht der Angst über den Menschen:

> *Dies habe ich zu euch geredet, damit ihr in mir Frieden habt. In der Welt habt ihr Angst, aber seid getrost, ich habe die Welt überwunden.*

Den Menschen Angst machen, gehört mit Sicherheit nicht zu den Dingen, die Gott nach den neutestamentlichen Offenbarungen will. Auch Schuld ist ein zentraler Faktor im Leben des Menschen gegenüber Gott (und Menschen). Ein zentrales Thema des Evangeliums ist die Vergebung unserer Schuld durch Gott aufgrund des Opfertodes Jesu Christi und die Aufhebung der Trennung von ihm (Sünde ist im Deutschen abgleitet vom germanischen Wort „Sund" – Abgrund, Trennung), damit wir ihn als Vater kennenlernen können – das brauche ich einem Nachfolger Jesu sicher nicht erst zu erklären.

Was geschieht, wenn Schuldgefühle benutzt werden, um Menschen zu manipulieren? Die Schuld lässt den gläubigen (!) Menschen von Gott abrücken, sie hält ihn fern von Gott. Das Evangelium ermutigt die Menschen, sich mit ihrer Sünde Gott zuzuwenden, sich von ihm lieben und verändern zu lassen, ungetrennt von ihm zu leben. Der Gott, dem alles in unserem Leben bekannt ist, der ist gleichzeitig derjenige, der uns dennoch ohne Bedingung liebt – *Gott ist unsere Zuversicht und Stärke, die Hilfe in den großen Nöten, die uns getroffen haben* (Ps 46,2) – erst recht doch in der Zeit des Neuen Testaments. Die Erzeugung von Angst und Schuldgefühlen führt dazu, dass Menschen nicht die befreiende Wirkung des Evangeliums erleben. Die gute Botschaft wird stattdessen zu einer schlechten Nachricht. Das kann dazu führen, dass Menschen ihr Vertrauen, ihren Glauben an Gott verlieren und ihn verlassen.

Aber es kommt noch schlimmer, wenn gläubigen Menschen Gott als eine Art oberster Spenden- bzw. Steuereintreiber mit unbegrenzter Macht dargestellt wird, der sie bei Nichterfüllung der finanziellen Forderungen ihrer Leiter unter die Wirkung eines speziellen Fluches bringt. Ein Fluch Gottes ist eine ernste Angelegenheit, das weiß jeder gläubige Mensch. Der erste Fluch über den Menschen wurde nach dem Sündenfall ausgesprochen:

> *... Weil du ... von dem Baum gegessen hast, von dem ich dir gebot: du sollst nicht davon essen, so ist um deinetwillen der Erdboden verflucht ... Im Schweiße deines Angesichts sollst du dein Brot essen, bis du wieder zur Erde kehrst ... denn Erde bist du, und zur Erde musst du zurück* (1 Mo 3,17-19 [Lu]).

Der Zusammenhang, in dem dieser Text steht, macht uns klar: Die Fehlentscheidung des ersten Menschenpaares (Adam und Eva), der Ungehorsam gegenüber Gott, der Abfall von Gott – wie immer man es formulieren will – hatte Folgen, die sich die ersten Menschen nicht vorstellen konnten: eine Geschichte der Menschheit ohne Gott, getrennt von Gottes Liebe, stattdessen unter der Herrschaft einer quasipersönlichen Macht, der Sünde! Man braucht sich nur Krankheit, Tod und Kriege vorzustellen – z.B. der brutale Tod von Millionen von Menschen im Zweiten Weltkrieg! Wen schaudert es da nicht? Nein, kein gläubiger Mensch kann gleichgültig dastehen, wenn es um einen Fluch geht. Ein Leben unter irgendeinem Fluch Gottes – nein, nein, niemals – lieber den *„Zehnten"* pünktlich zahlen und sich von jedem Fluch freikaufen! So könnte die Reaktion eines Menschen aussehen, der die Angst voll verinnerlicht, die ihm von seinen Leitern gemacht wird.

Jeder an Jesus Christus gläubige Mensch müsste aber wissen, dass seit dem Sündenfall Gott am Werk ist, um in einem langen Prozess das ursprüngliche Ziel doch noch zu erreichen – die Menschen erhalten neue Chancen. Die Bibel schildert die Geschichte dieses Handelns des wahren Gottes. Seine Geschichte mit dem Menschen ist noch nicht zu Ende; aktuell stehen wir in der Epoche nach Pfingsten, jetzt ist die Zeit des Heiligen Geistes. Aber auch diese Epoche wird einmal zu Ende gehen, dann kommen Katastrophen, die in der Offenbarung des Johannes beschrieben sind.

Aber vor der Zeit des Neuen Testamentes war die Epoche des Gesetzes, dem Volk Israel durch Mose als Mittler offenbart. Jeder Christ weiß, dass das Alte Testament hauptsächlich die Geschichte Gottes mit diesem Volk beschreibt und dass der Umgang mit dem Gesetz entscheidend war. Ein Höhepunkt dieses Gesetzes ist die Aufstellung des Volkes Israel an den Bergen Ebal und Garizim und die Verlesung von Segen und Fluch:

> *Wenn du nun willig auf das Wort des HERRN, deines Gottes, hörst, sodass du alle seine Gebote, die ich dir heute gebiete, ge-*

treulich erfüllst, so wird dich der HERR, dein Gott, erhöhen über alle Völker der Erde, und alle diese Segnungen werden über dich kommen und werden dich erreichen, wenn du auf das Wort des HERRN, deines Gottes, hörst. Gesegnet bist du in der Stadt und auf dem Felde. Gesegnet ist die Frucht deines Leibes, die Frucht deines Landes und die Frucht deines Viehs ... (5 Mo 28,1-4a).

Wenn du aber auf das Wort des HERRN, deines Gottes, nicht hörst und alle seine Gebote und Satzungen, die ich dir heute gebe, nicht erfüllst, so werden alle diese Flüche über dich kommen und werden dich erreichen: Verflucht bist du in der Stadt und auf dem Feld. Verflucht ist dein Korb und dein Backtrog. Verflucht ist die Frucht deines Leibes, die Frucht deines Landes, der Wurf deiner Rinder und die Zucht deiner Schafe ... (5 Mo 28,15-18).

Um den wirklichen Umfang von Segen und Fluch erfassen zu können, muss zumindest das ganze Kapitel 28 gelesen werden. Kann auch ein an Jesus Christus gläubiger Mensch heute noch Angst bekommen, wenn er die Wirkung von Segen und Fluch erfasst?

Schuldgefühle eröffnen einen weiten Raum für Manipulationen – das dürfte jedem psychologisch geschulten Menschen schnell klar werden. Die mit Angst besetzten Pressionen können zu einer scharfen, möglicherweise tödlichen Waffe werden, wenn z.B. behauptet wird, dass ein Mensch von Gott nicht geheilt werden könne, wenn er den *„Zehnten"* nicht gibt. Auf der anderen Seite eröffnen aber auch übertriebene Segensversprechungen Raum für neue Manipulationen: Die Versprechen, die christliche Leiter machen, sind nicht selten einseitig materiell, während das hebräische Wort „Beracha" auch bedeutet: Wohlwollen, Wohltun, in Ansehen sein, gutes Denken, Gutes tun und Gutes vorhersagen.

An dieser Stelle möchte ich aber den Leser, der meine Ausführungen zu Maleachi in Kapitel 2.10 bisher nicht gelesen hat, eindringlich und nachdrücklich darauf hinweisen: Die übliche Interpretation der Maleachistelle Kapitel 3,7-10 ist falsch und muss widerrufen werden! Weder die in freikirchlichen Gemeinden üblichen Versprechungen oder Drohungen bleiben haltbar, wenn diese Stelle in ihrem biblischen Zusammenhang richtig interpretiert wird!

Die Botschaft, welche die (potenziellen) Zehntgeldempfänger den (potenziellen) Zehntgeldgebern tatsächlich vermitteln, ist ganz im Sinne des Alten Testaments und sie ist eine scharfe Waffe, wenn man diese Botschaft zu Ende denkt:

> *Und alle, die sich auf das Gesetz verlassen – die danach trachten, durch Gehorsam gegenüber dem Gesetz freigesprochen zu werden –, sind unter einem Fluch und verurteilt zu Misserfolg und Untergang; denn in der Schrift steht geschrieben: Verflucht (verdammt, dem Untergang geweiht, verurteilt zu ewiger Strafe) ist jeder, der nicht beständig in allen Vorschriften und Befehlen beharrt (lebt und bleibt), die im Buche des Gesetzes geschrieben stehen, dass er danach handelt* (5 Mo 27,26; Gal 3,10 [Amp]).

Nicht vermittelt wird die gute Botschaft:

> *Jetzt aber ist offenbar, dass aufgrund des Gesetzes niemand bei Gott gerecht gesprochen wird (für gerecht erklärt wird und in das richtige Verhältnis zu Gott gebracht wird) ...* (Gal 3,11 [Amp]).
>
> *Aber das Gesetz beruht nicht auf Glauben – es braucht keinen Glauben, es hat mit Glauben nichts zu tun –, denn es sagt selbst: Derjenige, der sie tut (die Dinge, die durch das Gesetz vorgeschrieben sind), wird durch sie leben (nicht durch Glauben)* (3 Mo 18,5; Gal 3,12 [Amp]).

Der hier beschrittene Weg ist ein Rückfall in die Zeit des Gesetzes, er ist ein Irrweg des Glaubens. Es kommt aber noch eine weitere Steigerung, denn die Folgen des eingeschlagenen Weges sind noch nicht zu Ende gedacht.

> *Christus erkaufte unsere Freiheit (erlöste uns) von dem Fluch (Verdammungsurteil, Schuldigsprechung) des Gesetzes, indem er selbst für uns zum Fluch wurde; denn in den Schriften (5 Mo 21,23) heißt es: „Verflucht ist jeder, der am Holze hängt (gekreuzigt wurde)." Für die Heiden führte das zu dem Ergebnis, dass (durch die Annahme) Jesu Christi der Abraham (versprochene) Segen auch auf sie kommen konnte, sodass wir (alle) durch Glauben die Realisierung des Versprechens des (Heiligen) Geistes erleben können* (Gal 3,13-14 [Amp]).

Ähnlich auch:

> *Denn das Ende des Gesetzes ist Christus, zur Gerechtigkeit für jeden, der glaubt* (Röm 10,4).

Die letzte Konsequenz der üblichen Zehntgeldkonzepte ist die Umkehrung des göttlichen Handelns in Jesus Christus, letztlich der Widerruf der zentralen Botschaft des Neuen Testamentes: Dort wird gesagt, dass jeder Mensch aufgrund des stellvertretenden Opfertodes Jesu am Kreuz und seiner Auferstehung sich Gott nahen darf, dass er von der Strafe der ewigen Verdammnis freigesprochen wird. Dafür genügt, dass ein Mensch dem Handeln Gottes vertraut, damit alles ihn von Gott Trennende beseitigt wird (Sündenvergebung) und er in ein Leben mit Gott, dem Vater, dem Sohn Jesus Christus und dem Heiligen Geist eintreten kann. **Die Zehntgeldbotschaft widerruft um des Geldes willen** (implizit) **das Evangelium, die Erlösung durch Glauben** – das ist die zu Ende gedachte Konsequenz.

Noch einmal gefragt: Was geschieht mit Menschen, die immer wieder mit dieser Botschaft konfrontiert werden? Bei aufrichtigen, aber falsch belehrten Menschen ohne bessere Erkenntnis und ohne die Kraft, sich dieser Botschaft entgegenzustellen, sind Angst und Schuldgefühle als Folge zu erwarten; das Verhältnis zu Gott wird gestört, im schlimmsten Fall zerstört. Es könnte sein, dass Menschen so tief in Selbstanklage oder Verzweiflung geraten, dass sie Depressionen anheimfallen, die so weit gehen können, dass sie sich von Gott und dem Glauben abwenden. Dasselbe kann auch geschehen, wenn statt des in Maleachi 3,11 bei Gabe des *„Zehnten"* versprochenen Segens für die Arbeit überzogene Segensversprechungen nicht in Erfüllung gehen. Auch das Beispiel der armen Witwe aus Mark. 12,41-44 bzw. Luk. 21,1-4 kann so zur Wirkung kommen.

Wenn Menschen dazu gebracht bzw. genötigt werden, Geld zu geben, ohne dass diese Handlung aus einer zutiefst freiwilligen und freudigen Herzensentscheidung vor Gott erwächst, wird unzulässig Druck und Manipulation ausgeübt. Ein solches Verhalten ist religiös missbräuchlich. Von religiösem Missbrauch kann man in Analogie zu anderen Formen des Missbrauchs immer dann sprechen, wenn auf Menschen im Zusammenhang mit ihrem Glauben seelischer Druck ausgeübt wird und sie dadurch Schaden nehmen.

Religiösen Missbrauch betreiben gewöhnlich Machtmenschen in irgendeiner einflussreichen Funktion, sei der Einfluss klein oder groß. Religiösen Missbrauch gab es bereits zur Zeit des Alten wie des Neuen Testaments und fortlaufend, solange es Kirche gibt. Religiöser Missbrauch war und ist aber bis heute vielerorts ein Tabuthema, darüber darf nicht gesprochen werden.

Religiöser Missbrauch wurde bisher im Allgemeinen verschwiegen, das Reden darüber wurde unterdrückt bzw. mit Sanktionen belegt. Ein Beispiel: Die Aufforderung an Menschen, die durch religiös-missbräuchliches Handeln von Machtmenschen bereits verletzt wurden, sich doch in qualifizierte Seelsorge zu begeben, stellt nichts weiter als neuen Missbrauch dar, wenn nicht gleichzeitig von den Verursachern Rechenschaft und Wiedergutmachung verlangt wird. Ein weiteres Beispiel: Als Diffamierung der Opfer und neues missbräuchliches Handeln muss auch die Forderung angesehen werden, dass die Opfer den Tätern vergeben müssten, die Täter aber keine Anstalten machen, ihre Schuld zu bereinigen – das ist fortlaufende Glorifizierung der Täter, die vielfach eine Machtposition einnehmen wie die Leitung einer Gemeinde. Die Sachverhalte müssen aber beim wahren Namen genannt werden, denn nur die Wahrheit macht frei, nur die Wahrheit kann weiterem Missbrauch entgegenwirken und ihn hoffentlich verhindern.

Wie groß der Schaden für die Betroffenen tatsächlich wird, hängt auch davon ab, ob es noch weitere Felder des Missbrauchs in der Gruppe gibt, der sie angehören und wie groß und intensiv das verletzende Handeln ist, dem sie ausgesetzt sind. In den letzten Jahren sind mehrere Bücher zum Thema „Religiöser Missbrauch" veröffentlicht worden:

- Johnson u. VanVonderen (1996): *Geistlicher Missbrauch – Die zerstörende Kraft der frommen Gewalt*
- VanVonderen (1997): *Sie wollen nur dein Bestes – Wie man Enttäuschungen und Verletzungen in der Gemeinde überwinden kann*
- Loevas (2004): *Wölfe im Schafspelz. Machtmenschen in der Gemeinde*
- Kessler u. Kessler (2005): *Die Machtfalle. Machtmenschen in der Gemeinde*

- Wintels, Bönker, u. Nota (2005): *Macht und Manipulation in der Gemeinde*
- Petersen (2005): *Ohne mich läuft nichts. Der (un)gute Hunger nach Macht*
- Tempelmann (2005): *Geistlicher (religiöser) Missbrauch ... und was er mit Menschen macht*
- Tempelmann (2007): *Geistlicher Missbrauch: Auswege aus frommer Gewalt – Ein Handbuch für Betroffene und Berater*
- Reithmeier, Hrsg (2006): *Religiöser Missbrauch – Ursachen – Auswirkungen – Heilung*
- Wilbertz (2006): *Zerbrochene Flügel. Geistlicher Missbrauch und zerstörerischer Glaube.*

Das sind zehn Publikationen, acht davon erschienen nach 2004, d.h. in nur fünf Jahren. Spricht diese Vielzahl der Publikationen nicht schon für sich, belegen sie nicht die Bedeutung des Geschehens? Sprechen nicht auch die Titel für sich? Von Gewalt, Macht, Machtmissbrauch, religiösem (oder geistlichem) Missbrauch ist in 9 (!) Titeln die Rede; einige Buchtitel sprechen auch von Zerstörung und der Notwendigkeit von Heilung. Werden Schaden und Ursache von den Autoren etwa nicht deutlich genug genannt? Gibt es in Deutschland etwa nicht genug Menschen, die an den Folgen einer Behandlung durch christliche Leiter leiden, die dem Geiste Christi nicht entsprach? Oder werden nur Extremsituationen der fernen Vergangenheit wahrgenommen, wie sie etwa der Barockdichter Andreas Gryphius anklingen lässt mit dem Schluss seines Gedichtes zum Dreißigjährigen Krieg: „Tränen des Vaterlandes“:

> *Doch schweig ich noch von dem, was schlimmer als der Tod.*
> *Was grimmer denn die Pest und Glut und Hungersnot,*
> ***dass nun der Seelen Schatz so vielen abgezwungen.***

5.6 Religiöser Missbrauch mit dem Zehnten – Gedanken zur Situation der Leiter

Was geschieht mit christlichen Leitern, welche die Mitglieder ihrer Gemeinde oder Gruppe immer wieder mit verfälschten Aussagen über den *„Zehnten"* konfrontieren, wie sie z. B. im ersten Kapitel dieses Buches skizziert und später detailliert erörtert wurden? Welche Folgen für das Leben der Leiter haben weitere Verfälschungen der neutestamentlichen Lebensqualität wie z. B. die Abschaffung der Priesterschaft aller Gläubigen (vgl. Kapitel 5.3) und zusätzliche Forderungen, die durch das Neue Testament nicht gedeckt sind, z. B. nach „Unterordnung" unter die Leiter (vgl. Kapitel 5.4)? Endet dieser Weg wieder im „Religiösen Missbrauch", den die Leiter jetzt im eigenen Leben erfahren?

Ich selbst war im Laufe meines Lebens in christlichen Gruppen und Gemeinden unterschiedlicher Zuordnung als Mitarbeiter tätig; ich kenne diese Gruppen und ihre Leiter aus eigener Erfahrung, gewissermaßen von innen. Dort habe ich mein Geld und meine Arbeitskraft eingebracht; ich selbst habe von niemandem zu irgendeiner Zeit Geld erhalten. Da ich selbst niemals Leiter war und deshalb das Leben dieser Personen nicht aus eigener Erfahrung kenne, werde ich mich im Folgenden darauf beschränken, Sachverhalte anzusprechen, die ich im Laufe einiger Jahrzehnte meines Lebens erkannt habe oder die ich mir durch das Studium der Bibel und der Fachliteratur erschlossen habe.

Der christliche „Pastor" (im Folgenden als Synonym für alle christlichen Leiter, Pfarrer, Priester usw. gebraucht) sieht sich von Anfang an als Folge der Tradition einer Vielzahl von Problemen gegenüber, auf die z. B. F. Viola, 2008 verweist. Ausführungen über das „Amt" des Pastors wurden bereits im Kapitel 5.3 gemacht, ich möchte daran erinnern, dass es dieses „Amt" in der „Ecclesia" (der Herausgerufenen) des ersten Jahrhunderts gar nicht gab, genauso wenig wie eine Predigt im heutigen Sinn.

Die Predigt, das Herzstück der Liturgie des protestantischen Gottesdienstes von heute, ist nicht identisch mit biblischen Passagen, die z. B. in den Überschriften von Bibelteilen als Predigt bezeichnet werden. Die heutige „Kanzel- oder Podiumspredigt" wurde ab dem 4. Jahrhundert n. Chr. nach dem Vorbild der Reden der griechischen Sophisten des 5. vorchristlichen Jahrhunderts gestaltet. Sie wurde durch konvertierte Heiden in die christliche Gemeinde hineingebracht; der christliche „Prediger" von heute spielt die Rolle eines Redners der Antike – er spielt tatsächlich eine Rolle wie im Theater der Antike, nach entsprechender Ausbildung! Weiter ist die Liturgie des Gottesdienstes zu nennen, die in verschiedenen christlichen Gruppen zwar variiert, aber in ihrem Ursprung mehr als 1500 Jahre alt ist.

Eine große Rolle spielen auch Kirchenbauten – die Entwicklung ging von der Hauskirche der „Ecclesia" über die Kirchenbauten unter dem Einfluss des Kaisers Konstantin bis zur Kathedrale des Mittelalters und der Kirche der Moderne – jedes Mal kam es auch zu wesentlichen Veränderungen im Inhalt des christlichen Glaubens. Große Bedeutung erlangte die Wiedereinführung von Tempeln, Priestern und Opfern, die es zur Zeit des Alten Testaments in Israel gegeben hatte (siehe oben), die es aber auch in den Riten des griechisch-römischen Altertums (und anderswo) gab. Genauere Untersuchungen zeigen, dass eine Vielzahl weiterer Bräuche heidnischen Ursprungs dem Christentum einverleibt wurden –, die Erfindung heiliger Orte (z.B. Kirchen und ihre Ausstattung) und Gegenstände (z.B. Kreuze, Umdeutung von Abendmahl und Taufe) usw. sollen abschließend noch genannt werden.

Den interessierten Leser möchte ich noch einmal auf die entsprechende Literatur verweisen, da eine weitere detailliertere Erörterung den Rahmen dieses Buches sprengen würde. Meine Absicht hier ist, darauf hinzuweisen, dass jeder (freikirchliche) Pastor sofort zu Beginn seiner Tätigkeit vor dem Problem der Tradition steht: Jede Gruppe erwartet von einer Person, die sie vertritt, dass sie auch die Lehren und Auffassungen dieser Denomination propagiert. Dazu gehört (sehr) wahrscheinlich auch die Gabe des *„Zehnten"*, Thema dieses Buches, ganz sicher aber die Lösung des Problems der Finanzierung der Gemeinde oder Gruppe. Hat ein Einzelner überhaupt eine Chance, die durch (jahrhundertealte) Traditionen aufgehäuften Problemberge abzutragen? Ist nicht vielmehr zu befürchten, dass der Einzelne durch die existierenden Probleme erdrückt wird?

Probleme im Hinblick auf Geld und Macht muss es bereits zur Zeit des Neuen Testamentes, zur Zeit der „Ecclesia", gegeben haben wie die folgenden Zitate aus dem Neuen Testament belegen:

> *Weidet die Herde Gottes, die bei euch ist, nicht gezwungen, sondern freiwillig, wie Gott es will. Auch* ***nicht aus schändlicher Gewinnsucht,*** *sondern in Hingebung; auch* ***nicht als Herrscher über die, welche euch zugeteilt sind,*** *sondern als solche, welche Vorbilder der Herde werden, und wenn der Oberhirt sich offenbaren wird, werdet ihr den unverwelklichen Kranz der Herrlichkeit davontragen* (1. Petr 5,2-4).

> *Denn wir sind nicht so wie viele,* ***die aus der Verkündigung des Wortes Gottes ein Geschäft machen,*** *sondern wir reden aus lauterem Herzen in der Kraft Christi …* (2 Kor 2,17a [Mül]).

> *Da wir nun nach der uns zuteil gewordenen Barmherzigkeit diesen Dienst haben dürfen, so werden wir nicht müde,* ***sondern tadeln frei verborgene Schande****. Wir schleichen uns nicht listig ein,* ***verfälschen auch nicht das Wort Gottes*** *(machen daraus kein Geschäft), sondern tun die Wahrheit kund und erweisen uns dadurch als vor Gott stehend – jedem Gewissen gegenüber* (2 Kor 4,1-2 [Mül]).

> *Ahmet miteinander, ihr Brüder, mein Beispiel nach und habet acht auf die, welche so leben, wie ihr uns* (Paulus und seine Mitarbeiter) *zum Vorbild habt. Denn viele wandeln, von denen ich euch oft gesagt habe, jetzt aber auch mit Weinen sage,* ***die Feinde des Kreuzes Christi, deren Gott der Bauch ist****, und deren Ehre in ihrer Schande besteht,* ***die auf das Irdische sinnen*** (Phil 3,17-19).

> ***Silber oder Gold oder Kleidung habe ich*** (Paulus) ***von niemandem begehrt****; ihr wisst selbst, dass für meine Bedürfnisse und für meine Begleiter diese Hände gesorgt haben. In allen Stücken habe ich euch so gezeigt, dass man so arbeiten und sich [dann] der Schwachen annehmen und der Worte des Herrn Jesus eingedenk sein müsse, dass er selbst gesagt hat: Geben ist seliger als nehmen* (Apg 20,33-35).

> ***Nicht dass wir*** *(Paulus und seine Mitarbeiter)* ***Herrscher über euren Glauben wären****, sondern wir sind Mitarbeiter an eurer Freude* (2 Kor 1,24).

Die Zitate nennen vorbildliches Verhalten – u. a. Hingabe, Freiwilligkeit, Mitarbeit an der Freude der Gläubigen (!) –, lassen aber auch erkennen, dass schon zur Zeit des Neuen Testamentes Probleme im Bereich der Ausübung einer Leitungsfunktion thematisiert wurden; religiös missbräuchliches Handeln muss es auch damals schon gegeben haben. Ausdrücklich genannt werden Feindschaft gegenüber dem Kreuz Christi (!), Zwang, Herrschsucht und Geldgier, also Phänomene, die es auch heute gibt – oder etwa nicht? Da das Thema dieses Buches der *„Zehnte"* ist, d.h. die Erhebung von Geld für gemeindliche Zwecke, muss es erlaubt sein, den heutigen Leitern, soweit sie „Zehntgeldempfänger" sind, auch kritische Fragen zu stellen.

Gefragt werden darf und muss nach der Bedeutung des Glaubens, des ganz praktischen Vertrauens auf Jesus Christus im Hinblick auf Finanzen. Die im europäisch-nordamerikanischen Kulturkreis vertretenen Auffassungen sind mit Sicherheit nicht das Maß aller Dinge – in früheren Kapiteln dieses Buches wurde u.a. die gängige Interpretation der Maleachistelle zum *„Zehnten"* als falsch und die Befürwortung der Gabe des *„Zehnten"* als neutestamentlich nicht fundiert nachgewiesen. Anderswo, etwa im China der dreißiger Jahre des vorigen Jahrhunderts, wurden Vorstellungen entwickelt, die meiner Erkenntnis nach den Aussagen zur Zeit der „Ecclesia" (der Herausgerufenen) näher stehen. In dem Buch *„Das normale Gemeindeleben"* widmet Watchman Nee[1] ein ganzes Kapitel der Finanzfrage. Zitat:

> Die Frage der Finanzen ist von außerordentlicher Bedeutung ... Wenn die Diener Gottes in der Geldfrage nicht klar sehen, werden sie auch in vielen anderen Fragen nicht zurechtkommen ... bei einem geistlichen Werk wird auch die Frage der Finanzen geistlich geregelt werden ... andernfalls gleitet das Werk schnell auf eine geschäftliche Ebene ab ... In der Schrift hören wir von keinem Mitarbeiter, der um der Bezahlung willen seinen Dienst ausübt.

Auch Jesus selbst machte Aussagen über die geistliche Bedeutung des Verhältnisses zum Geld, die beachtet werden sollten:

> *Derjenige, der in einer ganz geringen Sache treu ist, der ist auch im Großen treu, und derjenige, der in einer ganz geringen Sache unehrlich und ungerecht ist, der ist auch im Großen un-*

---

[1] Watchman Nee (1903–1972) war Verkündiger des Evangeliums, nicht nur in China, sondern auch in Europa und Nordamerika. Im kommunistischen China wurde er verhaftet und saß 20 Jahre im Gefängnis.

ehrlich und ungerecht. Deshalb, wenn ihr euch nicht als treu erwiesen habt im [Falle des] ungerechten Mammons – der betrügerischen Reichtümer wie Geld und Güter –, wer wird euch die wahren Reichtümer anvertrauen? (Luk 16,10-12 [Amp]).

Auch mir scheint es unangebracht, wie heute vielfach üblich, über die Geldbeschaffung erst verschämt zu schweigen, um später doch massive Aussagen über den *„Zehnten"* und die Verpflichtungen der Gläubigen zu machen. Jeder Leiter ist gewiss gut beraten, die Warnung ernst zu nehmen, welche die Beschreibung der damaligen Verhältnisse in Lukas 16,14 [Amp] gibt:

Die Pharisäer, die gierig und lüstern nach Geld waren, hörten alle diese Dinge und begannen ihn (Jesus) *zu verspotten und ihn lächerlich zu machen und ihn zu verhöhnen.*

Sie meinten, selbst nicht gefährdet zu sein. Ein letztes Zitat aus dem Leben von Watchman Nee:

Jeder Mitarbeiter ... muss Glauben üben, um mit allen Gegebenheiten ... fertig zu werden. Wenn ein Mensch Vertrauen zu Gott hat, kann man ihn getrost in die Arbeit senden; hat er das nicht, soll er zu Hause bleiben, weil ihm dann die Grundvoraussetzung für seinen Dienst fehlt **... in einem solchen Dienst ist es viel nötiger, kein festes Einkommen zu beziehen; denn daraus erwächst eine größere Abhängigkeit von Gott ...** äußerste Abhängigkeit von Gott ist nötig. Gott will deshalb, dass seine Mitarbeiter auch finanziell allein von ihm abhängig sind, sodass ein Leben ohne enge Gemeinschaft mit ihm unmöglich wird ... Der Glaube ist der wichtigste Faktor im Dienst für Gott, weil ohne ihn kein wirklich geistiges Werk geschehen kann ... Wenn es aber um finanzielle Schwierigkeiten geht, wird die Sache sehr praktisch ... Immer wenn wir mit seinem Willen übereinstimmten, war auch unsere Versorgung gesichert. Sobald wir aber nicht mehr im lebendigen Kontakt mit ihm standen, wurde unsere Versorgung unregelmäßig ... **Wenn jemand glaubt, von Gott gerufen zu sein, sollte man ihm zuerst die finanzielle Frage stellen.**

Von einer gesicherten Versorgung mittels des Zehntgeldkonzeptes ist hier keine Rede, im Zentrum steht vielmehr das Verhältnis zu Jesus Christus als Lebens- und Liebesbeziehung, das Vertrauen auf ihn gerade auch für die finanzielle Versorgung. Weiter unten werden exemplarisch zwei Beispiele für Entgleisungen von christlichen Leitern beschrieben, die nie hätten geschehen können, wenn die Lebensbeziehung dieser Personen zu Jesus Christus zu diesem Zeitpunkt nicht erheblich gestört gewesen wäre. Im Allgemeinen wurde bereits vorher der Übergang zum „Religiösen System" vollzogen, in dessen Gefolge es früher oder später erfahrungsgemäß zum „Religiösen Missbrauch" mit all seinen Erscheinungsformen kommt – das Zehntgeldkonzept kann dazu erheblich beitragen.

Eine falsche Art der Geldbeschaffung und Selbstüberschätzung der Leiter – kein Wunder, wenn in mancher Gemeinde zahlreiche Probleme auftreten und verhängnisvolle Entwicklungen ihren Lauf nehmen, wie sie in den Zitaten von Watchman Nee prognostiziert wurden. Selbstüberschätzung ist im „Religiösen System" immer ein Problem – sogar berühmte Personen der Bibel sind der Selbstüberschätzung zum Opfer gefallen, u. a. der Prophet Elia mit seinem besonderen Auftrag (vgl. 1 Kö 17–19).[2]

Kontrollen und (Macht)Gleichgewichte („checks and balances") sind doch dringend zu empfehlen, wenn es sich um finanzielle Angelegenheiten handelt – oder nicht? Eine möglichst sinnvolle, effiziente und vertrauenswürdige Verwendung von Spendengeldern (und *„Zehnten"*), ein möglichst sicherer Ausschluss von Misswirtschaft, Veruntreuung und andererseits von Verdächtigungen muss doch im Interesse aller liegen, Leitern wie Geleiteten. Ein

---

[2] Das muss nicht so sein, wie das folgende Beispiel aus der Gründungsgeschichte der USA belegt: Aber die Sichtweisen der ersten Siedler (Pilgerväter, Puritaner) unterschieden sich dramatisch in einer Hinsicht (von derjenigen der späteren Mitbürger): Ihre Haltung gegenüber dem Empfang solch Ehrfurcht gebietender, gottgegebener Verantwortlichkeit hatte sich in der tiefsten Demut widergespiegelt. Aufgrund ihrer Verpflichtung zu ernüchternder Selbstprüfung und Buße hatten sie Illusionen über ihre gefallene Natur keinen Raum gegeben. Sie hatten vielmehr akzeptiert, dass es ihr Vorrecht war, für den Rest ihres Lebens mit Gott so zusammenzuarbeiten, wie er sie dem Bilde seines Sohnes gemäß umformte. Sie hatten gewusst, dass sie eines solchen Rufes unwürdig blieben und dass sie nur durch die schiere Gnade und Barmherzigkeit Gottes sein Verlangen nach ihnen jemals erfüllen konnten (Marshall und Manuel, 1986; Zitat, S. 368-369, ins Deutsche übersetzt vom Verfasser). Um den Gefahren des Machtmissbrauchs in einem Staate entgegenzuwirken, wurden in der Vergangenheit in einigen Ländern die staatlichen Grundlagen in Verfassungen so festgelegt, dass sie mittels „checks and balances" („Kontrollen und Gleichgewichten") die sündhafte Natur des Menschen zu bändigen versuchen. Das gilt u. a. für die Verfassung der USA, an deren Entstehung an Jesus Christus hingegebene Menschen mitgewirkt haben.

beachtenswerter Bericht aus der Zeit der in Europa entstehenden „Ecclesia" ist in 2. Korinther 8 und 9 nachzulesen. Hier beschreibt der Apostel Paulus die Organisation einer groß angelegten Spendensammlung für die Gemeinde in Jerusalem. Um die gerade genannten Gefahren auszuschließen, wurden Vertrauenspersonen berufen und Transparenz sichergestellt. Paulus schilderte die Not in Jerusalem, erinnerte die Korinther an ihre finanziellen Möglichkeiten und nannte auch Gründe für die von ihm erwartete Dankbarkeit.

Die Analyse des Textes zeigt, dass Paulus viel daran lag, *„dass alles einwandfrei zugeht vor Gott und den Menschen"*. Seine Begleiter sind auch Mitkontrolleure und Zeugen dafür, dass er von der hohen Summe[3], die gesammelt wurde, nichts für sich genommen hat, auch nicht für seine Arbeit. Finanzielle Untreue wie Missbrauch von Spenden kann zum Ruin gesegneter Menschen und zum Ende spiritueller Aufbrüche führen, zumindest daran mitwirken – die Heilungsbewegung der fünfziger Jahre in den USA sollte ein warnendes Beispiel sein. Ein aktuelleres Beispiel: Für Bibelschulen, christliche Konferenzen und andere Versammlungen, auch Heilungsgottesdienste, werden heute vielfach Gebühren erhoben bzw. Eintrittsgelder verlangt. Wird da nicht wieder versucht, im Gegensatz zu den Aussagen der Bibel (vgl. Mt 10,5-12) aus der Verkündigung des Evangeliums ein Geschäft zu machen? Heftige Kritik am Gemeindekonzept und finanziellen Verhalten vieler christlicher Leiter in den USA üben z. B. R. und K. Schwartz, 2007:

> Die christliche Kirche der Gegenwart hat aufgehört, ein Organismus von Gläubigen zu sein, dessen Absicht Dienen ist. Sie hat sich in einen Geschäftsbetrieb verwandelt, der nun seinerseits Menschen braucht, die ihm dienen und ihn finanzieren ... Die christlichen Leiter in ihrer Mehrzahl ... berauben gewohnheitsmäßig Gott, indem sie Spenden so gebrauchen, als wären diese nicht mehr als ein in schlechtem Ruf stehender Fonds. Deshalb geht sehr wenig von den gesammelten Spenden an die Armen und Bedürftigen. Die Mittel werden verwendet, um ein korporatives Imperium für ihren Dienst zu erbauen – eines, das ihrem

[3] Kelly, 2007 geht davon aus, dass höchstwahrscheinlich kein Geld gesammelt wurde, sondern Lebensmittel verschifft wurden (S. 199-202; vgl. Kap. 6.2 dieses Buches).

Namen und ihrer Sache Ehre verschafft statt Jesus Christus. Sie werden aber für ihre betrügerischen Handlungen zur Rechenschaft gezogen werden (Übersetzung durch den Autor).

Hier ist auch die Gelegenheit, Zehntgeld erhebenden Gemeinden bzw. ihren Leitern einige Fragen zu stellen:

- Soll der *„Zehnte"* eine Art Umlage sein, der einen Haushalt ermöglicht, um die Kosten der Führung einer Gemeinde zu decken, inklusive Mieten, Gehältern usw.?
- Wofür werden die Gelder im Einzelnen verwendet?
- Wer entscheidet über die Verwendung der Gelder?
- Gibt es Transparenz der finanziellen Vorgänge in der Gemeinde für alle, oder ist nur ein kleiner Kreis informiert?
- Wem gehören die Gelder?
- Wer kontrolliert die Ausgaben, wer muss für Schulden einstehen?
- Wird Geld aus den eigenen Einnahmen auch an Bedürftige weitergegeben – Einzelpersonen oder Gruppen?
- Wenn eine christliche Gemeinde (Gruppe) so floriert, dass der *„Zehnte"* zu Überschüssen führt, sollen dann Rücklagen gebildet werden, um für Mangelsituationen gerüstet zu sein?
- Falls ja: Kommen außer Ersparnissen auch der Kauf von Wertpapieren, andere Beteiligungen an Wirtschaftsunternehmen oder gar eine eigene Firma infrage?
- Wem gehört das so gebildete Vermögen – und andere Vermögenswerte wie etwa Liegenschaften und Gebäude?

Das Thema ist relevant, ich selbst wurde schon zu einem Vortrag eines christlichen Multimilliardärs aus Australien eingeladen. Das Thema hieß in etwa: *„Wie kann ich Zehntgelder so anlegen, dass ich nie wieder in wirtschaftliche Not gerate?"* Die Formulierung legt die Annahme nahe, dass in manchen Gemeinden die Zehntgelder und eventuelle Überschüsse dem Leiter, speziell dem Gemeindegründer, gehören (Geschäftsmodell). In diesem Fall kann man noch fragen: Fällt es überhaupt auf, wenn ein Leiter finanzielle Überschüsse, die aufgrund der Zehntgelderhebung zustande gekommen sind, als sein Eigentum ansieht?

Andere Möglichkeiten sind: Die Einnahmen gehören der rechtlich verfassten Gemeinde oder einem übergeordneten Verband, die/der hieraus Gehälter bezahlt und die sonstigen Kosten der Gemeindeführung deckt (Angestelltenmodell). Falls die Gemeinde einem Verbund angehört – werden Überschüsse an einem Ort (automatisch) zum Ausgleich von Defiziten anderswo verwendet? Wie sieht es in christlichen Gruppen aus, die keine finanzielle Transparenz zeigen? Ist nicht ein Umdenken auf der Seite der „Zehntenempfänger" aufgrund des biblischen Befundes und den gegebenen Erfahrungen erforderlich, die gemeinsame Suche nach der Wahrheit? Solche Fragen sind berechtigt, in Deutschland gibt es z. B. Steuerbefreiung für als gemeinnützig anerkannte Gruppen, wozu auch unterschiedliche Gemeinden gehören – die Gefahr des Missbrauchs im Bereich der Finanzen ist groß, auch andere haben darauf schon hingewiesen (Johnson, VanVonderen, 1996).

Noch einmal ein Zitat von Watchman Nee:

> Geld hat einen großen Einfluss auf Menschen, und wenn wir nicht echten Glauben an Gott haben und ein aufrichtiges Herz, seinen Willen zu tun, werden wir rasch vom Kontostand beeinflusst.

Das Neue Testament enthält eine Reihe von Warnungen zum Thema Geld:

> ***... es gibt Menschen, die in ihrem Verstand zerrüttet und der Wahrheit beraubt sind, sie meinen, die Frömmigkeit sei geradezu ein Geschäft und ein Mittel zum Geldverdienen ...*** *Die aber, die reich werden wollen, fallen in Versuchung und in Schlingen und viele Begierden, die gar keinen Sinn haben und nur schädlich sind, ja die Menschen ins Verderben und in die Verdammnis hineinreißen. Denn* ***eine Wurzel aller bösen Dinge ist die Liebe zum Geld.*** *Nicht wenige, die sich ihr ergaben, sind vom Glauben abgeirrt und haben sich unter vielen Schmerzen selbst durchbohrt* (1 Tim 6,5b.9.10 [Amp]).

> ***Sammelt euch nicht Schätze auf Erden,*** *wo Motte und Rost [sie] zunichte machen und wo Diebe einbrechen und stehlen! Sammelt euch vielmehr Schätze im Himmel, wo weder Motte noch Rost [sie] zunichte machen und wo Diebe nicht einbrechen und*

> *stehlen! Denn* ***wo dein Schatz ist, da wird auch dein Herz sein*** (Mt 6,19-21).
>
> ***Sehet zu und hütet euch vor aller Habsucht!*** *Denn [auch] wenn einer Überfluss hat, beruht sein Leben nicht auf seinem Besitz* (Luk 12,15).

Eine drastische Warnung im Hinblick auf Geld und Besitz aus dem Alten Testament liest sich so:

> ***Wer sein Herz an Geld hängt, wird davon nie satt,*** *wer den Reichtum liebt, dem ist der Gewinn immer zu gering* (Pred 5,9 [Amp]).

KAPITEL 6

Was sagt das Neue Testament über Geben und Empfangen von Geld?

6.1 Die Geldfrage im Leben und Werk des Paulus – speziell 1. Korinther 9,1-19

Paulus (römischer Name), mit zweitem (hebräischem) Namen Saul, stammte aus Tarsus, der Hauptstadt der römischen Provinz Kilikien, einem Gebiet an der Südostküste der heutigen Türkei, Syrien unmittelbar benachbart. Als Bürger von Tarsus besaß er wie schon sein Vater das römische Bürgerrecht, das der römische Politiker und Feldherr Marcus Antonius (bekannt aus der Affäre mit Kleopatra) wenige Jahrzehnte zuvor allen Bürgern dieser Stadt verliehen hatte. Die besondere Rechtsstellung des römischen Bürgers war für Paulus von großer Bedeutung ebenso wie sein Beruf als Zeltmacher. Zelte wurden im Altertum viel gebraucht – u. a. benötigte das römische Militär Zelte in großer Zahl –, ihre Herstellung war je nach Qualität aufwendig und teuer, Zeltmacher könnten gut bezahlte Spezialisten gewesen sein.

Die Familie des Paulus scheint vermögend gewesen zu sein, da sie imstande war, Paulus eine (unproduktive, möglicherweise teure) Ausbildung als jüdischer Rabbi in Jerusalem zu finanzieren. Die Familie war streng religiös jüdisch, die Tatsache, dass sie „Auslandsjuden" waren, kann dazu beigetragen haben. Nach seinem

Selbstzeugnis (vgl. Apg 22,1-22; Gal 1,11-24) war Paulus ein überzeugter Pharisäer, ausgebildet in Jerusalem bei Gamaliel, einem der berühmtesten Rabbiner seiner Zeit, mit sehr guten Kenntnissen des mosaischen Gesetzes. Es wird angenommen, dass er schon mit etwa 30 Jahren die amtliche Anerkennung als Schriftgelehrter besaß.

Paulus lebte seine Überzeugungen aus: Er war Zeuge bei der Hinrichtung des Stephanus und als Rabbi möglicherweise sogar die amtliche Aufsichtsperson. Das Vorgehen gegen Stephanus gefiel ihm; er wurde so etwas wie ein führender Offizier der jüdisch-rabbinischen Geheimpolizei und war maßgeblich an der Verfolgung der gerade neu entstandenen jüdischen Glaubensrichtung der „Leute des Weges“ (Christen) beteiligt. Verfolgung hieß für ihn: Aufspüren, Verhaften, ins Gefängnis werfen, Folterung und in letzter Konsequenz Hinrichtung – ein Verhalten, das uns Späteren als Methode totalitärer Regime nur zu bekannt ist. Die Verfolgung der Gemeinde in Jerusalem führte zur Flucht vieler Mitglieder, meist nach Judäa und Samaria, aber auch darüber hinaus bis nach Phönizien, Zypern, Antiochia (vgl. Apg 11,19) und Damaskus in Syrien (vgl. Apg 9,1-25).

Paulus war in seinen religiösen (Wahn)Vorstellungen – er selbst nennt es Übereifer (vgl. Gal 1,14) – so gefangen, dass er sich entschloss, die „Leute des Weges“ in Damaskus aufzuspüren, zu verhaften und zur weiteren Gewaltanwendung nach Jerusalem zu bringen. Dafür ließ er sich Vollmacht von der höchsten jüdisch-religiösen Autorität, dem Hohenpriester, ausstellen. Wie die meisten Christen wissen, kam es noch auf dem Weg nach Damaskus zu einer dramatischen Wende – später Damaskuserlebnis genannt. Die Hintergründe dieses Ereignisses lassen sich mit historisch-kritischen Methoden nicht erhellen, sie gehören dem Bereich des Übernatürlichen an. Sie können streng genommen nur von Menschen verstanden werden, die ebenfalls Erlebnisse mit dem übernatürlichen Jesus Christus hatten – und selbst dann nur andeutungsweise.

Das sogenannte Damaskuserlebnis enthielt eine Christusoffenbarung mit Auditionen und Visionen und war so traumatisch, dass Paulus einen schweren Schock erlitt. Er wurde zu Boden geworfen, erblindete und geriet körperlich und seelisch derart aus dem Gleichgewicht, dass er von seinen Begleitern an der Hand in die

Stadt geführt werden musste. Der traumatische Schock hatte Paulus weiter in seiner Gewalt, er konnte drei Tage weder Nahrung noch Flüssigkeit zu sich nehmen, auch die Blindheit wich nicht. Der Schaden wich erst durch weitere übernatürliche Erlebnisse, deren Details in Apostelgeschichte 9,10-18 nachzulesen sind. Die übernatürlichen Erlebnisse in ihrer Gesamtheit öffneten Paulus dann umgehend den Mund: Er proklamierte den Juden in Damaskus Jesus von Nazareth als den lang erwarteten Messias, eben den Mann, dessen Anhänger zu verhaften er nach Damaskus gekommen war. Die Reaktion seiner jüdischen Volksgenossen war blankes Entsetzen.

Die rational unerklärbare, völlig überraschende und nicht erwartbare Wende im Leben des Paulus, die nur als Wunder zu beschreiben ist, veranlasste seine Volksgenossen jedoch ihrerseits nicht zu einer Lebenswende analog der des Paulus – im Gegenteil. Sie lehnten das Wunder ab, stattdessen entschlossen sie sich zur Lösung des so plötzlich aufgetretenen Problems in der Weise, dass sie versuchten, Paulus zu ermorden. Dieser Art von Verhaltensmuster sollte Paulus in seinem späteren Leben immer wieder begegnen, das nächste Mal drei Jahre später in Jerusalem. Auch dort wurde versucht, ihn umzubringen (vgl. Apg 9,28-30). In Damaskus hatten ihm die Mitgläubigen zur Flucht verholfen, in Jerusalem schickten ihn die Mitgläubigen in seine Heimatstadt Tarsus zurück (vgl. Apg 9,28-30).

Nach seinem Selbstzeugnis (vgl. Gal 1,11-12) erfuhr Paulus in den drei Jahren nach seiner Lebenswende, die er in Arabien und Damaskus verbrachte, immer wieder Gottesoffenbarungen. In diesen Offenbarungen Jesu Christi empfing er das komplette Evangelium – Offenbarungswissen für das Apostolat, für das er berufen war. Sein Wissen stammte dieses Mal nicht aus einer Hochschulausbildung wie vorher bei Gamaliel. Von diesen Offenbarungen wussten die „Leute des Weges" in Jerusalem nichts – als Paulus wieder in Jerusalem erschien, glaubte ihm zunächst niemand außer Barnabas, dass er ein Jünger Jesu Christi geworden war. Offenbar nur langsam wich die Furcht vor ihm als einem bösartigen Feind – der er ja gewesen war.

Von seinen jüdischen Volksgenossen ließen sich nur wenige für Jesus Christus gewinnen, die Mehrheit stellte sich immer wieder gegen ihn, wie die Berichte der Apostelgeschichte von den Missionsreisen belegen. Sie sahen ihn, genauso wie er das vor seiner Lebenswende auch getan hatte, als einen Verräter am jüdischen Glauben, dessen Tod das Endziel ihres Handelns sein musste. Dieser Zweck rechtfertigte anscheinend alle Mittel. So kam es (vermutlich) Pfingsten 58 n. Chr. zu seiner Gefangennahme in Jerusalem. Er wurde beschuldigt, unbeschnittene Griechen in den Tempel geführt zu haben – eine Falschmeldung (vgl. Apg 21,27-29). Angesichts der nicht überwindbaren Feindschaft der Juden und den hieraus folgenden Intrigen und Versuchen, ihn als unglaubwürdig erscheinen zu lassen, muss Paulus überlegt haben, wo hinterhältige Angriffe wahrscheinlich stattfinden würden und wie er ihnen entgegentreten könnte.

Die hohen Würdenträger des römischen Imperiums zur Zeit des Neuen Testaments waren für ihre Korruption und Geldgier bekannt. Im Prinzip beutete eine kleine Schicht Mächtiger und Besitzender, zu denen auch einheimische Machthaber und Hochgestellte gehörten, das übrige Volk aus – Verarmung war gewollt; Ziel war die Inbesitznahme alles Wertvollen, (zu) hohe Steuern und Abgaben waren Mittel zum Zweck. Aufstände waren von der Besatzungsmacht jedoch gefürchtet. Die Biografie des Paulus mit ihren nicht überprüfbaren übernatürlichen Offenbarungen bot gute Ansatzpunkte, ihm Geldgier zu unterstellen, hätte er Geld genommen für seine Tätigkeit der Verkündigung einer neuen Botschaft der Zuwendung des Gottes Israels zu allen Menschen in Jesus Christus.

Die Verbreitung einer neuen Religion und die finanzielle Ausbeutung neu gewonnener Anhänger – so etwas passt auch heute noch gut zusammen. Paulus muss sich dieser Gefahr bewusst gewesen sein: Er nennt seine Biografie mit ihren Gottesoffenbarungen und insbesondere dem ihm erteilten Auftrag für die Bekanntmachung der Wahrheit in der ganzen damaligen Welt als Grund für seine außerordentlichen diesbezüglichen Anstrengungen. Dazu gehörte auch, kein Geld von den für den „Weg" neu gewonnenen Menschen anzunehmen. Das passte sehr gut in die jüdische Tradition eines (ehemaligen) Rabbi, der daran gewöhnt war, für die Lehre von Gottes Wort kein Geld zu nehmen, sondern seinen Lebensunterhalt durch eine Berufstätigkeit zu verdienen.

Möglich ist, dass Paulus ohne Probleme so verfahren konnte, weil seine Arbeit in seinem Beruf als Zeltmacher eine viel benötigte, hoch geschätzte und gut bezahlte Tätigkeit war. Denkbar ist aber auch, dass Paulus durch seine Berufstätigkeit nur mäßig Geld für seinen Lebensunterhalt und den seiner Mitarbeiter verdiente (vgl. 1 Thess 2,9; 2 Thess 3,8) und finanzielle Unterstützung aus von ihm gegründeten Gemeinden (vgl. Phil 2,25; 4,15.16.18; 2 Kor 12,13) hilfreich war. Nach seinem Selbstzeugnis war Paulus jedenfalls im Stande, durch die Arbeit seiner Hände genügend finanzielle Mittel für **seinen** Unterhalt **und** den Unterhalt seiner Reisebegleiter zu verdienen (vgl. 1 Kor 9,12.15-18; Apg 20,34) – bei gleichzeitiger Bescheidenheit im Lebensstil (vgl. 1 Tim 6,3-9).

Kurz zusammengefasst: Die Tatsache, dass Paulus kein Geld für seine Tätigkeit als Verkündiger des Evangeliums nahm, schützte ihn auf doppelte Weise: Die um des Evangeliums willen umworbenen Menschen konnten zweifelsfrei erkennen, dass finanzieller Gewinn kein Grund für seine Tätigkeit war; dritte Personen, speziell seine jüdischen Volksgenossen, hatten keine Basis für Verleumdungen gegen ihn aufgrund finanzieller Dinge.[1]

Die von Paulus selbst formulierten Auffassungen können wir in 1. Korinther 9,1-18 nachlesen (Gute Nachricht).

---

[1] Später lebende Menschen haben in der Biografie des Paulus die „Zeltmacherlösung" gesehen – ein Modell, nach dem ein Mensch sein zum Leben unbedingt nötiges Geld durch Teilzeitarbeit verdient und in der übrigen Zeit kostenlos für eine „christliche Arbeit" zur Verfügung steht. In der katholischen Kirche wurde ab den zwanziger Jahren in Belgien und Frankreich das Modell des „Arbeiterpriesters" entwickelt. Ein Arbeiterpriester war ein katholischer Priester, der nicht von seiner Kirche bezahlt wurde, sondern Geld durch Arbeit mit den eigenen Händen verdiente. Dieses katholische Modell deckt sich aber nicht mit dem Vorbild des Paulus. Der Arbeiterpriester verdiente zwar Geld, blieb aber von seiner Kirche völlig abhängig – diese verbot ab 1954 die Tätigkeit der Arbeiterpriester. Abschließend kann man sagen, dass die Biografie des Paulus gerade kein erstes Beispiel für Modelle ist, die mit den Namen „Zeltmacherlösung" oder „Arbeiterpriester" bezeichnet wurden, sie liefert kein generelles Muster zur kostenlosen Vermittlung des Evangeliums. Wer sich von Gott berufen fühlt, im Sinne der „Zeltmacherlösung" in Aktion zu treten, der muss dies auch tun. Entscheidend ist, ob tatsächlich eine solche göttliche Berufung vorliegt. Bei entsprechender Vereinbarung muss derjenige, der für eine Gruppe von Christen arbeitet, von dieser Gruppe auch so bezahlt werden, dass er davon leben kann. Wenn umsonst Tätigkeiten erwartet werden, die über die Geringfügigkeit hinausgehen, dann muss man fragen, ob hier nicht eine andere, neue Art der Grenzüberschreitung vorliegt, dieses Mal umgekehrt: missbräuchliches Handeln der Gruppe am Leiter. Anders wäre es allerdings, wenn jemand sich „ehrenamtlich" zur Verfügung stellt, der über so viel Einkommen verfügt, dass er davon leben kann.

1 Nehmt euch ein Beispiel an mir! Bin ich nicht frei? Bin ich nicht Apostel? Habe ich nicht Jesus, unseren Herrn, gesehen? Seid nicht ihr die Frucht meines Wirkens für den Herrn? 2 Auch wenn andere mich nicht als Apostel anerkennen – für euch bin ich es! Meine Beglaubigung als Apostel seid ihr selbst, weil ihr zum Glauben an den Herrn gekommen seid.
3 Hier ist meine Antwort an die Leute, die Kritik an mir üben: 4 Hätte ich nicht Anspruch darauf, für meinen Dienst als Apostel Essen und Trinken zu bekommen? 5 Hätte ich nicht das Recht, eine Christin als Ehefrau auf meinen Reisen mitzunehmen, wie es die anderen Apostel tun und die Brüder des Herrn und auch Petrus? 6 Sind ich und Barnabas die Einzigen, die mit ihrer Hände Arbeit für ihren Unterhalt aufkommen müssen? 7 Wer zieht denn schon auf eigene Kosten in den Krieg? Wer pflanzt einen Weinberg, ohne von seinen Trauben zu essen? Wer hütet Schafe, ohne von ihrer Milch zu trinken?
8 Ich berufe mich nicht nur auf das, was allgemein üblich ist. Das Gesetz sagt dasselbe. 9 Im Gesetzbuch Mose steht geschrieben: „Einem Ochsen, der zum Dreschen eingespannt wird, darfst du das Maul nicht zubinden" (5 Mo 25,4). Geht es Gott vielleicht um die Ochsen, 10 oder meint er nicht vielmehr **uns** *bei allem, was er sagt? So ist es: Von uns ist hier die Rede, um unseretwillen steht es geschrieben. Wer pflügt und erntet, muss damit rechnen können, selbst einen Teil vom Ertrag zu bekommen.*
11 Ich habe geistliche Gaben, den Samen der Botschaft Gottes, unter euch ausgesät. Ist es zu viel verlangt, wenn ich dafür natürliche Gaben ernte, nämlich, was ich zum Leben brauche? 12 Andere nehmen dieses Recht in Anspruch und lassen sich von euch versorgen. Habe ich nicht einen viel größeren Anspruch darauf? Und doch habe ich von meinem Recht keinen Gebrauch gemacht. Ich nehme alle Mühen und Entbehrungen auf mich, um der guten Nachricht von Christus kein Hindernis in den Weg zu legen.
13 Ihr wisst, dass die Priester, die im Tempel Dienst tun, ihren Lebensunterhalt von den Einkünften des Tempels bekommen; und wer am Altar den Opferdienst verrichtet, bekommt einen Teil von den Opfergaben (5 Mo 18,1-3). 14 Genauso hat es Jesus, der Herr, für uns angeordnet: Wer die Gute Nachricht ver-

breitet, soll davon leben können.
15 Aber ich habe von diesem Recht nie irgendwelchen Gebrauch gemacht. Ich schreibe das auch nicht, damit ich künftig in den Genuss davon komme. Eher sterben als das! Meinen Ruhm soll mir niemand nehmen! 16 Denn wenn ich die Gute Nachricht verkünde, habe ich noch keinen Grund, mich zu rühmen. Ich kann ja gar nicht anders – wehe mir, wenn ich sie nicht weitergebe! 17 Nur wenn ich sie aus eigenem Antrieb verkünden würde, könnte ich dafür einen Lohn erwarten. Aber ich tue es nicht freiwillig, sondern weil ich mit einem Amt betraut bin.
18 Worin besteht also mein Lohn? Mein Lohn ist, dass ich die Gute Nachricht ohne Entgelt verbreite und auf das verzichte, was mir dafür zusteht. 19 Obwohl ich also frei und von keinem abhängig bin, habe ich mich zum Sklaven aller gemacht, um möglichst viele für Christus zu gewinnen.

Im Zentrum dieses Textes stehen (allzu) menschlich gesehen Lebensunterhalt, Lohn für Arbeit – Geld. Bevor wir unsere Aufmerksamkeit darauf fokussieren, soll wieder zuerst der Gesamtzusammenhang, der Kontext, betrachtet werden, um Fehlinterpretationen zu vermeiden. Paulus und Barnabas waren von der Gemeinde in Antiochia in Syrien ausgesandt worden, nicht von der Gemeinde in Jerusalem; ihnen fehlten deshalb Empfehlungsschreiben aus Jerusalem. Daraus resultierten Streitigkeiten in Korinth um ihre Anerkennung als Apostel (Verse 1-2) – und eine Bezahlung für ihren Lebensunterhalt in Analogie zu anderen Aposteln wie Petrus und den Brüdern Jesu (Verse 3-6). Paulus betont, dass er auf jeden Fall für die Korinther Apostel ist und dass er deshalb tatsächlich das Recht hätte, von ihnen Geld für seinen Lebensunterhalt zu erwarten (Verse 1-6) – aber er nimmt dieses Recht nicht in Anspruch (Vers 12). In den Versen 7-8 nennt er einige bekannte Beispiele aus dem staatlichen Leben: den Soldaten, den Weinbergbesitzer und den Hirten.

Das Wirtschaftsleben zur Zeit des Altertums wie auch das moderne Wirtschaftsleben implizieren als selbstverständlich, dass ein arbeitender Mensch – Selbstständiger, Angestellter oder Arbeiter – aus den Ressourcen seiner Klientel seinen Lebensunterhalt bestreitet. Paulus erinnert ferner daran, dass dieses Prinzip auch für den Bereich der organisierten Religion des Alten Testaments gegolten hat (Verse 9,13). Darüber hinaus erklärt er dieses Prinzip auch für seine Lebenszeit als gültig (für uns also die Zeit der „Ecclesia" des 1. Jahrhunderts) und stellt fest:

> *Genauso hat es Jesus, der Herr, für uns angeordnet: Wer die Gute Nachricht verbreitet, soll davon leben können* (Vers 14).

Weiter oben wurde allerdings darauf hingewiesen – und das ist zu beachten –, dass im Alten Bund die Leviten im „religiösen Bereich" weniger als 10 % der Zeit des Jahres tätig waren – sie waren also keine „vollzeitlichen Mitarbeiter", sondern verdienten ihren Lebensunterhalt durch geschäftliche Aktivitäten selbst. Unbedingt zu beachten ist auch, dass Paulus für sich und seine Mitarbeiter diese Möglichkeit nie in Anspruch nahm (Verse 11-12;15)! Das *„Genauso"* des Verses 14 bezieht sich auf die Verse 7-13 in ihrer Gesamtheit und nicht auf Vers 13 allein. Weiter ist zu beachten, dass das Finanzierungsprinzip „Lohn für Arbeit" von Paulus ausdrücklich bejaht wird, aber vom *„Zehnten"*, einer Anordnung des mosaischen Gesetzes, niemals die Rede ist.[2]

Weder dieser noch irgendein anderer Bibeltext, der in seinem Kontext betrachtet wird, weder die rabbinische Tradition noch die säkulare Geschichte dieser Zeit können die Forderung nach „vollzeitlicher Bezahlung" für „vollzeitliche Mitarbeiter" stützen.[3]

---

[2] Paulus wiederum war Vorbild für andere, die sich ihrerseits analog zu Paulus als Apostel anderer Weltgegenden sahen. Dabei wurden z. B. im China der dreißiger Jahre Auffassungen entwickelt, die uns möglicherweise befremden: „Nach den Worten des Paulus bekommt der Prediger des Evangeliums von den Brüdern Gaben, aber ohne vorher feste Vereinbarungen über Zahlungstermin, Höhe der Geldsumme und Abrechnung getroffen zu haben. Alles geschieht auf freiwilliger Basis. Wenn die Herzen der Gläubigen durch Gott angerührt werden, lassen sie seinen Boten auch Unterstützung zukommen. Aber während die Diener Gaben durch Menschen empfangen, ist ihr ganzes Vertrauen doch auf Gott gerichtet ... Es ist gut, wenn wir (die Mitarbeiter) uns einmal fragen, in wessen Arbeit wir stehen. Wenn wir für Menschen arbeiten, schauen wir auch auf Menschen und erwarten von ihnen Unterstützung. Arbeiten wir aber für Gott, schauen wir auf keinen anderen als auf ihn, so dass er unsere Bedürfnisse durch unsere Geschwister deckt. Alles hängt davon ab, ob uns Gott gerufen und ausgesandt hat ...In aller Arbeit für Gott müssen wir uns die volle Abhängigkeit von ihm bewahren ..." (Watchman Nee: „Das normale Gemeindeleben", Kapitel: „Die Finanzfrage").

[3] Uns Heutigen mag eine solche Forderung plausibel erscheinen, Kirchenhistoriker sagen jedoch nahezu übereinstimmend, dass im Römischen Reich nie eine Situation existierte, die eine Bezahlung „vollzeitlicher Mitarbeiter" erlaubt hätte: Der Staat – nach unseren Begriffen am ehesten mit einer totalitären Diktatur vergleichbar – überwachte seine Bürger mittels Lizenzierung der Berufsausübung mit dem Ziel der Steuer-

Daraus folgt logischerweise die Frage: Welche Personen erheben heute solche Forderungen in der westlichen Welt? Antwort: Es sind stets Personen, die für ihre Tätigkeit in Kirchen, Gemeinden, Glaubenswerken usw. in irgendeiner Form bezahlt werden – sind da nicht Logik und Objektivität verloren gegangen?

Ich möchte dem Leser, der mir bis hierher gefolgt ist, einen Vorschlag machen: Stellen wir uns doch der Realität in den heutigen deutschen Freikirchen – wie wäre es, wenn wir versuchten, Vorurteile zu revidieren, Ängste aufzugeben und die Wahrheit als Wahrheit anzuerkennen? Das Prinzip „(guter) Lohn" für „(gute) Arbeit" ist universell gültig für Wirtschafts- und gesellschaftliches Leben – heute wie zur Zeit des Paulus. Die neutestamentliche Offenbarung von der „Priesterschaft aller Gläubigen" (siehe oben) ist in Kirchen und Freikirchen (de facto) außer Kraft gesetzt, stattdessen ist das Pastoralsystem installiert. Das „Zehntgeldprinzip" wird in den meisten Freikirchen zur Finanzierung dieses Systems genutzt, ist aber im Neuen Testament wie oben nachgewiesen aufgehoben – es muss zurückgenommen werden.

Wie könnte ein realistisches Verhalten in dieser Situation aussehen? Im Synagogensystem der Juden zur Zeit Jesu kann eine ähnliche Situation gesehen werden: Nirgendwo in der Bibel gibt es eine göttliche Offenbarung, welche die Einrichtung dieses Systems geboten hätte – es war eine menschliche Idee. Jesus ging trotzdem in die Synagoge, um den Menschen zu helfen, solange ihm das ermöglicht wurde. Das Pastoralsystem existiert. Wenn eine freikirchliche Gemeinde in Deutschland also die Mittel hat, „vollzeitliche Mitarbeiter" zu finanzieren, ohne die offenbarten biblischen Grundsätze zu missachten, dann kann sie dies entsprechend dem Prinzip „Lohn für Arbeit" logischerweise tun. Analog würde im Umkehrschluss gelten: Wenn eine Gruppe von Menschen wünscht, dass jemand als „Pastor" für sie arbeitet, dann muss sie ihn auch in adäquater Weise finanzieren. Die Vertragsverhältnisse könnten im Grundsatz frei ausgehandelt werden, Mindesterfordernis wäre die Beachtung der aktuellen arbeitsrechtlichen Vorgaben in Deutschland. Eine Gemeinde als Unternehmen der Wirtschaft, das Leistungen für Menschen erbringt

---

erhebung und der Entdeckung von Staatsfeinden (Revolutionären), die unter dem Deckmantel von Geschäft oder Religion unerwünschte politische Aktivitäten verfolgten.

und dafür bezahlt wird? Gemeindemitglieder, die entsprechend den für sie erbrachten Leistungen bezahlen?

Zwei grundsätzlich verschiedene Modelle sind denkbar: Eine bereits existierende Gemeinde stellt Menschen für bestimmte Tätigkeiten ein und bezahlt sie dafür („Angestelltenmodell“), das wirtschaftliche Risiko trägt die Gemeinde. Beim „Geschäftsmodell“ gründet eine christliche Gruppe oder ein einzelner Mensch, der sich dazu gerufen fühlt, eine neue Gemeinde. Das wirtschaftliche Risiko – Konkurs oder Erfolg – trägt sie/er selbst, dafür kann im Erfolgsfall auch mit finanziellem Gewinn gerechnet werden. Die relevanten Leistungen sollten überwiegend im Bereich des (Heiligen) Geistes erbracht werden, aber auch andere, z. B. soziale Leistungen sind plausibel und werden vielleicht dringend gebraucht.

Sind die heute real existierenden Gemeinden nicht ohnedies **auch** Wirtschaftsbetriebe, die ihre Kosten für Personal, Räumlichkeiten, Aktivitäten usw. decken müssen? Diese Kosten können (sehr) hoch sein, im Pastoralsystem sind sie unvermeidlich – im ursprünglichen neutestamentlichen Modell Gottes, der Priesterschaft aller Gläubigen, könnten sie auf ein Minimum zurückgeführt werden, da die Kosten für Personal und Räumlichkeiten entfielen oder nur gering wären. Das „Zehntgeldsystem“ wäre a priori irrelevant; die Gefahren der Tabuisierung, Dogmatisierung, des religiösen Missbrauchs und der Bereicherung könnten nicht auftreten.

Wirtschaftlich-geschäftliche Gesichtspunkte sind eine Seite, auf sie darf man sich aber keinesfalls beschränken, wenn man die Ausführungen des Paulus liest. Im Zentrum seines Lebens und seiner Briefe steht der Messias Jesus, der Christus. Es geht Paulus um das Reich Gottes, um die Menschen im Mittelmeerraum, die er zu diesem Herrn führen will oder schon geführt hat; sie sind sein Anliegen. Er sieht sich als ihr Vater, ihre Mutter (vgl. Gal. 4,19), aber lassen wir ihn noch einmal selbst zu Wort kommen – und hören wir ihm zu!:

> *15 Aber ich habe von diesem Recht nie irgendwelchen Gebrauch gemacht. Ich schreibe das auch nicht, damit ich künftig in den Genuss davon komme. Eher sterben als das! Meinen Ruhm soll mir niemand nehmen! 16 Denn wenn ich die Gute Nachricht verkünde, habe ich noch keinen Grund, mich zu rüh-*

men. ich kann ja gar nicht anders – wehe mir, wenn ich sie nicht weitergebe! 17 Nur wenn ich sie aus eigenem Antrieb verkünden würde, könnte ich dafür einen Lohn erwarten. Aber ich tue es nicht freiwillig, sondern weil ich mit einem Amt betraut bin. 18 Worin besteht also mein Lohn? Mein Lohn ist, dass ich die Gute Nachricht ohne Entgelt verbreite und auf das verzichte, was mir dafür zusteht. 19 Obwohl ich also frei und von keinem abhängig bin, habe ich mich zum Sklaven aller gemacht, um möglichst viele für Christus zu gewinnen (1 Kor 9,15-19 [GN]).

Noch einmal: Paulus betont (gegenüber seinen vielen Anklägern in Korinth), dass er ein Recht auf materielle Versorgung hätte. Gleichzeitig betont er aber auch sehr nachdrücklich, dass er darauf freiwillig verzichtet. Seine Motive zur Verkündigung der neuen guten Botschaft vom frei machenden Mensch gewordenen Gott, (dem Erlöser Jesus Christus) sind ganz andere, dem Durchschnittsmenschen im Allgemeinen unverständlich: Die Gottesoffenbarungen, die er erlebt hat (andere Menschen jedoch nicht), haben eine Notwendigkeit auf ihn gelegt, einen unwiderstehlichen Drang in ihm erzeugt, sie waren eine göttliche Fügung, ein Dienstauftrag. Deshalb kann er überhaupt nicht mehr anders, als in diese Richtung laufen. In seinen eigenen Worten: *„... habe ich mich zum Sklaven aller gemacht, um möglichst viele für Christus zu gewinnen."*

Aber er machte sich nicht wegen seines Lebensunterhaltes von irgendwelchen Menschen abhängig (Vers 19a), er musste nicht gegen seine Erkenntnis der Wahrheit verfälschte Aussagen machen, im Gegenteil, er war frei, falsche Lehren und falsches Leben zu bekämpfen – auch gegenüber anerkannten und berühmten Personen wie Petrus anlässlich dessen Aufenthaltes in Antiochia in Syrien (vgl. Gal. 2,11-14). Zusammenfassend kann man sagen, dass Paulus für seine Person eine Bezahlung für „vollzeitliche Tätigkeit" ablehnte und dies auch nicht lehrte, aber diese Möglichkeit für andere „Evangeliumsarbeiter" nicht ausschloss.[4] [5]

---

[4] 1. Timotheus 5,17-18 wird vielfach als Beleg für eine finanzielle Unterstützung oder Bezahlung in der späten Zeit der Apostel zitiert. Wortlaut und Zusammenhang sind hierfür entscheidend. Die Zürcher Bibel übersetzt: *Die Ältesten, die gut vorstehen, sollen doppelter Ehre wert geachtet werden, besonders die, welche in Wort und Lehre arbeiten. Denn die Schrift sagt: „Einem Ochsen sollst du, wenn er drischt, nicht das Maul verbinden" und „Der Arbeiter ist seines Lohnes wert".*

6.2 Sammlung von Spenden für die urchristliche Gemeinde in Jerusalem durch Paulus

Aus Apostelgeschichte Kapitel 2,41-47 und 4,32-37 erfahren wir, dass die erste Christengemeinde in Jerusalem ein Gemeinschaftsleben praktizierte, das auch die Teilung des Besitzes beinhaltete. Folgende Zitate belegen dies:

41 Diejenigen nun, welche sein Wort annahmen, ließen sich taufen; und so wurden an jenem Tage ungefähr dreitausend Seelen hinzugetan. 42 Diese hielten denn auch beharrlich fest an der Lehre der Apostel, an der Gemeinschaft, am gemeinsa-

---

In sprachlicher Hinsicht entscheidend ist die Übersetzung eines griechischen Wortes, das üblicherweise mit „Ehre" übersetzt wird – an dieser Stelle so durch die Lutherbibel, Das Neue Testament, Mülheimer Ausgabe, Übersetzungen von H. Bruns, H. Menge, J. Zink, Konkordantes Neues Testament. Freiere Übersetzungen übersetzen dagegen mit „Lohn" o.Ä.: Die Gute Nachricht, Das Neue Testament, U. Wilckens und auch The Amplified Bible: Die Ältesten, welche den Pflichten ihres Amtes gut nachkommen, sollen doppelter Ehre [und adäquater finanzieller Unterstützung] wert geachtet werden, besonders diejenigen, die treu in Predigt und Lehre arbeiten.
Das mit „Ehre" übersetzte griechische Wort kommt im Neuen Testament 38-mal vor, es wird in wortgetreuen Übersetzungen niemals mit „Lohn" übersetzt, sondern meist mit „Ehre" oder ähnlichen Ausdrücken. Der Zusammenhang des 5. Kapitels aus dem Timotheusbrief bezieht sich auf Ehre und Tadel, nicht auf Bezahlung. Das „Ehre" entsprechende Verb kommt 21-mal im Neuen Testament vor, es wird stets mit „ehren" übersetzt. Ein zwingender Grund, dieses Wort mit „Lohn" zu übersetzen, besteht demnach nicht. Man kann durchaus umgekehrt folgern: Hätte der Verfasser des Timotheusbriefes „Lohn" gemeint, hätte es dafür im Griechischen geeignetere Wörter gegeben. Was bedeuten dann aber in diesem Zusammenhang die Zitate aus 5. Mose 25,4 und Lukas 10,7? Aus ihrem Zusammenhang herausgelöst könnten sie durchaus „Lohn" bzw. „Lebensunterhalt" bedeuten – in ihrem unmittelbaren Zusammenhang bedeuten sie aber logischerweise ebenfalls „Ehre", doppelte Ehre, nicht doppelte Bezahlung! Detaillierte Diskussionen über diese Sachverhalte finden sich bei Kelly, 2007.

[5] Das Neue Testament geht ganz selbstverständlich davon aus, dass jeder Mensch arbeiten muss, um leben zu können und dass deshalb jede Arbeit auch einen (gerechten) Lohn verdient (z.B. Mt 20,1,2,8). Nach Lukas 10,7; Matthäus 10,10 gilt das auch für Menschen, die zurzeit Jesu mit ihm im Lande Israel umherzogen und die er bei entsprechenden Gelegenheiten als Evangelisten bzw. Missionare aussandte. Das waren alles Juden und die jüdische Tradition verlangte, dass solche Personen an jedem Ort nur 2-3 Tage blieben und sich nur für diese Zeit auf „Geschenkbasis" finanzieren ließen. Dann mussten sie entweder weiterziehen oder eine Arbeit aufnehmen. Eine genauere Diskussionen findet sich wieder bei Kelly, 2007.

men Brotbrechen und an der Vereinigung zum Gebet ... 44 Alle aber, die gläubig geworden waren, hielten fest zusammen und hatten alles gemeinsam. 45 Ihre Güter und Habe verkauften sie und teilten davon allen aus, je nachdem es einer nötig hatte. 46 Dabei waren sie täglich einmütig im Tempel beieinander und brachen das Brot in den Häusern hin und her. Ihre Speise genossen sie mit dankbarer Freude und Herzenseinfalt. 47 Zudem lobten sie Gott und standen in Gunst bei dem ganzen Volk (Apg 2,41-47 [Mül]).

32 Die Schar der Gläubigen aber war ein Herz und eine Seele. Auch nicht einer von ihnen beanspruchte irgendetwas von dem, was er besaß als sein Eigentum; sondern sie hatten alles gemeinsam ... 34 Es war auch keiner unter ihnen, der Mangel hätte leiden müssen; denn diejenigen von ihnen, die Ländereien oder Häuser besaßen, verkauften sie, brachten den Betrag des Kaufgeldes und 35 legten es zu der Apostel Füßen. Davon teilten sie dann nach dem Bedürfnis eines jeden aus. 36 Josef aber, der von den Aposteln Barnabas (Sohn des Trostes) genannt wurde, ein Levit, gebürtig aus Zypern, 37 da er Landbesitz hatte, verkaufte er ihn, brachte das Kaufgeld und legte es zu der Apostel Füßen (Apg 4,32-37[Mül]).

Da das (vordergründige) Thema dieses Buches der Lebensunterhalt und das dafür nötige Geld (bzw. der *„Zehnte")* ist, möchte ich zuerst die üblicherweise nicht (adäquat) behandelte wirtschaftliche Seite des Geschehens in der Jerusalemer Urgemeinde besprechen. Der Verkauf des Kapitals – Äcker, Häuser und anderen Vermögens – brachte sofort Geld in die Kasse und ermöglichte allen, auch den Besitzlosen, zumindest einen bescheidenen Lebensunterhalt. Deren soziale Situation wurde verbessert, die soziale Situation verschlechterte sich aber schnell für die früheren Besitzenden. Daraus entstanden nach dem Bericht der Apostelgeschichte unter Tausenden keine Probleme. (Eine Ausnahme wird allerdings berichtet: Ananias und Saphira hätten lieber ihren Besitz behalten, wagten dies aber nicht zuzugeben, sondern brachten stattdessen einen Teil des Erlöses auf die Seite und verlegten sich auf Lügen (vgl. Apg 5,1-11).

Wirtschaftlich gesehen war der Verlust des Kapitals eine Ursache für ein nach einiger Zeit einsetzendes finanzielles Desaster in der ersten Christengemeine in Jerusalem. Der Verkauf des Besitzes verunmöglichte es, weitere fortlaufende Einnahmen zu erzielen, ab jetzt gab es nur noch Einnahmen aus Arbeitsleistungen, die aber wie vorher nicht für alle ausreichten und deshalb zu einer Verarmung der Gemeinde führten. Weitere ungünstige Umstände verschärften die wirtschaftliche Lage zusätzlich: Angeführt von den Sadduzäern begegneten viele Juden im Laufe der Zeit den Anhängern der neuen Glaubensrichtung mit Ablehnung, Feindschaft und dem Versuch, ihnen grundlegende Lebensnotwendigkeiten zu entziehen.

Ferner war und blieb die Versorgung der Bevölkerung Israels mit Lebensmitteln unsicher, da die klimatischen Verhältnisse schon bei begrenzten Unregelmäßigkeiten des Wetters aufgrund der überwiegend regionalen Lebensmittelerzeugung zu Hungersnöten führen konnten. Apostelgeschichte 11,27-30 berichtet von einer umfassenden schweren Hungersnot zur Zeit des Kaisers Claudius um 47 n. Chr. Die Gemeinde in Antiochia in Syrien erfuhr von dieser Gefahr schon bevor es so weit war – geistgewirkte Äußerungen von Propheten aus Jerusalem kündigten sie an, die Christen in Antiochia nahmen diese Prophetien ernst und sandten Unterstützung durch Paulus und Barnabas **vor** dem Auftreten dieser Hungersnot nach Jerusalem. (Gibt es diese spezielle Variante göttlicher Vorsorge auch heute noch?)

Als weitere Alternative blieb nur die Bitte um Unterstützung durch Gemeinden von außen, denn bereits zur Zeit des Jerusalemer Apostelkonzils um 49 galt die Gemeinde als verarmt. Paulus nahm sich auf Bitten der Jerusalemer Gemeinde und ihrer Leiter, Jakobus, Petrus und Johannes, dieser Notlage an und sammelte in den Gemeinden, die er auf seinen Reisen gegründet hatte, Mittel zur Unterstützung der Jerusalemer Urgemeinde (vgl. Röm 15,25-28; 1 Kor 16,1-3; 2 Kor 8–9; Gal. 2,9-10). Es scheint mehrere Kampagnen zur Unterstützung der verarmten Gläubigen der Jerusalemer Urgemeinde gegeben zu haben: In den Zitaten aus den Briefen des Paulus spielt die Not dieser Menschen eine große Rolle, auch die Apostelgeschichte berichtet wiederholt davon. Im Folgenden werden die Kapitel 8 und 9 aus dem 2. Korintherbrief [GN] zitiert.

1 Ich will euch berichten, Brüder und Schwestern, was Gottes Gnade in den Gemeinden in Mazedonien bewirkt hat. 2 Sie hatten viel zu leiden und haben es nicht nur standhaft ertragen:

Vielmehr wurde ihre Freude im Glauben nur umso stärker und führte trotz ihrer großen Armut zu einer erstaunlichen Hilfsbereitschaft. 3 Ihr könnt es mir glauben: Sie spendeten so viel sie konnten, ja noch mehr, und sie taten es ohne Aufforderung.
4 Sie haben sich mir geradezu aufgedrängt und darum gebeten, sich an diesem Werk der Gnade Gottes beteiligen zu dürfen – an dieser Hilfeleistung, in der die Verbundenheit mit der Gemeinde in Jerusalem zum Ausdruck kommt. 5 Sie taten dabei noch mehr, als ich gehofft hatte: Sie schenkten sich selbst, zuerst dem Herrn, und dann, dem Willen Gottes gemäß, auch mir.
6 Deshalb habe ich Titus zugeredet, dass er sich bei euch um diese Sache kümmert. Er hat ja schon früher bei euch damit angefangen. Nun soll er euch helfen, dieses Werk der Gnade auch zu Ende zu bringen. 7 Ihr habt alles im Überfluss: Glauben, kraftvolles Wort, Erkenntnis, guten Willen und die gegenseitige Liebe, die ich euch vorgelebt und unter euch geweckt habe. Ich möchte, dass euer Beitrag zu diesem Gnadenwerk ebenso reich wird.
8 Ich gebe euch keinen Befehl. Ich sage euch nur, wie hilfsbereit andere sind, um euch dadurch anzuspornen. Ich möchte erproben, wie ernst es euch mit eurer Liebe ist. 9 Ihr wisst ja, was Jesus Christus, unser Herr, in seiner Liebe für euch getan hat. Er war reich und wurde für euch arm; denn er wollte euch durch seine Armut reich machen. 10 Ich gebe euch nur meinen Rat. Ich meine, es ist zu eurem Besten, dass ihr euch an der Sammlung beteiligt. Ihr habt euch ja schon im vorigen Jahr dazu entschlossen und habt auch schon damit angefangen.
11 Bringt das Begonnene jetzt zum guten Ende, damit die Ausführung nicht hinter dem Vorsatz zurückbleibt. Natürlich immer entsprechend dem, was ihr habt! 12 Wenn der gute Wille da ist, ist er willkommen mit dem, was jemand hat, nicht mit dem, was jemand nicht hat. 13 ***Ihr sollt nicht selbst Mangel leiden, damit anderen geholfen wird. Vielmehr soll es zu einem Ausgleich kommen.***
14 Im Augenblick habt ihr mehr als die anderen. Darum ist es nur recht, dass ihr denen helft, die in Not sind. Wenn dann einmal ihr in Not seid und sie mehr haben als ihr, sollen sie euch helfen. So kommt es zu einem Ausgleich zwischen euch. 15 In den Heiligen Schriften heißt es: „Wer viel gesammelt hatte,

hatte nicht zu viel, und wer wenig gesammelt hatte, hatte nicht
zu wenig."
16 Ich danke Gott dafür, dass er Titus den gleichen Eifer für
euch ins Herz gegeben hat, den ich für euch habe. 17 Titus hat
nicht nur meinen Vorschlag angenommen; er war noch viel eif-
riger und hatte schon von sich aus beschlossen, zu euch zu rei-
sen. 18 Mit ihm schicke ich den Bruder, der wegen seines Wir-
kens für die Gute Nachricht bei allen Gemeinden in hohem An-
sehen steht. 19 Und nicht nur das: Die Gemeinden haben ihn
auch dazu bestimmt, mich zu begleiten, wenn ich diese Liebes-
gabe überbringe, die Gabe, die ich jetzt einsammle zur Ehre
Gottes und zum Zeichen meines guten Willens. 20 So soll ver-
mieden werden, dass man mich verdächtigt, wenn ich eine so
große Summe allein verwalte. 21 Es liegt mir daran, dass alles
einwandfrei zugeht, nicht nur vor dem Herrn, sondern auch vor
den Menschen.
22 Ich schicke noch einen anderen Bruder mit ihnen. Ich habe
ihn oft erprobt, und jedes Mal war er sehr eifrig. Jetzt ist er
noch viel eifriger als sonst, eine so hohe Meinung hat er von
euch. 23 Titus ist mein Gefährte und mein Mitarbeiter im Dienst
an euch. Die anderen Brüder kommen im Auftrag der Gemein-
den und sind Menschen, die Christus Ehre machen. 24 Zeigt ih-
nen, dass eure Liebe echt ist, und beweist den anderen Ge-
meinden, dass ich euch zu Recht gelobt habe.

9,1 Ich brauche über den Liebesdienst für die Gemeinde in Jeru-
salem nicht mehr ausführlich zu schreiben. 2 Ich weiß, dass ihr
helfen wollt. Ich habe euch schon bei den Mazedoniern gelobt.
„Die Brüder und Schwestern in Korinth und Umgebung sam-
meln seit dem vorigen Jahr." Euer Eifer hat die meisten von ih-
nen angesteckt.
3 Ich schicke jetzt die Brüder zu euch; denn ich will nicht ent-
täuscht werden, weil ich euch gelobt und erklärt habe: „Sie ha-
ben schon gesammelt." 4 Wie stehe ich da, wenn dann Leute
aus Mazedonien mit mir kommen und feststellen, dass es gar
nicht so ist! Wie werde ich mich schämen müssen – und ihr
selbst erst.
5 Darum hielt ich es für nötig, die Brüder zu bitten, dass sie mir
vorausreisen und die angekündigte Spende einsammeln, damit
sie dann wirklich bereitliegt. Sie soll eine echte Spende sein:

eine Gabe des Dankes und nicht eine Gabe des Geizes.
6 Denkt daran: Wer spärlich sät, wird nur wenig ernten. Aber wer mit vollen Händen sät, auf den wartet eine reiche Ernte. 7
Jeder soll so viel geben, wie er sich in seinem Herzen vorgenommen hat. Es soll ihm nicht leid tun und er soll es auch nicht nur geben, weil er sich dazu gezwungen fühlt. 8 Gott liebt fröhliche Geber! Er hat die Macht, euch so reich zu beschenken, dass ihr nicht nur jederzeit genug habt für euch selbst, sondern auch noch anderen reichlich Gutes tun könnt.
9 Dann gilt von euch, was in den Heiligen Schriften steht: „Großzügig gibt er den Bedürftigen; seine Wohltätigkeit wird in Ewigkeit nicht vergessen werden." 10 Gott, der dem Sämann Saatgut und Brot gibt, wird euch Samen geben und ihn wachsen lassen, damit eure Wohltätigkeit eine reiche Ernte bringt.
11 Er wird euch so reich machen, dass ihr jederzeit freigebig sein könnt. Dann werden viele Menschen Gott wegen der Gaben danken, die wir ihnen von euch übergeben.
12 Dieser Liebesdienst soll ja nicht nur die Not der Gemeinde in Jerusalem lindern, sondern darüber hinaus viele Menschen zum Dank gegen Gott bewegen. 13 Wenn ihr euch in dieser Sache bewährt, werden die Brüder und Schwestern in Jerusalem Gott dafür preisen. Sie werden ihm danken, dass ihr so treu zur Guten Nachricht von Christus steht und so selbstverständlich mit ihnen und mit allen teilt. 14 Und weil sie sehen, dass Gott euch in so überreichem Maß seine Gnade erwiesen hat, werden sie für euch beten und sich nach euch sehnen. 15 Lasst uns Gott danken für sein unsagbar großes Geschenk!

Bei der Untersuchung dieses Textes muss wieder sorgfältig darauf geachtet werden, dass keine Vorstellungen in die damalige Zeit hineininterpretiert werden, die aus späteren Zeiten oder der Gegenwart stammen. Bereits erwähnt wurde, dass die Mitglieder der „Ecclesia" des ersten Jahrhunderts sich in Häusern trafen, dass es keine speziellen Kirchengebäude gab, keine Kirchenorganisation mit Pastoren und anderen bezahlten Mitarbeitern und kein Finanzsystem zur Deckung der Kosten. So ist auch nicht a priori gesagt, dass tatsächlich Geld gesammelt wurde, woran wir Heutigen gewöhnt sind, weil entsprechende Aufrufe in unserer Zeit und Kultur stets dies meinen. Wieder ist es Kelly, 2007, der bei der Untersuchung des Sachverhaltes zu der Ansicht gelangt, dass zumindest bei dieser Sammlung für die Jerusalemer Urgemeinde sehr wahrscheinlich kein Geld gesammelt wurde, sondern Lebensmittel.

Seine Gründe sind wie folgt:

1. Linguistische Gründe: Weder in der Apostelgeschichte noch in den Briefen des Paulus wird jemals gesagt, was die „Sammlung" beinhaltete. Paulus gebraucht an keiner Stelle ein Wort, das irgendetwas mit „Geld" zu tun hätte.
2. Im Falle einer Hungersnot in einer bestimmten Region kann man dort keine Lebensmittel kaufen. Auch heute noch müssen sie von anderswoher dorthin transportiert werden. Die Begleiter des Paulus mussten ihre Sorgfalt darauf verwenden, die Lebensmittelvorräte vor Verderb (und Diebstahl) zu schützen, eine umfangreichere Aufgabe als der Transport von Geld.
3. Es gibt zahlreiche Anspielungen auf Lebensmittel in vielen Versen, die sich auf „Sammlung" beziehen (vgl. Apg 11,29; 24,17; Luk 11,41; 2 Kor 8,15; 9,6.9.10.
4. Juden sammelten (und sammeln bis heute) kein Geld am Sabbat, die ersten Christen könnten die gleiche Zurückhaltung geübt haben.

Es gibt jedoch wie zu erwarten keine allgemeine Übereinstimmung im Hinblick auf diesen Sachverhalt; verschiedene Nachschlagewerke vertreten unterschiedliche Standpunkte. Ein Beispiel: Einige Theologen vertreten die Ansicht, dass *„thesauros"* die Kirche als Aufbewahrungsort für Geld meine, weil im heidnischen Griechenland die Tempel eine solche Funktion hatten und sogar von Soldaten bewacht wurden. Andere lehnen diese Auffassung wegen fehlender Kirchenorganisation und staatlicher Anerkennung der neuen Glaubensrichtung ab und bemängeln, dass wieder einmal der Kontext und anerkannte Prinzipien der Interpretation nicht beachtet worden seien.

Die weitere Analyse des Textes zeigt, dass Paulus das Prinzip der **Freiwilligkeit** (8,3) voll anerkennt. Paulus befiehlt niemandem etwas (8,8), er übt keinen moralischen Druck aus, er droht keine Sanktionen (Gottes) an – jeder kann selbst entscheiden, ob und in welchem Umfang er sich an der Sammlung durch Spenden beteiligt (9,7). Paulus bittet jedoch nachdrücklich um eine reichliche Beteiligung an der Sammlung für Jerusalem (8,10-11).

Geben wie Nehmen ist heute wie zur Zeit des Neuen und Alten Testaments eine Sache der innersten Einstellung des Menschen. Für den Bau der Stiftshütte, des Heiligtums Gottes in der Wüste Sinai, wurden eine Vielzahl von Materialien und Gegenständen benötigt, darunter Dinge von großem Wert. Die relevanten Sachverhalte werden im Detail in 2. Mose 25-31 und 35-38 beschrieben. Wo sollten diese Wertgegenstände herkommen?

Und der Herr sprach zu Moses: Sage den Israeliten, sie sollen eine Abgabe für mich erheben; ***von einem jeden, den sein Herz dazu treibt****, sollt ihr die Abgabe für mich erheben* (2 Mo 25,1-2).

Und Mose sprach zu der ganzen Gemeinde Israels: Dies ist´s, was der HERR geboten hat: Nehmt aus eurem Besitz eine Abgabe für den HERN; ***ein jeder, den sein Herz dazu treibt, bringe sie her,*** *die Abgabe für den HERRN* (2 Mo 35,4-5).

Kein Wort über das alttestamentliche Gesetz oder den *„Zehnten"*: Im Neuen Bund gilt das Prinzip der Gnade. Die Gnade Gottes kann allerdings erst zur Herrschaft kommen, wenn ein Mensch sein Leben Jesus Christus übergibt – das hatten die Menschen aus den Gemeinden in Mazedonien getan (8,5). Bei der aktuellen Suche nach Gottes Willen kamen sie offensichtlich zu der Erkenntnis, sich an der von Paulus initiierten Sammlung in hohem Umfang zu beteiligen (8,3). Als Maß für den Umfang einer Beteiligung sind die jeweils eigenen Möglichkeiten anzusehen. Niemand soll durch zu hohe Gaben für **andere** Mangel in **seinem** Umfeld erzeugen, z. B. in der eigenen Familie (vgl. 1 Tim 5,4.8.16). Deshalb mussten die Gemeinden Mazedoniens Paulus geradezu bedrängen, über ihre Möglichkeiten hinaus geben zu dürfen (8,4).

Paulus akzeptiert, weil aktuell diese Gemeinden mehr haben als die zur Jerusalemer Gemeinde Zugehörigen und damit ein **Ausgleich** geschaffen wird (8,13-14) – das Prinzip des Güterausgleichs ist ein in den Heiligen Schriften wohlbeachteter Sachverhalt (8,15). Zur Zeit der „Ecclesia" war die Unterstützung der Notleidenden ein zentrales Anliegen, in heutigen Freikirchen ist das nicht der Fall: Der Hauptanteil der Einnahmen wird für die Aufrechterhaltung des Systems benötigt (Gehälter, Bauten oder Mieten), nur wenige Gruppen unterstützen soziale Aktivitäten. Bitten um Spenden für wohltätige Zwecke, die mich jede Woche erreichen, kommen vielfach von säkularen Organisationen!

Im Bereich des Ausgleichs liegen weiter Dinge, die mit materiellen Gütern nicht direkt zu tun haben und an die selten gedacht wird: Jesus Christus wurde für uns Mensch, ein armer Mensch, damit wir durch seine Armut reich würden (8,9) – das ist Gnade! Das griechische Wort für Gnade, das zentrale Wort dieses Textes, kommt in den Kapiteln 8–9 neunmal vor, wie Theologen versichern (vgl. 2 Kor 8,1.4.6.7.9.16.19; 9,8.14)! Ich habe immer wieder miterlebt: Sobald Menschen durch eine Gruppe, Angehörige einer Gruppe, Leiter oder andere Personen in unterschiedlichen Bedürfnissen geholfen wurde, haben viele dieser Menschen gerne, auch in hohem Umfang finanzielle Hilfe gegeben – ja, haben sich geradezu gedrängt, dies tun zu dürfen. Sehen konnte man, dass mit Freude gegeben wurde (8,2; 9,7), ob sie in Überfluss lebten, ist mir unbekannt.

Die mazedonischen Gemeinden waren allerdings arme Gemeinden, die schon durch viel Trübsal gegangen waren (8,2), aber sie hatten geistliche Wachstumsprozesse erlebt (8,3,4,7), die ihre Bereitschaft stimuliert hatten, Gnade – auch materiell – weiterzugeben (8,7). Warum? Liegt vielleicht ein sich selbst verstärkendes Prinzip vor? Gott gibt zuerst; wir antworten mit unseren Gaben, Gott gibt erneut, aber mehr; wir empfangen mehr und können mehr weitergeben, usw.? Das generalisierte Prinzip geistlichen Wachstums durch Geben wird nochmals explizit in den Versen 9,6.8.10.11 angesprochen – wohlbekannten Versen aus dem Repertoire von Zehntgeldpredigern – siehe Kapitel 1 dieses Buches! Gottes Hilfe und geistliches Wachstum kann man aber nur vermitteln, wenn man ihm wirklich nahe ist. Was bedeutet es, wenn christliche Gruppen bzw. Leiter immer wieder nach dem Geld drängen – könnte es sein, dass sie geistliches Wachstum eben nicht vermitteln und suchenden Menschen gerade nicht helfen konnten und diese Menschen Geld dann auch nur wie gedrängt und genötigt geben?

6.3 Die urchristliche Gemeinde in Jerusalem als Vorbild für spätere kommunitäre Lebensgemeinschaften – einige Gedanken

Die erste Christengemeinde in Jerusalem war die Keimzelle für ein neues Leben, das auf der Erde bisher unmöglich gewesen war, jetzt aber mit Jesus Christus als Herrscher möglich wurde. Sie wurde ein Vorbild für die „Menschen auf dem Weg", ein Weg, den sehr bald weitere Menschen in Judäa, seinen Nachbargebieten, im Mittelmeerraum und später im ganzen Römischen Reich gehen würden.

Initiation hierfür war ein übernatürliches Ereignis, das im Allgemeinen „Ausgießung des Heiligen Geistes" genannt wird. Diese Bezeichnung impliziert so etwas wie ein Hineingießen von Heiligem Geist in Jesus vertrauende Menschen – das relevante Bild aus der materiellen Welt ist das Auffüllen leerer Gefäße, z. B. mit Wasser. Nach dem Originaltext waren aber andere Phänomene mindestens genauso wichtig, die als das Brausen eines gewaltigen Windes und als das plötzliche Erscheinen von Feuerzungen beschrieben werden, die sich auf den Versammelten niederließen (vgl. Apg 2,1-4). Diese Phänomene sind historisch genauso wenig fassbar wie ein Sprachenwunder, d. h. das Faktum, dass Menschen flüssig in Sprachen redeten, die sie gar nicht gelernt hatten (vgl. Apg 2,5-11).

Historisch fassbar ist erst wieder die Tatsache, dass an **einem** Tag eine Gemeinschaft von Tausenden begründet wurde: Diese Personen hielten fest an den empfangenen, göttliche und menschliche Gemeinschaft bildenden und erhaltenden Lebensinhalten und Formen – Lehre der Apostel, Brotbrechen, gemeinsames Gebet, Anbetung Gottes und eben auch Gütergemeinschaft. Es entstand eine Dynamik, die es zuvor niemals gegeben hatte – die Gläubigen werden als „ein Herz und eine Seele" beschrieben (vgl. Apg 4,32). Es kam zu einem Ausfluss von Kraft durch die Apostel, der sich unmittelbar an das von Jesus Vorgelebte anschloss. Das waren Krafterweisungen, die in dieser Weise noch niemals durch Menschen zustande gekommen waren – und all das in eben der Stadt, deren Machthaber vor ganz kurzer Zeit diesen Jesus hatten ermorden lassen und die sich anschickten, das neue Leben mit aller ihnen verfügbaren Gewalt zu unterdrücken – Terror, Gefängnis und Mord inklusive.

Diese Verhältnisse würden jedoch nur begrenzte Zeit bestehen bleiben, denn es gab Prophezeiungen aus dem Munde Jesu über Jerusalem:

> *Als nun einige mit ihm über den Tempel mit seinen herrlichen Steinen und schönen Weihegeschenken redeten, sagte er: „Es werden bald Tage kommen, in denen von allem, was ihr hier seht, nichts mehr da sein wird. Kein Stein wird auf dem anderen bleiben. Alles wird zerfallen." Daraufhin fragten ihn seine Jünger: „Herr, wann wird dies geschehen? Gibt es dafür ein Zeichen, an dem man erkennen kann, dass dies geschieht?"* (Luk 21,5-7 [Bru]).
>
> *Wenn ihr dann Jerusalem von feindlichen Heeren umlagert sehet, dann könnt ihr daran erkennen, dass seine Stunde geschlagen hat und die Zerstörung bevorsteht. Wer dann in Judäa ist, der fliehe auf die Berge! Die Bewohner Jerusalems sollen dann die Stadt verlassen, und wer auf dem Lande wohnt, soll nicht mehr in die Stadt gehen. Denn das sind dann die Tage der Vergeltung; dann wird alles erfüllt werden, was in der Schrift steht* (Luk 21,20-22 [Bru]).

Der Terror, den die Machthaber Jerusalems gegenüber den unter dem Eindruck des Pfingsterlebnisses lebenden Menschen ausübten, sollte auf sie selbst und das ihnen folgende Volk zurückfallen, ebenso wie das Unrecht, das sie dem menschgewordenen Gott Jesus angetan hatten – Zerstörung Jerusalems 70 n.Chr. Alle an diesen Jesus Gläubigen wurden aufgefordert, die Stadt Jerusalem zu verlassen bzw. nicht in sie hineinzugehen, sobald die Ereignisse eintreten würden, die Er genannt hatte. Ein Land, das verwüstet wird, dessen Hauptstadt in Trümmer gelegt wird, dessen Einwohner ermordet, vertrieben oder in die Sklaverei verkauft werden würden – es hatte überhaupt keinen Sinn, Vermögen zu behalten oder gar anzuhäufen für eine solche Zukunft.

Das war die Sondersituation der Jerusalemer Urgemeinde. Es war auch plausibel, auswärtige Gemeinden für die Zwischenzeit um finanzielle Unterstützung zu bitten, denn die geistlichen Güter wären ohne das Geschehen in Jerusalem für die Menschheit anderswo nicht verfügbar geworden (siehe oben). Die Jerusalemer Urgemeinde erhob keine *„Zehnten"* zur Finanzierung ihrer sozialen, missionarischen oder anderen Aktivitäten, sie blieb aber innerhalb des jüdischen Lebens ihrer Zeit und damit innerhalb der alttestamentlichen Traditionen.[6] Die damalige Teilung des Besitzes

[6] Aus Apostelgeschichte 15,1-34 und 21,18-26 erfahren wir, dass die judenchristlichen Gemeinden in Jerusalem und in der Umgebung auf die Einhaltung des mosaischen Gesetzes bedacht waren und, wie es scheint, diese Auffassung auch anderswo zu verbreiten suchten. Die Reise einer Gruppe von ehemaligen Pharisäern, die sich zu Christus bekehrt hatten, nach Antiochia löste einen heftigen Konflikt mit der dortigen Gemeinde und insbesondere mit Paulus und Barnabas aus: Die ehemaligen Pharisäer vertraten die Auffassung, dass die Einhaltung des mosaischen Gesetzes (hier demonstriert an dem äußerlich kontrollierbaren Gebot der Beschneidung) heilsnotwendig sei (Apg 15,1-2a), während Paulus und Barnabas, die gerade von ihrer ersten Reise in Gebiete des nordöstlichen Mittelmeerraumes zurückgekehrt waren, genau das Gegenteil erlebt hatten – eine Vielzahl von Menschen war gerettet worden, allein durch den Glauben an Jesus Christus, ohne die Erfüllung irgendeiner Anweisung des mosaischen Gesetzes als Vorbedingung.
Dieser Konflikt erwies sich als unlösbar, deshalb sandte die Gemeinde in Antiochia eine Delegation nach Jerusalem, zu der auch Paulus und Barnabas gehörten. Jetzt war die Meinung der Apostel und Ältesten aus Jerusalem gefragt; sie würde richtungsweisend für die Zukunft sein, das war allen klar. Wieder gab es viel Streit in Jerusalem, aber man nahm sich Zeit: Petrus stimmte aufgrund seiner eigenen Erlebnisse mit Heiden, dem Haus des römischen Hauptmanns Cornelius (Apg 10-11,18), Paulus und Barnabas zu. Diese berichteten ausführlich über das, was Gott unter den früheren Heiden getan hatte. Die endgültige Entscheidung wurde durch die Autorität des Jakobus herbeigeführt, sie war ein erstaunlicher Kompromiss: Von den früheren Heiden wurde nicht verlangt, das mosaische Gesetz einzuhalten (Apg 15,10,19) – die Rettung für jeden Menschen kommt durch den Glauben an die Gnade Gottes in Jesus Christus, sie kann nicht durch die Einhaltung des Gesetzes erreicht werden.
Die andere befremdliche, auch heute vielfach übersehene Seite dieses Kompromisses war die, dass die Judenchristen dieser Zeit nicht verstanden, dass auch sie selbst nicht mehr an die Einhaltung des Gesetzes gebunden waren. Sie blieben dem jüdischen System verhaftet mit dem Tempeldienst, den Opfern und auch dem zugehörigen *„Zehnten"*, das heißt, sie fügten einfach christliche Lehre der jüdischen Tradition hinzu. Das war ein gefährlicher und spalterischer Kompromiss!
Etwa zehn Jahre später (60 n. Chr.), bei einem weiteren Aufenthalt des Paulus in Jerusalem, nach Abschluss seiner dritten Missionsreise, zeigte sich, dass die dortige Situation sich nicht gebessert, sondern verschlechtert hatte: *Du siehst, Bruder, wie viele Tausende von Gläubiggewordenen es unter den Juden gibt, und alle sind* ***Eiferer für das Gesetz.*** *Sie sind aber über dich berichtet worden, du lehrest alle Juden, die unter den Heiden sind, den Abfall von Mose, indem du sagest, sie sollten ihre Kinder nicht beschneiden und nicht nach den [überlieferten] Gebräuchen wandeln* (Apg 21,20b-21).
Im folgenden Text (Apg 21,23-25) wird dargelegt, welche Empfehlungen bzw. Forderungen die Jerusalemer Gemeinde und ihre Ältesten dem Paulus gaben respektive stellten, womit dieser demonstrieren sollte, dass er sehr wohl das Gesetz hielte. Nach

war keine von irgendeinem Menschen propagierte Maßnahme – wer sie nicht mit vollziehen wollte, war dazu nicht genötigt (vgl. Apg. 5,4) –, sie war vielmehr ein Signal für die lebensverändernde Kraft des Heiligen Geistes.

Im Lauf der Geschichte traten ähnliche Situationen wie im Jerusalem der Apostelgeschichte in verschieden Jahrhunderten auf. Genannt seien die vorreformatorische Bewegung der Waldenser, entstanden um und vor 1200 im Piemont (Fliedner; Molnar, 1993)) sowie die Jesusfamilie im kommunistischen China um 1948 (Rees, 1971). Beide Male war die Situation dadurch gekennzeichnet, dass letztlich gottfeindliche Mächte, seien es die maßgeblichen Leiter der damaligen katholischen Kirche oder die offen atheistische Bewegung des Kommunismus unter Mao Tse Tung, anders denkenden bzw. gläubigen Menschen die Glaubens- und Gewissensfreiheit absprachen und ihnen auch ihren materiellen Besitz raubten – beide Male hatte es deshalb keinen Sinn, persönliches Eigentum zu behalten bzw. zu bilden, es würde ohnehin von diesen Mächten weggenommen werden.

Nicht alle Versuche kommunitären Lebens scheiterten, einer davon erreichte sogar weltgeschichtliche Bedeutung: Eine Gruppe von Engländern, später bekannt als die Pilgerväter, wanderte Anfang des 17. Jahrhunderts von ihrem Mutterland über Holland nach Nordamerika aus – wieder auf der Flucht vor der konzertierten Aktion von Staatsgewalt und damaliger Anglikanischer Kirche, vor Enteignung, persönlicher Verfolgung, Inhaftierung und Ermordung. Sie ließen sich zuerst in Plymouth/Massachusetts nieder und hatten ursprünglich ebenfalls alles gemeinsam – anders ging es nicht, um als kleine Zahl von Menschen in einer völlig fremden, wilden Umgebung überleben zu können. Als dieses kommunitäre Modell im Gefolge einer zunehmenden Besiedlung nicht mehr

---

zehn Jahren hatte sich die Partei der ehemaligen Pharisäer in der judenchristlichen Gemeinde von Jerusalem durchgesetzt: Sie hatten Jakobus auf ihre Seite gezogen (Petrus wird nicht erwähnt) und die übrigen Ältesten ebenso! Die judenchristliche Gemeinde in Jerusalem präsentiert sich hier als ein fanatisches, gesetzliches System, das den jüdischen Tempeldienst immer noch unterstützte – auch mit dem *„Zehnten"*, sonst wären sie vermutlich ausgeschlossen worden (Kelly, 2007). Inwieweit gab es das in Apostelgeschichte 2,44-46 geschilderte kommunitäre Leben mit der Gütergemeinschaft noch, oder hatte es aufgehört? Wenn Gesetzlichkeit in der Jerusalemer Urgemeinde herrschte – darf man sich dann noch wundern, dass es auch heute noch viele gesetzliche christliche Gemeinden gibt?

zwingend gebraucht wurde, wurde es aufgegeben – dieses Lebensmodell passt nicht zur Natur des sündigen Menschen. Das gleiche Schicksal hatte auch das Kibbuzmodell in Israel: Für viele Siedler, die ins Land kamen, war es ursprünglich wieder zwingend nötig, um überleben zu können. Heute ist das nicht mehr der Fall, nicht wenige Kibbuzim haben sich, allerdings auch aus anderen Gründen, schon aufgelöst.

6.4 Finanzierung der Wanderungen Jesu in Israel

Nach den Aussagen der Evangelien sind im Hinblick auf Einkommen und Ausgaben mehrere Phasen im Leben Jesu zu unterscheiden. In seiner ersten Lebensphase, die etwa 30 Jahre dauerte, führte er ein ganz normales Berufsleben wie viele andere damals und heute auch. Als ältester Sohn eines Bauhandwerkers – so erschien es von außen – war er im Geschäft des Vaters tätig oder stand ihm nach dessen Tod möglicherweise sogar vor. Der Lebensunterhalt der großen Familie – es gab noch vier Brüder und mehrere Schwestern (vgl. Mt 13,56) – konnte offenbar verdient werden, auch die alljährlichen Reisen nach Jerusalem zum Passahfest konnten finanziert werden (vgl. Luk 2,41). Zu Wohlstand im heutigen Sinne gelangte die Familie nicht; die Tradition geht vielmehr davon aus, dass Jesus ein Armer war, auch sein eigenes Zeugnis belegt dies.

Als Messias war Jesus 30 Jahre lang verborgen geblieben. Mit diesem Anspruch trat er erst auf nach der Begegnung mit Johannes und der Taufe im Jordan sowie der anschließenden sogenannten Versuchung der 40 Tage. Er tat dies nicht eigenmächtig, sondern aufgrund einer entsprechenden Aufforderung durch Gott, den Vater. Der Öffentlichkeit wurde er von Johannes dem Täufer als Messias vorgestellt: *„Siehe, das ist Gottes Lamm, welches der Welt Sünde hinwegnimmt"* (Joh 1,29). Auf dieses Votum hin schlossen sich ihm dort die ersten fünf Männer an, alle aus Galiläa wie er selbst. Die Gruppe wanderte nach Nazareth, begab sich aufgrund einer Einladung von dort zu einer Hochzeit nach Kana, nach der Art der Ausrichtung offenbar die Hochzeit eines reichen Mannes. Dort vollbrachte Jesus nach dem Evangelium des Johannes das erste Wunder, die Verwandlung von Wasser in Wein, und dort dürfte er auch seine erste Rede vor einem größeren, wenn auch geschlossenen Kreise gehalten haben.

Diesem Ereignis folgte der Umzug von Nazareth nach Kapernaum am See Genezareth (vgl. Mt 4,13). Am See Genezareth verliefen Landesgrenzen. Um sich als Messias einer breiteren Öffentlichkeit zu präsentieren, musste Jesus dorthin (oder an einen vergleichbaren Ort) umziehen. Jesus verließ das Bergland Galiläas und die Verborgenheit des abgelegenen kleinen Dorfes Nazareth und begann seine öffentliche Wirksamkeit in dieser Gegend. Kapernaum war eine wichtige Stadt am Nordufer des Sees, einer fruchtbaren und damals dicht besiedelten Gegend mit mehreren Städten am Ufer. Der See war Wasserweg für viele Schiffe; hier verlief die große Handelsstraße vom Mittelmeer nach Damaskus. An den See Genezareth grenzten damals drei Herrschaftsbezirke, die Dekapolis, die Tetrarchie des Philippus und die des Herodes Antipas (Galiläa). In Kapernaum war ein großer Umschlagplatz mit Zollamt, der Schiffsverkehr muss rege gewesen sein und die Fischerei ein wichtiger Erwerbszweig. Die Väter von Petrus und Andreas sowie Johannes und Jakobus besaßen jeder oder vielleicht auch gemeinsam ein größeres Geschäft.

Die Finanzfrage dürfte in dieser Zeit keine wesentliche Rolle gespielt haben. Eigenleistung, Geschenke, kostenlose zeitweilige Überlassung, Hilfe der Verwandtschaft, wenige eigene Mittel, Mittel der ersten Nachfolger werden wahrscheinlich zur Bestreitung des Lebensunterhalts und zur Deckung der Kosten gereicht haben. Diese Art der Geldbeschaffung charakterisiert die zweite Phase im Leben Jesu, die als Übergangszeit angesehen werden kann. Diese Ausführungen sind zwar plausibel, bleiben aber hypothetisch. Es wird unterstellt, dass die Menschen im Judentum zur Zeit Jesu von Nazareth sich im Prinzip ebenso verhielten wie die Menschen heute im Christentum – das ist die zugrunde gelegte Hypothese.

Als sicher ist jedoch anzunehmen, dass die für die zweite Lebensphase charakteristische Finanzierung nicht mehr möglich war, nachdem die Jesusbewegung Massen von Menschen mobilisierte und zu einer ganztägigen, oft noch (weit) in die Nacht hinein reichenden Inanspruchnahme der Person Jesu führte – darüber hinaus mussten auch seine Schüler leben, denen irgendwann das eventuell mitgebrachte Ersparte ausgegangen war. Gibt es in der

Bibel Angaben zur Finanzierung der Tätigkeit Jesu für die Zeit zwischen dem Aufbruch nach der Taufe im Jordan bis zu seinem Ende am Kreuz auf dem Hügel Golgatha vor Jerusalem? Es gibt sie!

> *In der nächsten Zeit durchwanderte Jesus mit seinen Jüngern das ganze Land von Stadt zu Stadt und Dorf zu Dorf. Überall verkündigte er die frohe Botschaft von der Königsherrschaft Gottes. Seine 12 Jünger waren immer bei ihm; auch einige Frauen, die er von bösen Geistern und mancherlei Krankheiten befreit hatte, zogen mit ihm, darunter Maria Magdalena, von der er sieben böse Geister ausgetrieben hatte, Johanna, die Frau Chuzas, eines herodianischen Verwalters, Susanna und noch viele andere. Sie alle dienten ihnen mit ihren Mitteln, die sie zur Verfügung hatten* (Luk 8,1-3 [Bru]).

Der Text lässt uns wissen, dass unter den Menschen, die Jesus begleiteten, eine Anzahl von Personen waren, die Jesus von schweren Belastungen befreit hatte. Diesen Personen hatte vorher niemand helfen können. Einige Frauen werden mit Namen genannt. Sie erwiesen sich als dankbar und setzten ihr Vermögen (bzw. Teile davon) für die materielle Versorgung der aus Jesus und seinen Schülern bestehenden Gruppe ein. Geldspenden (vielleicht auch Lebensmittel) kamen sehr wahrscheinlich auch von anderen, denen Jesus ebenfalls geholfen hatte, ohne dass sie sich deshalb seiner durch das Land wandernden Gruppe anschlossen. Aus dem Johannesevangelium erfahren wir, dass Jesus und seine Jünger eine Kasse führten, in welche die Spenden der Menschen eingelegt wurden:

> *Er* (Judas Ischarioth) *sagte dies aber nicht, weil ihm die Armen am Herzen lagen, sondern weil er ein Dieb war und die* ***Kasse*** *hatte und das Eingelegte beiseite brachte* (Joh 12,6).
>
> *Denn einige meinten, weil Judas die* ***Kasse*** *hatte, wolle ihm Jesus sagen: Kaufe, was wir zum Feste bedürfen; oder, er solle den Armen etwas geben* (Joh 13,29).

Dieses Geld diente nicht allein der Deckung des Lebensunterhaltes Jesu und seiner Begleiter, aus dieser Kasse wurden auch noch bis kurz vor der Kreuzigung Mittel für die Armen abgezweigt. Die aufgebrachten Summen könnten – trotz aller Bescheidenheit der

Jünger, die aufgrund jüdischer Traditionen zu unterstellen ist – zumindest zeitweilig bedeutend gewesen sein. Für besondere Aufgaben wählte Jesus nämlich aus der ihn begleitenden Menge mindestens einmal nicht nur seine ihm besonders nahestehenden zwölf Jünger aus, sondern siebzig andere Männer aus einer noch größeren Zahl von Begleitern.

Das hier zu beobachtende Basisphänomen ist dasselbe, damals wie heute: Menschen, denen aus realen Nöten aller Art geholfen wurde – zur Zeit des Neuen Testaments durch Jesus und später durch die Apostel oder auch durch die neu gegründeten Gemeinden –, erwiesen sich dankbar und unterstützten ihre Helfer finanziell, auch mit größeren Summen, je nach Vermögen. Weiter ist erkennbar, dass zur Sicherung der wirtschaftlichen Versorgung der mit Jesus durchs Land ziehenden Menschenmenge größere Summen benötigt wurden – und dass es reiche Leute gab, die diese Mittel aufbringen konnten und auch aufbrachten.

Im Zusammenhang dieses Buches über den *„Zehnten"* drängt sich dem Autor an dieser Stelle wieder die Frage auf: Wie kommt es, dass manche Leiter von den Gruppen, die sie leiten, Geld einfordern und verschiedentlich Druck ausüben müssen, während wir beobachten können, dass es in den Tagen Jesu eine frohe Bereitwilligkeit für Spenden gab? Könnte es sein, dass Menschen im christlichen Umfeld keine wirkliche Hilfe erleben und deshalb dem Verlangen ihrer Leiter nach Finanzierung ihrer Organisationen und Programme nicht (mehr) folgen wollen?

Über die Finanzierung der Wanderungen (Reisen) Jesu und seiner Jünger machen die Evangelien weitere Angaben:

> *Jesus rief die 12 Jünger zusammen und gab ihnen Vollmacht über alle Dämonen und zur Heilung von Krankheiten. Er sandte sie aus, die Königsherrschaft Gottes zu verkündigen und Kranke gesund zu machen. Dabei gab er ihnen die Weisung:* ***„Nehmt nichts mit für unterwegs, keinen Stock und keine Tasche, auch kein Brot und kein Geld, auch keine zwei Unterkleider.*** *In jedem Haus, wo ihr Eingang findet, da bleibt, bis ihr weiterwandert! Wenn man euch nicht aufnimmt, so verlasst den Ort und schüttelt den Staub von euren Füßen zum Zeugnis gegen sie!" So zogen sie aus und wanderten von Dorf zu Dorf. Überall evangelisierten sie und heilten überall die Kranken* (Luk 9,1-6 [Bru]).

Die Parallelstellen in Markus 6,6b-13 und Matthäus 10,1.5-10 bieten im Hinblick auf die Finanzierung der Reisen nichts wesentlich anderes und werden deshalb hier nicht zitiert. In Lukas 10,1-12 [Bru] wird im Prinzip derselbe Auftrag an 70 weitere Jünger erteilt:

> *Darauf erwählte der Herr noch 70 andere Jünger und sandte sie je zwei und zwei vor sich her in alle Städte und Orte, die er später besuchen wollte. Er sagte zu ihnen „Die Ernte ist groß, aber der Arbeiter sind nur wenige. Darum bittet den Herrn der Ernte, er möge Arbeiter für seine Ernte freimachen. So geht denn hin! Ich sende euch wie Schafe mitten unter die Wölfe.* ***Nehmt keine Geldtasche mit euch, auch keinen Ranzen und keine zwei Paar Sandalen! … Wenn man euch aufgenommen hat, so bleibt dort, esst und trinkt, was man euch vorsetzt – ein Arbeiter ist seines Lohnes wert! Geht nicht von einem Haus in das andere! Genauso, wenn ihr in eine Stadt kommt, und man nimmt euch freundlich auf, so nehmt dankbar hin, was man euch anbietet!*** *Heilt die Kranken der Stadt und sagt allen: Die Königsherrschaft Gottes ist euch jetzt ganz nahe."*

Zu der Zeit, zu der diese Worte gesprochen wurden, war das Land offen für die Botschaft Jesu von Nazareth und seiner Begleiter. Die (große) Mehrzahl der Menschen war beeindruckt von der Demonstration der übernatürlichen Macht, die von Jesus und in seinem Auftrag dann auch von seinen Jüngern ausging, besonders für die Heilung der Kranken, die in diesen Texten immer wieder besonders betont wird. Finanzielle Vorsorge war nicht erforderlich; die Ausgesandten wurden in aller Regel freundlich aufgenommen. Die Bevölkerung sorgte für ihre sicher bescheidenen materiellen Bedürfnisse; die Verkündigung und Aufnahme der Gottesbotschaft war das Entscheidende. Diese Situation änderte sich aber nach einiger Zeit, wozu die Propaganda der jüdischen Leiterschaft gegen Jesus viel beitrug. Jetzt wurde die materielle Versorgung Jesu und seiner Begleiter immer problematischer, was die folgenden Texte belegen:

> *Dann fuhr er (Jesus) fort und fragte sie: „Wie ist es euch ergangen, als ich euch ohne Geld, Brotbeutel und Sandalen aussandte? Habt ihr je Mangel gehabt?" Sie antworteten: „Nein." Dann sagte er:* ***„Aber jetzt: Wer Geld hat, der nehme es mit! Ebenso,***

> ***wer einen Brotbeutel hat.*** *Wer das nicht hat, verkaufe seinen Mantel und kaufe dafür ein Schwert! Denn ich sage euch: Auch dieses Schriftwort muss an mir erfüllt werden: Er ist unter die Verbrecher gerechnet worden. Und tatsächlich: Was über mich bestimmt ist, vollendet sich jetzt alles und kommt zu seinem Ziel"* (Lk 22,35-38a [Bru]).
>
> *Unterwegs sagte einer zu Jesus: „Meister, ich will dir folgen, wohin du gehst." Jesus antwortete: „Die Füchse haben Gruben, die Vögel des Himmels haben Nester, aber des Menschen Sohn hat keinen Platz, wo er seinen Kopf hinlegen kann"* (Lk 9,57-58 [Bru]; Parallelstelle: Mt 8,19-20).

Diese letzte Phase im Leben Jesu von Nazareth endete mit seiner Gefangennahme und Kreuzigung, sie war u. a. gekennzeichnet durch eine sich immer mehr ausbreitende Enttäuschung und Ablehnung durch das jüdische Volk. Vorbehaltlose Unterstützung, auch in materieller Hinsicht, erfuhr er nur noch von wenigen Menschen wie Maria, Martha und ihrem Bruder Lazarus (vgl. Joh 11,1-46; Luk 10,38-42).[7]

Der Lebenslauf Jesu von Nazareth als Verkündiger der kommenden Gottesherrschaft ist so einzigartig, dass er für spätere Zeiten kein verallgemeinerbares Modell der Finanzierung beinhaltet. Jesus wusste im Voraus, dass seine Sendung nur kurze Zeit umfassen würde – tatsächlich waren es knapp drei Jahre (Schneller, 1974). Für diese kurze Zeit wurde kein langfristiges Finanzierungsmodell gebraucht; es genügte, auf die vorhandenen Ressourcen und Möglichkeiten des Volkes und seiner engeren Anhänger zurückzugreifen. Wie oben dargestellt, gehörte dazu auch der Mangel am Schluss seines irdischen Lebens.

Zusammenfassend lassen sich folgende Aussagen machen: Im Hinblick auf Finanzen können drei Phasen im Leben Jesu unterschieden werden. In Phase I lebte Jesus wie die Mitmenschen seiner Zeit. Als Erwachsener verdiente er als Bauarbeiter Geld für seinen Lebensunterhalt und nach dem Tode Josephs wahrscheinlich zumindest teilweise und zeitweilig auch für die Mutter Maria

[7] Von wunderbaren Situationen wie der Entrichtung der Tempelsteuer durch den Fund eines entsprechenden Geldstückes in einem gefangenen Fisch (Mt 17,24-26) wird in dieser Lebensphase nichts mehr berichtet; das Phänomen erscheint eher als Kuriosum aus der vergangenen Zeit der wohlwollenden Aufnahme.

und seine Geschwister. Die Phase II beginnt mit der Taufe im Jordan, seiner Proklamation als Messias durch Johannes, die innere Bestätigung und die äußere Bejahung dieser Tatsache durch ihn. Noch am Jordan schlossen sich ihm die ersten Schüler (Jünger) an, auf die Rückkehr nach Galiläa folgte der Umzug vom stillen, verborgenen Dorf Nazareth in die wichtige Stadt Kapernaum am See Genezareth. Die Kosten für den Lebensunterhalt und notwendige Arbeiten dürften durch Mittel der eigenen Familie und Verwandtschaft, der Familien der Jünger, erster Freunde und Anhänger beschafft bzw. durch Eigenleistungen erbracht worden sein.

In Phase III weitete sich die Tätigkeit Jesu als Lehrer, Wundertäter und Heiler über ganz Galiläa und das ganze alte Israel aus. Zahlreiche Menschen begleiteten ihn, der Finanzbedarf war hoch und musste gedeckt werden. Das geschah insbesondere durch großzügige Spenden reicher Frauen, die er geheilt hatte, und durch kleinere und größere Naturalleistungen sowie Geldzuwendungen von Anhängern und anderen Menschen. Man kann sagen: Die Menschen, denen er in ihren tiefen Nöten geholfen hatte, z. B. durch Heilung, die finanzierten ihn und seine Tätigkeit.

Diese Phase entwickelte sich allerdings umso mehr in Richtung Unterdeckung der tatsächlichen Kosten und Verarmung, je mehr Menschen ihn nicht mehr akzeptieren konnten, weil er ihren Vorstellungen vom Messias immer weniger entsprach. Nach seiner Verhaftung, Verurteilung in einer Art Schauprozess und seinem Tod kehrte ein Teil seiner Jünger zeitweilig in ihre alten Berufe zurück, um überleben zu können.

Die Phase III zeigt, dass ein Nachfolger Jesu, der tatsächlich die Wirklichkeit Gottes weitergeben kann, auch mit Spenden der Menschen rechnen kann, denen Gott durch ihn geholfen hat. Mit einem dauernd gesicherten Einkommen kann er allerdings nicht rechnen, alles hängt von seiner Beziehung zu Gott ab und dessen Willen für ihn und seinen Dienst. Ein finanzieller Absturz ist nicht unmöglich; ein dauerhaft gesichertes, regelmäßiges Einkommen – das Ziel des Zehntgeldkonzepts – kann nicht erwartet werden. Bei Jesus war es auch nicht anders.

KAPITEL 7

Diskussion

7.1 Vergleich der eigenen Erkenntnisse mit den Auffassungen anderer Personen und Autoren im deutschen Sprachraum

Entsprechend der ursprünglichen Absicht dieses Buches, die Aussagen der Bibel zum *„Zehnten"* vollständig zu erfassen, sachgemäß zu interpretieren und mit der Praxis der Zehntgelderhebung in Freikirchen des deutschen Sprachraums zu vergleichen, müssten meine Erkenntnisse an dieser Stelle den Auffassungen anderer Autoren gegenübergestellt werden. Dies erwies sich jedoch als unmöglich, weil relevante Bücher oder andere gedruckte Werke deutschsprachiger Autoren für mich nicht aufzufinden waren. Die zunächst einzig verfügbare Broschüre zum Thema von A. Edvardsen, 1983 war eine Übersetzung aus dem Schwedischen, gleichzeitig eine Stellungnahme **für** die Zehntgelderhebung. In nur zwei anderen Büchern, Übersetzungen aus dem Amerikanischen, konnte ich später weitere Aussagen zum Thema finden: D. Johnson, J. VanVonderen, 1991, „Geben" S. 108–110 und F. Viola, 2008, „Der Zehnte und das Gehalt des Klerus", S. 229–243. Beide Stellungnahmen sprechen sich **gegen** die Zehntgelderhebung aus.

Eine Internetrecherche (Stichwort: *„Der Zehnte"*) war erfolgreicher (siehe die Internetverzeichnisse). Bei der Durchsicht der Internetseiten von Verbänden und Einzelgemeinden fällt auf, dass die meisten Freikirchen das Thema der Geldbeschaffung zwecks

Finanzierung der Gemeinden entweder überhaupt nicht erwähnen, wie z. B. Bund Freikirchlicher Pfingstgemeinden, Chrischona Gemeinschaftswerk, Evangelisch-methodistische Kirche, Freikirchliches Evangelisches Gemeindewerk (Deutsche Mitgliedskirche des internationalen Dachverbandes der „International Church of the Foursquare Gospel") und Kirche des Nazareners, oder dass nur vage Aussagen über Spenden und Mitgliedsbeiträge gemacht werden, wie z. B. Bund Evangelischer Freikirchen (Baptisten), Bund Freier Evangelischer Gemeinden (FeG) und Ecclesia-Gemeinden.

Die genannten Freikirchen erwarten jedoch, wie die Internetseiten zugehöriger Gemeinden, Predigten, Predigt-Archive oder eher für den internen Gebrauch bestimmte Publikationen bestätigen, von ihren Mitgliedern, dass sie (mindestens) ein Zehntel ihres Einkommens für die Finanzierung der gemeindlichen Aktivitäten zur Verfügung stellen (mit Einschränkungen bei den Ecclesia-Gemeinden nach deren eigenen Angaben).

Dankenswerterweise bekennen sich andere freikirchliche Gemeinden auf ihren Internetseiten offen zu dem von ihnen praktizierten Prinzip der Zehntgelderhebung. Ich begrüße jedes offene Bekenntnis. Wenn man der Auffassung ist, dass die Erhebung des *„Zehnten"* biblisch fundiert ist und dass die Gemeindemitglieder zur Zahlung dieses Geldes verpflichtet sind, dann sollte dies auch klar und deutlich gesagt werden.

Ich als Professor – dem ursprünglichen Wortsinne nach ist das eine Person, die sich zu ihren Auffassungen öffentlich bekennt – verstehe nicht, warum andere Menschen zwar auch dieser Meinung sind, dies aber nicht offen sagen. Macht man sich nicht klar, dass dieses Verhalten eine Tür für eine Vielzahl von Verdächtigungen öffnet, die großen Schaden anrichten können? Es könnte z. B. der Vorwurf der Täuschung erhoben werden: Zuerst wird der Eindruck erweckt, dass gar kein finanzieller Beitrag erwartet wird oder dass die Höhe der Spenden in das Belieben der jeweiligen Personen gestellt sei, später jedoch werden zumindest die Mitglieder mit massiven Forderungen (10 % des Einkommens und mehr) konfrontiert, von denen vorher nie die Rede war.

Warum geht man solche Risiken ein? Gehört das Wort *„Der Zehnte"* zusammen mit Begriffen wie Geld etc. vielleicht zu einem Tabubereich, über den man nicht sprechen darf? Auf der anderen Seite muss man (manche) heißblütige Befürworter der Zehntgelderhebung fragen, warum sie Andersdenkende diffamieren und sich einer sachlichen Auseinandersetzung mit biblisch fundierten Argumenten entziehen? Könnte es sein, dass dieses Mal ein Dogma angetastet wird, dessen Wahrheitsgehalt nicht hinterfragt werden darf? Liest man die Argumentation, so hat man manchmal den Eindruck, das Plädoyer eines Rechtsanwaltes zu hören, jedenfalls die Worte einer Person, die ihre Auffassung unbedingt durchsetzen will (z. B. Jesus Centrum Kleve).

Ich sehe für den deutschen Sprachraum einen Mangel an Publikationen, welche die Aussagen der Bibel zum Thema *„Der Zehnte"* vollständig erfassen, sie in ihrem biblischen und historischen Zusammenhang (Kontext) sachgemäß erklären und auf ihre Gültigkeit in der heutigen Zeit überprüfen – unter Berücksichtigung der entscheidenden (heilsgeschichtlichen) Unterschiede zwischen Altem und Neuem Bund. Zusätzlich könnten in analoger Weise auch die Aussagen des Neuen Testamentes über den Komplex „Geld" erfasst, untersucht und ihre Bedeutung für die Gegenwart festgestellt werden – bei objektiver Durchführung möglicherweise ein sehr produktives Vorgehen.

In dem (Internet)Artikel *„Königtum oder Gottes Herrschaft – Über das Zehntengeben und die Unterordnung"* (D. Seidenberg, 2003) werden solche Aspekte angesprochen, das Thema insgesamt und der *„Zehnte"* im Speziellen wird aber nicht systematisch abgehandelt. Grund dafür könnte sein, dass das Hauptanliegen des Autors die Vermittlung der Erkenntnis ist, welch hohe Bedeutung die Faktoren „Geld" (Zehnten und Opfer) und „Macht" (Unterordnung) in Theorie und Praxis von Freikirchen im deutschen Sprachraum haben und wie sehr die aktuelle Praxis die Aussagen der Bibel missachtet – zum Schaden der Gläubigen.[1]

Seidenberg sieht ein Konglomerat von Fehlhaltungen in Lehre und Leben, das er aufzubrechen sucht:

1. Fehlinterpretation von Bibelteilen aufgrund des Ziels der „Rechtfertigung eines neutestamentlichen Zehntgebotes" – die Begegnung Abrahams mit Melchisedek, das Versprechen Ja-

[1] Ursache einer falschen, eventuell missbräuchlichen Interpretation von Bibelstellen ist meiner Erkenntnis nach häufig eine fragmentarische Vorgehensweise, die den biblischen und historischen Kontext nicht korrekt würdigt.

kobs, diverse Belegstellen aus dem mosaischen Gesetz und das Zitat aus Maleachi 3,8-9.

2. Beschränkung der Zehntgelderhebung auf die Geldabschöpfung zwecks Finanzierung des bestehenden religiösen Systems, insbesondere von Prediger und Infrastruktur, ohne Beachtung weitergehender Absichten des mosaischen Gesetzes wie des „Erlebens von Gemeinschaft mit Gott und untereinander" – gemeinsames Essen spielte damals eine große Rolle, auch noch zur Zeit des Neuen Testaments.
3. Missachtung neutestamentlicher Offenbarungen. Thema „Geld" wie Matthäus 17,24-27; gottgewollte Reihenfolge von „Liebeswerken" (nicht Geboten) – zuerst kommen die nächsten Angehörigen, dann Glaubensgeschwister, dann andere Notleidende (vgl. 1 Tim 5,8; Gal 6,9-10; Röm 12,13; Apg 2,45; Apg 6,1-3; Luk 12,33; Mt 25,34-40; Jes 58,6-9; Luk 6,36-38; 1 Joh 4,8.16; Mt 5,16-17; Jak 2,13) und die „tatsächlich berufenen Diener Gottes". (Die Vielzahl der Bibelzitate weist darauf hin, wie wichtig der soziale Aspekt dem Autor ist.)
4. Unkenntnis über die Praxis der alttestamentlichen Zehntgelderhebung (drei Steuern?) und Ignoranz gegenüber dem sozialen Charakter des *„Zehnten"*, der Unterstützung armer Menschen.
5. Rückkehr unter (den Buchstaben des) das alttestamentliche(n) Gesetz(es) mit seinen Flüchen, bei gleichzeitiger Verleugnung des Gnadenwerkes Jesu Christi und des Dienstes des Heiligen Geistes (vgl. Röm 10,4-6 und Gal 5,1-3).
6. Rückkehr zur Werkgerechtigkeit des alttestamentlichen Gesetzes und seinen Traditionen im real existierenden Klerus-Laien-System in Analogie zum Tempeldienst mit Priestern, Leviten, Opfern usw. – in Beliebigkeit und Unlogik – unter Missachtung und Außerkraftsetzung neutestamentlicher Offenbarungen wie des Prinzips der Berufung aller Gläubigen zu Königen und Priestern (vgl. 1 Petr 2,9-10).
7. Dämpfung des Heiligen Geistes durch Missachtung seiner Führung. Zitat:

   „Lehre und Praxis des Zehntengebens sind aber meist so, dass sie den anderen Ordnungen Gottes entgegenstehen. Christen werden nämlich durch sie gebunden, sodass sie nicht mehr frei sind zu entscheiden, wie viel und wohin sie geben. Somit ist es für sie auch kaum noch möglich, sich diesbezüglich vom Geist Gottes leiten zu lassen."

8. Missachtung der Auffassungen und Lebensweise des Paulus (vgl. Röm 15,26-27; Gal 6,6-8; 1 Kor 9,7-14; 1 Kor 16,1-3; 2 Kor 8–9; 2 Kor 11,7-16; Phil 4,17-18).

Die Auffassungen Seidenbergs stellen eine klare und eindeutige Kritik an der Praxis der Zehntgelderhebung in Freikirchen dar, sie passen in vieler Hinsicht zu den Erkenntnissen, die vom Autor der hier vorliegenden Untersuchungen vertreten werden. Darüber hinaus untersucht Seidenberg ziemlich detailliert ein zweites Prinzip, das mit dem Zehntgeldprinzip eng gekoppelt ist und in nahezu allen Freikirchen von großer Bedeutung ist: ***„Menschenherrschaft statt Gottesherrschaft".*** Er stellt die Verbindung nicht explizit her, aber seine Ausführungen lassen keinen Zweifel daran: ohne Geld keine Macht, ohne Macht kein Geld – auch in Freikirchen heute! So wie nach 1. Samuel 8,4-21 das alte Bundesvolk einen König verlangte, so hat auch das Volk des Neuen Bundes Könige über sich gesetzt, die (Zitat) „im Namen Gottes wie Könige über ihre Brüder herrschen". Beide Male offenbart sich darin Gericht Gottes, denn der Ersatz der Herrschaft Gottes durch Menschenherrschaft führt zur Entrechtung der Menschen des Gottesvolkes. Zur Zeit des Alten Bund missachtete schon Israels dritter König, Salomo, die Warnungen Gottes aus 5. Mose 17,14-20.

Ergänzend zu den in diesem Buch gemachten Aussagen weist Seidenberg darauf hin, dass in Zeiten einer beispiellosen wirtschaftlichen Hochkonjunktur der König Salomo enorme Einnahmen aus Handel und Steuern erzielte, aber auch außerordentliche Summen für seine luxuriöse Hofhaltung verschwendete (vgl. 1 Kö 9,26-28; 10,1-29; 2 Chr 9,13; 17; 20; 25; 27; 1 Kö 11,1). Die Entrechtung der Menschen im salomonischen Staatssystem erwähnt er nicht, diese wurde jedoch im Kapitel 2.6 dieses Buches bereits detailliert dargestellt. Der König Salomo war vom Propheten Nathan erzogen worden, er hatte die damals bestmögliche Ausbildung erhalten, sein Vater David hatte ihm vorgelebt, was eine Beziehung mit Gott sein kann, er hatte Kenntnisse vom Heiligen Geist, mehr noch, er hatte selbst Gottesbegegnungen in Träumen (vgl. 1 Kö 3,4-15; 9,1-9), Gebetserhörungen (vgl. 1 Kö 4,9-14) und erlebte eine Tempeleinweihung mit Gottesoffenbarungen (vgl. 1 Kö 8; 2 Chr 5–7) – dennoch kam er in seinem späteren Leben vom Weg mit Gott ab.

Gibt es diese Gefahr für uns Gläubige des Neuen Bundes etwa nicht? Oder meinen wir, dass wir dem König Salomo weit überlegen sind? Seidenberg ist der Ansicht, dass „die vielfältigen Spaltungen im Leib Christi mit der unverhältnismäßigen Erhöhung einzelner Brüder begannen" (Ende des Zitates), ein Sachverhalt, der schon in 1. Korinther 1,10-13 angesprochen wird. Darüber hinaus ist Seidenberg der Ansicht, dass die in Richter 9,8-15 erzählte Fabel von der Wahl eines Baumes zum König der Bäume auch für das neutestamentliche Gottesvolk gültig ist: Ölbaum, Feigenbaum und Weinstock lehnten die Wahl ab – sie wollten nicht über den Bäumen schweben anstatt Frucht zu bringen. Der Dornbusch jedoch nahm das Angebot sofort an. Zitat:

> Der Ausdruck „die Frucht lassen, um über den Bäumen zu schweben" weist darauf hin, dass jemand, der über seine Brüder herrscht, den Boden unter den Füßen verliert. Seine Wurzeln sind dann in der Luft, wodurch er unfruchtbar wird. Wer aber wie der Dornbusch ohnehin keine Frucht bringt, den stört das natürlich nicht. Er verlangt zudem strikte Gefolgschaft von seinen Brüdern, ansonsten droht er ihnen mit Gericht und Verdammnis. (Wo nicht, so gehe Feuer aus vom Dornbusch und verzehre die Zedern Libanons.) Vom Dornbusch geht aber früher oder später auf jeden Fall Feuer aus, weil er wegen seiner Unfruchtbarkeit dem Feuer übergeben wird.

Auch in dem (Internet)Artikel *„Im Geringsten treu – der Zehnte im Neuen Bund: Segen oder Fluch?"* (S. Pohl, 2006) wird keine systematische Darstellung des Themas geboten. Grund könnte sein, dass der Autor schon am Anfang seines Artikels feststellt, dass eine unüberbrückbare Distanz zwischen dem alttestamentlichen Prinzip der Zehntgelderhebung und dem neutestamentlichen Prinzip der Haushalterschaft und Zugehörigkeit zum Leib Christi besteht. Wer entsprechend der Forderung des alttestamentlichen Gesetzes den *„Zehnten"* bezahlt, unterteilt sein Geld in Geld, das Gott gehört, und in Geld, das ihm gehört. Das widerspricht dem Zentrum der neutestamentlichen Botschaft:

> *Nun aber bin ich durch das Gesetz für das Gesetz gestorben, um für Gott zu leben. Ich bin mit Christus gekreuzigt. Es lebt aber nun nicht mehr mein Ich, sondern es lebt in mir nur noch Christus. Und mein Leben, das ich jetzt noch in diesem Leib zuzubringen habe, lebe ich im Glauben des Sohnes Gottes, der mich geliebt und sich selbst für mich hingegeben hat* (Gal 2,19-20 [Mül]; Kontext: 11-21; vgl. auch Röm 6,1-11, spez. 4; Kol 2,10-14, spez. 12).

Zitat:

> Dass wir Gestorbene sind und unsere Existenzberechtigung nun nicht mehr in unserem eigenen Leben, sondern nur noch in Christus begründet ist, bestimmt auch unser Verhältnis zu Geld und Besitz ... ein Unterscheiden in Gottes Geld einerseits und eigenes, privates Geld andererseits ist also im Neuen Bund gar nicht möglich ... mit uns selbst ist auch unser Eigentum an Christus übergegangen ... wenn wir Teile unseres Einkommens als unseren Privatbesitz deklarieren, dann erklären wir damit, dass wir nicht mit Christus gestorben sind.

In diesem Zusammenhang wird der „Zehnte" nur am Rande erwähnt, dafür wird die Botschaft der Zehntgelderhebung umgekehrt:

> Während es aber heute üblich ist, **die Hörer** der Botschaft dazu zu bewegen **ihre** Ressourcen zu mobilisieren, um das Wort hören zu dürfen, sind sowohl Jesus als auch Paulus den umgekehrten Weg gegangen. Sie haben **ihre eigenen** natürlichen und geistlichen Ressourcen in Bewegung gesetzt, um **anderen** ihre Botschaft nahe zu bringen. Das bedeutet praktisch: Wer meint, er habe etwas zu verkündigen, der arbeite wie Paulus mit seinen Händen, um auch die wirtschaftlichen Voraussetzungen dafür zu erwerben. Oder er habe wie Jesus ein Maß des Glaubens, das es ihm erlaubt, Ressourcen direkt von seinem himmlischen Vater zu erhalten. Dazwischen gibt es Raum für beliebige Kombinationen beider Elemente ...

Diese Überlegungen können natürlich nicht zu einer Forderung gemacht werden, sie widerspräche dem Geist des Evangeliums (vgl. 1 Kor 9,1-19) – aber bedenkenswert sind sie durchaus, besonders wenn man sich daran erinnert, dass die ersten Kirchenväter im Allgemeinen freiwillig nach dem Vorbild Jesu in Armut gelebt haben.

Pohl weist weiter darauf hin, dass die Zehntenlehre sowohl Voraussetzung als auch Folgeerscheinung des Pastoralsystems (Pastorenkirchentum, Klerus-Laien-Struktur) ist – das wurde auch in diesem Buch schon festgestellt. Die Praxis der Zehntgelderhebung garantiert eine regelmäßige Geldzufuhr, ohne die das Pastoralsystems zusammenbrechen würde:

> Wer auf diese Einnahmen angewiesen ist (der Pastor), der wird den „Zehnten" unter keinen Umständen infrage stellen, müsste er dann doch wieder einer Erwerbsarbeit nachgehen und auf das Prestige seiner Stellung verzichten. So richtet der „Zehnte" mehr Schaden an, als es auf den ersten Blick erscheint, hilft er doch, ein Gemeindemodell zu zementieren, das von der Schrift weit entfernt ist. Biblische Gemeindestrukturen, die ohne Immobilienbesitz und Arbeitsverträge auskommen, brauchen zu ihrer Selbstverwaltung eigentlich nahezu kein Geld. Sie nutzen die ohnehin vorhandenen Ressourcen der Glieder wie z. B. die Wohnungen als Versammlungsräume und natürlich auch die Gesamtheit der mündigen Brüder als kostenfreies Lehr- und Missionspotenzial.

Weitere, der Öffentlichkeit via Internet zugänglich gemachte Kritik am neutestamentlichen Zehntenkonzept (vgl. Internetverzeichnis – kein Anspruch auf Vollständigkeit) beschränkt sich meist auf bloße Meinungsäußerungen: Man erkennt an, dass im Neuen Testament ein Nachfolger Jesu nirgendwo aufgefordert wird, den *„Zehnten"* zu geben (Bechhaus; Seibel; Birnstiel), weitergehende Begründungen werden aber nicht oder nur unzureichend gegeben; wissenschaftliche Ansprüche werden nicht erfüllt, persönliche Erfahrungen werden nur selten mitgeteilt (White; Old).

Alle übrigen deutschsprachigen Beiträge aus dem Internet sprechen sich **pro (für)** Zehntgelderhebung aus, seien es kurze, wenig oder gar nicht begründete Meinungsäußerungen oder (etwas) umfangreichere Darstellungen, die auf biblischer Basis begründet werden und zum Teil auch eigene Erfahrungen beinhalten. Einige Artikel behandeln das Thema Geld bzw. Finanzen in allgemeiner Form (Geiselhart; Winkler). Die Analyse dieser Artikel zeigt, dass es sich ausnahmslos um Plädoyers für die Einwerbung von Spenden handelt, mehrheitlich für die eigene Gruppe und unter Rückgriff auf das Zehntgeldkonzept.

Die Argumente werden so ausgewählt, dass sie diesem Ziel dienen; eine gründliche Untersuchung der biblischen Aussagen in ihrem Kontext findet nicht statt, sogar sachliche Fehler und unlogische Verknüpfungen können nachgewiesen werden. Die große Mehrzahl der Beiträge ist jedoch auf das Zehntgeldkonzept ausgerichtet, auf die vorgebrachten Argumente zur Begründung des *„Zehnten"* in der Sache werde ich an dieser Stelle nicht noch einmal eingehen, da Antworten auf die relevanten Argumente bereits im Hauptteil dieses Buches gegeben wurden.

Folgendes sei aber noch angemerkt: Eine gründliche Durchsicht dieser Beiträge lässt erneut zum Teil dieselben schwerwiegenden Mängel wie bei den Plädoyers erkennen – und noch mehr: Nicht wenige Vertreter des neutestamentlichen Zehntgeldkonzeptes sind nicht bereit, eine sachliche Diskussion zu führen, vertreten ihre Auffassungen vielmehr wie allgemeinverbindliche Wahrheiten, wie Dogmen, die nicht hinterfragt werden dürfen.

Kritik muss auch angemeldet werden wegen der Art, wie die Diskussion teilweise geführt wird: In den vorliegenden Artikeln finden sich leider auch Beispiele der Diffamierung Andersdenkender und Androhungen von Sanktionen. So wird eine Atmosphäre der Angst erzeugt, die nicht ohne Wirkung bleibt: Winkler z.B. sieht sich offenbar genötigt, ausdrücklich zu erklären, dass seine Ausführungen **kein** Artikel **gegen** den *„Zehnten"* seien (vgl. Internetverzeichnis). Durchaus unerwartet sind wir mit der Erzeugung von Angst wieder im Raum des religiös missbräuchlichen Handelns angekommen – vgl. Kapitel 5.5 und 5.6: *„Religiöser Missbrauch mit dem Zehnten – Folgen für die Opfer"* und *„Gedanken zur* Situation *der Leiter"*. In diesen Raum gehört auch die viel zitierte Stelle aus Maleachi 3,8-11 wie in diesem Buch nachgewiesen wurde. Darauf weist auch Seidenberg hin: *„Die* (traditionelle) *Auslegung dieses Verses hat am meisten Unruhe und Verunsicherung verursacht, denn sie enthält die Androhung eines Fluches; damit lässt sich nicht spaßen."* Hier wird der Bereich des „Religiösen Missbrauchs" angesprochen, ohne dass der Name genannt wird.

7.2 Ausblick auf die Situation in den Vereinigten Staaten von Amerika (USA)

Angesichts der für eine detaillierte, sachgemäße und fundierte Auseinandersetzung mit dem Thema *„Der Zehnte in der Bibel und in (deutschen) Freikirchen"* völlig unzulänglichen Datenlage im deutschen Sprachraum, angesichts des *offiziellen* Schweigens der meisten deutschen Freikirchen zum Thema bei gleichzeitiger Tabuisierung und Dogmatisierung – erkennbar an der bisher fehlenden Bereitschaft, sich auf die Suche nach der Wahrheit einzulassen und nachweislich falsche Positionen aufzugeben – ergab sich die Notwendigkeit, die Situation in den Vereinigten Staaten von Amerika (USA) mit heranzuziehen. Wie allgemein bekannt, ist die absolute und relative Zahl praktizierender Christen in den USA wesentlich größer als in Deutschland. Das Problem einer adäquaten Finanzierung aller kirchlichen Aktivitäten ist drängender, da in den USA Kirche und Staat (traditionell) strikt getrennt sind; Kirchensteuern sind unbekannt.

Als Informationsquellen relevant waren für mich außer mündlichen Berichten insbesondere Bücher, Artikel und Schriften zum Thema *„Der Zehnte"*. Eine Recherche zeigte, dass es in den USA dezidiert auch zwei Lager gibt, ein Lager **pro** (für) und ein Lager **contra** (gegen) die Zehntgelderhebung. Auch in den USA finanzieren sich offensichtlich viele Gemeinden und christliche Werke mittels des *„Zehnten"*, aber das „**Contra**-Lager" kann nicht so schwach sein wie in Deutschland, wie eine Liste bekannter christlicher Leiter, Nachschlagewerke, Bücher und sonstiger Schriften zeigte, die sich gegen den *„Zehnten"* aussprachen.[2]

Wie das Literaturverzeichnis belegt, entdeckte ich darüber hinaus eine größere Zahl von Büchern zum Thema *„Der Zehnte"*, die Sie im Anhang L.2 finden. Das sind 15 Bücher, von denen elf nach 2005 (!) publiziert worden waren, d. h. erst vor wenigen Jahren. Daraus kann man folgern, dass das Thema noch vor wenigen Jahren anscheinend kaum beachtet wurde, aber jetzt als drängende Frage angesehen wird. Nochmals anders formuliert: Der

---

[2] (D. A. Yeubanks, Study References and Quotes (Subject:Tithing: tithing.truthforfree.com bzw. www.prayershack.freeservers.com/tithing.html, pp.2)

Widerstand gegen das Zehntenprinzip hat sich formiert und nimmt an Stärke zu!

Das belegt auch weiteres, im Internet entdecktes, umfangreiches Material: Die mir zur Kenntnis gebrachten Internetquellen www.prayershack.freeservers.com/tithing.html (und zum Teil www.ifaithhome.org/teaching/index.html) enthalten eine Vielzahl von Artikeln, die sich gegen das *„Zehntgeldprinzip"* aussprechen – davon kann sich der Leser dieses Buches durch Aufruf selbst überzeugen. (Diese Quellen werden deshalb hier in der Regel nicht im Einzelnen zitiert oder abgehandelt.) Die Gesamtheit aller Quellen scheint zu belegen, dass in den USA im Gegensatz zum deutschen Sprachraum eine lebhafte Debatte geführt wird. Zutreffender noch könnte man sagen, es findet ein Kampf gegen die Vertreter des Zehntgeldprinzips statt. Dabei scheint das Thema *„Der Zehnte"* in den USA nicht tabuisiert oder dogmatisiert zu sein, jedenfalls soweit dies für einen Außenstehenden dem Schrifttum zu entnehmen ist.

Für die Wahrheitsfindung entscheidend ist aber nicht die Intensität einer Diskussion oder die Zahl der jeweiligen Vertreter, sondern der Inhalt. Das erste Buch, das ich lesen konnte, war: R. E. Kelly: *„Should the Church Teach Tithing?"*. Das erwies sich als glücklicher Umstand: Es handelte sich um ein außerordentlich tiefgründiges Werk, das in Übereinstimmung mit meinen eigenen Intentionen keinen biblischen Gesichtspunkt zum Thema ausließ und darüber hinaus noch einen historischen Abriss der Geschichte des *„Zehnten"* in den westlichen Kirchen bot.

Amerikanische Rezensenten bezeichneten dieses Werk als die gründlichste und beste Untersuchung zum Thema des *„Zehnten"*, auch deshalb, weil der Kontrast zur Zehntenpraxis der Gegenwart klar herauskomme und ebenso Beweise dafür erbracht würden, dass die Gabe des *„Zehnten"* keine Beziehung zum Geben im Neuen Testament habe. Der sachliche Inhalt dieses Buches wurde mit dem vorliegenden Buch verbunden, eine Diskussion erübrigt sich deshalb.

Im Hinblick auf die anderen oben genannten Bücher und weitere buchähnliche Aufsätze und Artikel aus dem Internet kann es nicht meine Aufgabe sein, diese im Detail zu besprechen. Zusammenfassend kann man sagen, dass alle Autoren das Zehntgeldprinzip ablehnen, fast immer deshalb, weil dieses Prinzip mit den

Aussagen des Neuen Testamentes nicht übereinstimmt. Einige (willkürliche) Beispiele: Narramore untersucht das alttestamentliche Prinzip des *„Zehnten"* vor allem im Licht des Neuen Bundes. Das ist sein Fokus, dafür werden die Praktiken des Alten Testamentes nicht detailliert abgehandelt. Webb vergleicht heutige, traditionelle Praktiken mit den Belegen der Schrift; das Thema wird unter Berücksichtigung der alttestamentlichen Aussagen gründlich abgehandelt, obwohl der Schwerpunkt des Buches auf den neutestamentlichen Prinzipien des Gebens liegt.

Zu Werken, die nur im Internet verfügbar, aber Büchern vergleichbar sind, gehören u. a.: Scott W. Brians: *„Rethinking the Tithe"* und David E. Root, Jr: *„Must Christians Tithe Ten Percent?"* Brians vertritt seinen Standpunkt zum Thema „Finanzen" in drei Artikeln, zum *„Zehnten"*, zu „Opfern" und zum „Säen-und-Ernten-Prinzip". Im Artikel zum *„Zehnten"* werden die Verhältnisse unter dem Alten und Neuen Bund untersucht, Schwerpunkt des Artikels ist jedoch die Auseinandersetzung mit den Argumenten der Befürworter des *„Zehnten"*.

In dem Artikel von Root findet sich eine sachliche, gründliche und detaillierte Besprechung **aller** Passagen der Bibel zum *„Zehnten"*, unter besonderer Berücksichtigung der Teile, die außerhalb des mosaischen Gesetzes stehen – Abraham und Melchisedek, Hebräerbrief, Jakob – sowie der neutestamentlichen Prinzipien des Gebens und der historisch wichtigen Entscheidungen der Apostel auf der „Jerusalem Konferenz". Der Autor zitiert ferner eine größere Zahl von Bibelstellen, die belegen, dass Geld schon zur Zeit Abrahams bis zur Zeit Mose (und danach) in Gebrauch war, dass aber der *„Zehnte"* immer nur in Naturalien geleistet wurde. Er kommt zu dem Schluss:

> Gott befahl Christen nie, den „Zehnten" zu geben. Das Zehntgeldprinzip in seiner heutigen Form hat keine Beziehung mit irgendeiner Passage zum „Zehnten" irgendwo in der Bibel. Es ist eine menschengemachte Erfindung" (Übersetzung vom Verfasser dieses Buches).

Hier sollte man sich daran erinnern, dass die in Analogie zum Alten Testament praktizierte Erhebung des *„Zehnten"* immer an eine als **Organisation** verstandene Gemeinde gekoppelt ist – diese braucht regelmäßige, gesicherte Einnahmen zu ihrem Erhalt (Gehälter, Gebäudeunterhaltung oder Mieten u. a.) und für ihre Aktivitäten. Eine Gemeinschaft wie die „Ecclesia" des Neuen Testamentes, die eine reine Personengemeinschaft war (Hauskirche – kein Klerus, keine Gebäude usw.), brauchte sie nicht und braucht sie auch heute nicht, wenn sie in ihrem originären Zustand wiederhergestellt wird.

Weiter ist es gut, zum Schluss noch eine wahrscheinlich überraschende Lektion besonderer Art zu lernen: Aus dem Buch von E. L. Martin erfahren wir, dass die Juden der Moderne in den USA keinen *„Zehnten"* bezahlen. Warum nicht? Die alttestamentlichen Anweisungen aus den Büchern Leviticus, Numeri und Deuteronomium (3., 4. und 5. Mose – siehe Inhaltsverzeichnis) und ihre Wiederinkraftsetzung durch die Reformen Nehemias sind heute obsolet: Seit der Zerstörung Jerusalems im Jahre 70 n. Chr. durch die Römer gibt es keinen Tempeldienst mehr, keine Leviten und Priester, die ihn durchführen; auch die übrigen Angaben des Alten Testamentes sind heute nicht mehr in Funktion (siehe oben) – deshalb wäre es geradezu eine Sünde (!), den *„Zehnten"* zu zahlen, wie ein Rabbi drastisch formulierte. Voraussetzung für eine Wiedereinführung des Zehntgeldprinzips für Juden wäre der Wiederaufbau des Tempels in Jerusalem und die Wiedereinführung des Tempeldienstes nach den Vorgaben des Alten Testaments.

ANHANG

A.1 Biblische Lebensmöglichkeiten und gemeindliche Praxis – unter besonderer Berücksichtigung der Macht der „Sünde"

Jesus Christus ist das Leben:

> *Das Leben ist erschienen, und wir haben es gesehen und bezeugen und verkündigen euch das ewige Leben, das beim Vater war und uns erschienen ist* (1 Joh 1,2).

Das hatte der Apostel Johannes erlebt, und das möchte er den Lesern seines Briefes vermitteln. Der Apostel Johannes betont mehr als die anderen Evangelisten, dass Jesus das Leben ist, das göttliche Leben:

> *In ihm* (Jesus) *war das Leben, und das Leben war das Licht für die Menschen* (Joh 1,4).

Als Selbstzeugnis sagt Jesus von sich:

> *Ich bin der Weg, die Wahrheit und das Leben* (Joh 14,6).

Im Gespräch mit Nikodemus wird der Sachverhalt zweifelsfrei klargestellt (vgl. Joh 3,1-21), wegen des hohen Bekanntheitsgrades dieser Geschichte dürften einige Auszüge genügen:

> *Wahrlich, wahrlich ... wenn jemand nicht von oben (von neuem) geboren wird, kann er das Reich Gottes nicht sehen [nicht erfahren]* (Joh 3,3 [Zü+Amp]).
>
> *Wahrlich, wahrlich ... wenn jemand nicht aus Wasser und Geist geboren wird, kann er niemals in das Reich Gottes eintreten* (Joh 3,5 [Zü+Amp]).

Um mit Gott, dem Vater, dem Sohn und dem Heiligen Geist zusammenleben zu können, genügen keine wie auch immer gearteten menschlichen Methoden; es braucht ein total neues Leben, das nur Gott selbst schenken kann. Eine neue Geburt schafft Fakten für ein ganzes Leben – das ist analog zu einer Geburt in der materiellen Welt zu verstehen. Ein Anfang ist zwingend erforderlich – den schafft eine Gottesbegegnung –, aber für das weitere Leben ist die ständige Zufuhr spiritueller Energie nötig. Gottes Einladung für die, die nicht mehr ihr eigenes Leben ausleben wollen, sondern Jesus, dem Christus, nachfolgen wollen, beinhaltet immer wieder das Angebot, jeden Tag mit ihm zu leben. Dazu gehört u. a. die ständige Kommunikation. Ein solches Leben hat Folgen:

> *Die Frucht des Geistes aber ist Liebe, Freude, Friede, Geduld, Freundlichkeit, Güte, Treue, Sanftmut, Enthaltsamkeit* (Gal 5,22).

Freiheit wurde noch nicht erwähnt, gehört aber auch dazu:

> *Für die Freiheit hat uns Christus frei gemacht …* (Gal 5,1a).

Wer wünschte sich nicht ein solches Leben? Ein letztes Zitat zum Thema: Beim Weg mit Jesus handelt es sich zuerst um ein Leben, nicht um eine Lehre:

> *Ein Engel des Herrn öffnete in der Nacht die Türen des Gefängnisses und sagte ihnen: Gehet hin und tretet auf und verkündet im Tempel dem Volk alle Worte dieses [neuen]* ***Lebens*** (Apg 5,19-21 [Amp]).

Die Vermittlung solcher Wahrheiten gehört sicher zu den Aufgaben christlicher Leiter. Wie kann es dennoch wieder zum „Religiösen Missbrauch" kommen und welche Folgen sind zu erwarten? Ich werde einige Kommentare zur realen Geschichte der Gründung, des Aufstiegs und Niedergangs zweier charismatischer Gruppen geben, von denen ich hoffe, dass sie (etwas) Licht in die Dunkelheit bringen. Die Erfahrung zeigt, dass in aller Regel auf einen *„Anfang im Geist der Versuch einer Vollendung im Fleisch folgt"* (vgl. Gal 3,3).

Ein Anfang aus dem Nichts, ohne vorherige menschliche (auch finanzielle) Absicherungen, vielleicht gegen existierende Traditionen, die Begründung von etwas wirklich Neuem, ein Wagnis im Glauben an Gott – das wird wahrscheinlich misslingen, es sei denn, die Beteiligten handeln tatsächlich entsprechend den Anweisungen des Heiligen Geistes. Die existierenden Risiken sind immer hoch – persönliches und finanzielles Scheitern scheinen auf der menschlichen Ebene allgegenwärtig zu sein –, darum gibt es am Anfang einen großen Eifer, den Willen Gottes zu erkennen und zu tun – Gebet, Fasten, Gespräche usw. Wenn es dann tatsächlich gelingt, eine neue Gruppe oder eine neue Gemeinde zu etablieren, Unterstützung zu finden, Menschen anzuziehen, Anerkennung auf lokaler, regionaler, vielleicht nationaler oder sogar internationaler Ebene zu finden, dann ist ein wirklicher Erfolg eingekehrt – jedenfalls menschlich gesehen.

Der Widerspruch anderer Personen oder Gruppen ist allerdings vorprogrammiert – vielleicht macht sich Neid bemerkbar – und er tut weh, denn es geht (noch) um das Reich Gottes, seine Etablierung innerhalb und außerhalb der Gruppe bzw. Gemeinde. Viel Segen Gottes ist möglich, menschlich gesehen auch viel Erfolg, auch über Jahre. Zum Beispiel: Die internationalen Kontakte brachten Frucht, Gastsprecher kamen häufig, Kongresse und Seminare brachten große Hilfe für viele, in schnell wachsenden Hauskreisen wurden Erfahrungen im Leben mit Jesus gemacht und ausgetauscht.

Aber Gefährdungen zeigten sich auch schneller als gedacht. Heutiger Standard ist die Lehrformel: „Die größten Gefahren drohen in den Bereichen Macht, Geld oder Sex“ – und tatsächlich, genauso kam es. Macht war der erste Bereich, in dem beide Male die Leiter versagten. In einem Fall war das klerikale System nie abgeschafft worden, im anderen Fall wurde es bald wieder eingeführt. Mitarbeitern, die in ihren Gaben wuchsen und gemäß der biblischen Beschreibung der Gemeinde als Leib Christi leben und handeln wollten, wurde dafür im (Sonntags)Gottesdienst (fast) kein Raum gegeben. Diese Gottesdienste mitsamt Predigt wurden immer mehr zum Zentrum des Gemeindelebens, das Podium wurde zur Bühne, zum Platz der Selbstdarstellung des Gemeindeleiters. Sogar ein Fernsehteam kam, um den Gottesdienst aufzunehmen und den Leiter zu interviewen – damals, vor Jahren, im Gegensatz zu heute eine große Ausnahme.

Was Show ist, das erfassten die Medien sehr gut: Ein begleitender Zeitungsartikel bezeichnete den Gemeindeleiter als „Moderator und Star des Geschehens zugleich“. Parallel dazu wuchs die Unzufriedenheit der Gemeindemitglieder immer mehr. „Er lässt sich von niemandem aus der Gemeinde mehr etwas sagen, stattdessen sucht er nur Menschen, die seine Vorstellungen ausführen", formulierte ein jüngerer Mann aus dem Lobpreisteam. Der Gemeindeleiter selbst formulierte es so: „Man muss sich die Leute gut aussuchen, von denen man sich etwas sagen lässt."

Langjährige, hilfreiche Kontakte mit ausländischen Gruppen wurden ohne Rücksprache mit der Gemeinde gelöst – die entsprechenden Personen bzw. Gruppen wurden einfach nicht mehr eingeladen. Immer mehr Klagen wurden laut; ein großer Streit wurde schließlich ausgelöst, als der Gemeindeleiter seine Frau und Kinder um einer Mitarbeiterin willen verließ, die er nach Scheidung seiner ersten Ehe heiratete. Die Existenz von Parteien für bzw. gegen den Gemeindeleiter wurde jetzt öffentlich. Man bezichtigte sich gegenseitig der Lügen, auf Gemeindeversammlungen kam es zu Tumulten, Geschrei, Beleidigungen. Im Gegenzug wurden langjährige, verdiente Mitarbeiter öffentlich ausgeschlossen und erhielten Hausverbot.

Nachdem die Unzufriedenen gegangen waren, konnte dieser Leiter weitermachen wie bisher, die Gemeinde überlebte, das neue – noch nicht bezahlte – Kirchengebäude kam tatsächlich in Funktion. Wie heißt es in Galater 5,19-21:

> *Offenbar aber sind die Werke des Fleisches, welche sind: Unzucht, Unkeuschheit, Ausschweifung, Götzendienst, Zauberei, Feindschaften, Eifersucht, Zornausbrüche, Ränke, Zwietrachten, Parteien, Neid, Völlerei, Schwelgerei und was dem ähnlich ist, wovon ich euch zum voraus sage, wie ich zum voraus [schon] gesagt habe, dass die, welche solche Dinge verüben, das Reich Gottes nicht ererben werden.*

Im Fall der anderen Gruppe kam es zum sexuellen Missbrauch, der Leiter wurde deshalb abgesetzt, dem neuen Leiter gelang es hervorragend, alles zu vertuschen – die Gruppe stand da, als ob nie etwas geschehen wäre; selbst viele Mitglieder erfuhren erst (sehr) viel später die Wahrheit – in begrenztem Umfang. „Die Kirche, das bin ich", hätte jeder der Leiter sagen können in Abwandlung eines Zitats, das Ludwig dem XIV. von Frankreich zugeschrieben wird: „Der Staat, das bin ich." Der neue Leiter, ausgestattet mit nahezu alleiniger Entscheidungsvollmacht in allen Lebensbereichen, behauptete sich über 30 Jahre in dieser Funktion. Hätte er die Gruppe nicht in den finanziellen Konkurs geführt, wäre er wahrscheinlich noch immer im Amt – trotz des schon viel früher erkennbaren spirituellen Konkurses. Signale des Niedergangs waren auch hier zu hören, bevor die Probleme einsetzten, dann nämlich, als Aussagen gemacht wurden, die in direktem Gegensatz zum Verhalten Jesu Christi standen, z. B.: „Was macht das schon, wenn einer geht, dafür kommen zehn andere." Aber es kam auch die Zeit, als zehn gingen und keiner mehr kam. Als das Machtsystem dieses Leiters zusammenbrach, musste er die Gruppe verlassen – heute lebt er zurückgezogen, verbittert und von den meisten verlassen, aber in der Meinung, dass ihm schweres Unrecht angetan wurde, ihm, der doch jahrzehntelang Gott und der Gruppe gedient habe.

Diese Beispiele sind schmerzlich, der Schaden für die Beteiligten ist in seiner Tiefe für einen Außenstehenden kaum abschätzbar; Menschen auf der Suche nach Wahrheit können nur enttäuscht oder abgeschreckt werden, die Feinde Jesu Christi werden sich bestätigt fühlen, das Ausmaß des Schadens für das Reich Jesu Christi ist für einen Menschen wieder nicht quantifizierbar. Durch Verschweigen lässt sich meiner Erfahrung nach kein Problem lösen, nur die Wahrheit bietet die Chance auf Freisetzung. Wie ist es möglich, dass an Jesus Christus gläubige Menschen derartig vom Weg der Wahrheit abkommen? Die Frage bedarf der Lösung, denn vergleichbare Ereignisse geschehen immer wieder – und geschahen schon früher, auch in alt- und neutestamentlicher Zeit.

Im sogenannten Sendschreiben an die Gemeinde in Ephesus spricht der allmächtige und allwissende Weltenherrscher:

> *Ich kenne deine Werke und deine Arbeit und dein geduldiges Ausharren; auch kannst du die Bösen nicht ertragen und hast die geprüft, die sich Apostel nennen und sind es nicht und hast sie als Lügner entlarvt. So harrst du in Geduld aus und hast um meines Namens willen Böses ertragen und bist nicht müde geworden.* ***Aber ich habe wider dich, dass du deine erste Liebe verlassen hast.*** *Bedenke, wovon du gefallen bist, und kehre um, ja tue die ersten Werke. Wenn du aber nicht umkehrst, werde ich über dich kommen und deinen Leuchter von seiner Stätte stoßen, falls du nicht Buße tust* (Offb 2,2-5 [Mül]).

Die Gemeinde in Ephesus bzw. ihre Mitglieder erhalten viel Lob für ihr Verhalten, sie haben viel Gutes geleistet – siehe oben. Aber ihnen ist ein entscheidender Fehler unterlaufen, der ihre sonstigen Werke entwertet: Sie haben die Liebe zu Jesus verloren. Das ist tatsächlich ein entscheidender Fehler: Alles, was sie tun, wird entwertet, ja, es verkehrt sich geradezu ins Gegenteil, es wird destruktiv, zerstörerisch. Das ist so gefährlich, dass ihnen auch die Konsequenz genannt wird: Verlust der Geistesgaben, der übernatürlichen, vom Heiligen Geist geprägten Atmosphäre, die als Folge des gelebten Kontaktes mit Jesus Christus da ist – der Schaden, der aus spiritueller Begabung entstehen kann, wenn die Liebe zu Jesus verloren geht, ist so schwerwiegend, dass der Heilige Geist in der Regel von Gott zurückgezogen wird. Was für eine Situation! Der Verlust der Liebe zu Jesus und dann auch untereinander – kann das den Schaden schon völlig erklären, der in den oben genannten Beispielen christlicher Gruppen schlussendlich immer weiter um sich griff? Meiner Erkenntnis nach reicht es dazu noch nicht.

Paulus schrieb an die Galater, in ziemlicher Erregung, wie der gesamte Brief belegt (3,1-4):

> *O ihr erbärmlichen und törichten und gedankenlosen und unverständigen und empfindungslosen Galater! Wer hat euch betört oder verhext oder einen Zauber über euch ausgesprochen, euch, denen – als ob es bei euch geschehen wäre – Jesus Christus, der Messias, offen und bildhaft vorgesetzt wurde, geradezu vor die Augen gemalt (porträtiert) wurde als Gekreuzigter? Lasst mich euch diese eine Frage stellen: Habt ihr den (Heiligen) Geist empfangen als Ergebnis eures Gehorsams gegenüber dem Gesetz und die Durchführung entsprechender Werke, oder war es das Aufhorchen [auf die Heilsbotschaft] und Vertrauen darauf? Seid ihr solche Narren und so empfindungslos oder töricht? Nachdem ihr [euer neues Leben] mit dem (Heiligen) Geist angefangen habt, meint ihr jetzt [durch Abhängigkeit vom] Fleisch zum Ziele kommen zu können? So viele Dinge habt ihr erlitten und so Großes erfahren – alles für nichts?*

Paulus erinnert die Galater daran, dass für sie die Beziehung zu Gott als Vater aufgrund seiner Verkündigung angefangen hat. Diese Beziehung war das Ergebnis ihres Vertrauens zu Jesus Christus und wurde durch übernatürliche Wunder bestätigt – ein Geschehen auf der Basis der Kraft Gottes. Aber jetzt haben andere Menschen die Galater überredet, dieses Werk durch menschliche

Anstrengungen zum Ziel zu bringen – durch Religion Gott gefallen zu wollen, hier durch Befolgung des mosaischen Gesetzes.

Gottes Weg ist aber das Kreuz – wer einen anderen Weg lehrt, der bringt nicht nur menschlichen Irrtum, nein, nach dem Wortlaut des ersten Verses liegt Zauberei, Verhexung vor – die böse persönliche Macht, die uns zuerst in 1. Mose 3 vorgestellt wurde, ist wieder listig und erfolgreich (in ihrem Sinne) am Werk. Wer verhext bzw. verzaubert ist, kann nicht mehr klar denken und richtig handeln. In Analogie zum Geschehen im Paradies entscheidet sich der Mensch – hier die Galater – erneut gegen Gottes Weg. Das neu gesäte Misstrauen gegen Gott kann neue Katastrophen auslösen, sobald wieder die Entscheidung getroffen ist, selbst über Gut und Böse zu entscheiden, es besser zu wissen als Gott, der nur einen Weg akzeptiert, das Kreuz Jesu. Könnte es sein – wenn man Paulus ernst nimmt –, dass okkulte Einflüsse immer mehr Raum gewinnen, je weiter man sich auf legalistische Prinzipien einlässt? Ist das die Erklärung für die oben am Beispiel zweier christlicher Gruppen angedeuteten Verheerungen und Zerstörungen?

Die Biographie des Paulus wurde schon in Kapitel 6.1 „Die Geldfrage im Leben und Werk des Paulus" in Teilen besprochen; das bereits Abgehandelte soll hier nicht wiederholt werden. Für das Verständnis der folgenden Texte ist es aber nötig, sich daran zu erinnern, dass Paulus vor seiner Bekehrung im sogenannten Damaskuserlebnis einer der führenden und eifrigsten Verfolger der Menschen war, die sich in der neu entstandenen Glaubensrichtung der „Nazarener" zusammengefunden hatten. Er war der Ansicht, dass es nur einen Weg gäbe, dem Gott Abrahams, Isaaks und Jakobs zu gefallen, nämlich strikte Befolgung des mosaischen Gesetzes in harter Arbeit.

Das war Religion pur – die menschliche Anstrengung, Gott zu gefallen, ihn auf die eigene Seite zu ziehen: Tue ich das, was er will, das Gute, dann wird er mich belohnen, wenn nicht, dann wird er mich bestrafen – siehe „Segen und Fluch", die Verlesung des Gesetzes an den Bergen Ebal und Garizim.

Paulus gehörte zu den Aktivsten, den Eifrigsten, den Konsequentesten unter den Juden seiner Zeit. Was waren die Ergebnisse seines Lebensstils? Paulus, von Amts wegen Zeuge bei der Steinigung des Stephanus, bejahte mit Überzeugung die Ermordung dieses Mannes, das war der Weg, um auch mit den übrigen Mitgliedern der Sekte der Nazarener fertig zu werden: Verfolgung; Gefängnis, Folter, Zwang zum Widerruf und (gegebenenfalls) Hinrichtung (vgl. Apg 8,1-3). Die Ergebnisse dieser Aktionen, darunter die Zerstreuung der Jerusalemer Gemeinde im ganzen Land, ermutigten ihn: Auf diese Weise würde es gelingen, die Irrlehre auszurotten, dass der vor kurzem gekreuzigte Jesus von Nazareth der Messias der Juden sei. Das Schockerlebnis der Christusbegegnung vor Damaskus machte diesen Plänen bekanntlich ein Ende (vgl. Apg 9,3-6) und führte zu einer totalen Lebenswende (vgl. Apg 9,10-25).

Kommt uns diese Beschreibung des Verhaltens von Paulus nicht irgendwie bekannt vor? Weist die Kirchengeschichte von 2000 Jahren nicht so manche analogen Ereignisse auf? Hörte meine Generation nicht schon in der Schule von der Einrichtung der Inquisition durch die katholische Kirche des Mittelalters und den blutigen Verfolgungen nichtsystemhöriger Gruppen wie den Waldensern (Erneuerungsbewegung in Lyon, Südfrankreich und im Piemont) oder den Katharern bzw. Albigensern (mit dem Evangelium nicht vereinbare Bewegung, insbesondere in Südfrankreich)? Wurden nicht Zehntausende von Menschen im sogenannten Albigenserkreuzzug brutal ermordet – von Raub, Folterung u. a. ganz zu schweigen? Die Fakten sind unstrittig.

Schaut man auf die Zeit der Reformation, so wurden wir als evangelische Schüler schon in der Schule über die hohen Verdienste der Reformatoren Luther, Zwingli und Calvin belehrt – in der Tat, die Geschichte der Welt (!) wäre anders verlaufen ohne das Auftreten dieser Männer. Weiter hörten wir vom Streit der Reformatoren untereinander wegen Lehrfragen; nichts hörten wir allerdings davon, dass auch diese Reformatoren jeder auf seine Art Andersdenkende bzw. Andersgläubige verfolgten, ebenfalls wieder unter Gewaltanwendung bis hin zur Ermordung. Die Verfolgten waren hier insbesondere die Täufer, propagandistisch als Wiedertäufer bezeichnet, eine Besprechung der Ereignisse im Zürich Zwinglis findet sich in *„Heile unser Land – Versöhnung mit den Wiedertäufern, eine Anfrage an die Kirchen"* von Paul Veraguth. Wir erfahren hier u. a., dass Zwingli nicht wenige Wiedertäufer in der Limmat bzw. im Zürichsee ertränken ließ und dass dazu auch frühere Freunde und erste Wegbegleiter von ihm selbst gehörten. Ein Zitat (*Kein Kavaliersdelikt*, Seite 94–95):

> Schuldig sind die Kirchen nicht nur wegen Mordes und Anstiftung zum Mord. Die Liste umfasst noch vieles andere: Körperverletzung (oft mit Todesfolge) und Gefährdung des Lebens, Freiheitsberaubung und Versklavung, Folter und Erpressung, Einschüchterung und gewaltsame Familientrennung, Aufwiegelung und Dingung von Bütteln, unrechtmäßige Enteignung und Bereicherung, Vertreibung und Verbannung, Verleumdung und Rufmord, Missachtung der religiösen Grundrechte und Verletzung religiöser Gefühle usw. Bei alledem hatten Kirchenkader die Rolle der unmittelbaren oder mittelbaren Täterschaft inne. Der Tatbestand der Anstiftung wiegt hier nicht weniger schwer als die Ausführung krimineller Taten. Hinzu kommt eine Schuld, die noch auf einer anderen Ebene liegt: Missbrauch des Evangeliums und des Namens Gottes, Missbrauch geistlicher Autorität und geistlicher Ämter, religiöse Irreführung und Instrumentalisierung ahnungsloser Menschen, Tabuisierung, Verdrängung und Verharmlosung der Vergangenheit sowie anhaltende Rechtfertigung des Unrechts.

Wir können jetzt eine Schlussfolgerung ziehen: Das Leben in einem religiösen System entmenschlicht(e) die Menschen, die zu ihm gehör(t)en, die Täter wie die Opfer, die Leiter wie die Geleiteten – am schlimmsten aber die Leiter. Erneut drängt sich die Frage auf, und es muss versucht werden, sie zu beantworten: Sind Verfolgungen ein Kennzeichen religiöser Systeme?

Diese Frage kann uns der Theologe Paulus beantworten. Er war imstande, komplexe, schwerverständliche Zusammenhänge in Worte zu fassen – Römerbrief, Kapitel 6–8 – und einen großen Bau in seiner Gesamtheit sichtbar werden zu lassen. Im Rahmen dieses Buches können seine Aussagen nicht in ihrer Gesamtheit kompetent und umfassend gewürdigt werden. Ziel ist vielmehr, die Zusammenhänge zu verstehen, die immer wieder zu religiös missbräuchlichen Grenzverletzungen geführt haben bis hin zu handfesten körperlichen Verfolgungen.

> *Einst, als wir im Fleische waren, da wirkten die sündlichen Leidenschaften, aufgestachelt durch das Gesetz, beständig in uns und wir brachten dem Tode Frucht. Jetzt aber sind wir vom Ge-*

> *setz gelöst: Wir sind dem abgestorben, woran wir gebunden waren, damit wir nun dienen im neuen Wesen des Geistes und nicht im alten Wesen des Buchstabens. Was sollen wir nun sagen? Ist das Gesetz etwas Sündliches? Ganz gewiss nicht! Im Gegenteil: Das Gesetz hat mir erst recht gezeigt, was es eigentlich um die Sünde ist. Das Wesen der (bösen) Lust (beispielsweise) wäre mir nie zu Bewusstsein gekommen, wenn das Gesetz nicht gesagt hätte: Lass dich nicht gelüsten! Gerade da aber knüpfte die Sünde an und bediente sich dieses Gebotes, um jede nur mögliche Begierde in mir zu erregen. Denn wenn das Gesetz nicht dazukommt, ist die Sünde tot. Ich aber lebte einst ohne Gesetz. Dann aber trat das Gebot an mich heran, und nun lebte plötzlich die Sünde auf, und ich verfiel dem Tode. So fand sich's, dass das Gebot, das mir doch zum Leben gegeben war, mir den Tod brachte. Denn eben bei dem Gebot knüpfte die Sünde an, benutzte es, mich zu betrügen, und tötete mich schließlich durch das Gebot. Das Gesetz ist also heilig; und ebenso ist das Gebot heilig, gerecht und gut. Ist da nun das, was doch gut ist, mein Tod geworden? Ganz gewiss nicht!* (Röm 7,5-12 [Mül]).

Aus diesen Versen können wir entnehmen, dass im ganz normalen physischen Leben des Menschen – hier „Fleisch" genannt – eine zerstörerische Kraft beständig wirksam ist, ein destruktives Prinzip, bezeichnet als „Sünde", das ohne Unterlass in unserem Körper wie in unserer Seele am Werke ist. Von der Existenz des Phänomens „Sünde" in sich weiß der Mensch zunächst einmal nichts. Er weiß zwar, dass er sterben muss, aber da scheint kein Zusammenhang mit dem Prinzip „Sünde" vorhanden zu sein. Der Mensch wird allerdings irgendwann erkennen, dass er durch sein Handeln sich an den in seiner Umwelt ablaufenden Zerstörungen beteiligt – dem Tode Frucht bringt. Diese Erkenntnis kommt durch die Offenbarung der Existenz und des Willens eines ihm unvergleichlich überlegenen Gottes. Das mosaische Gesetz stellte die (teilweise) Offenbarung dieses göttlichen Willens dar – kein Volk außer den Juden hatte diese Offenbarung.

Paulus kannte dieses Gesetz aufgrund seiner Ausbildung sehr gut; er erkannte aber in und durch sein Leben ein hochgefährliches Phänomen: Die „Macht der Sünde" im Menschen, das „Gesetz der Sünde", ist so stark, dass sie das (mosaische) Gesetz mit seiner Offenbarung des göttlichen Willens unterdrückt, sobald der Mensch versucht, durch sein eigenes Bemühen, durch religiöse Aktivitäten, dieses Gesetz zu erfüllen. Die „Sünde" ist imstande, unsere besten Absichten gegen uns und andere Menschen zu benutzen – sie erregt Leidenschaften, wo zunächst keine da waren. Das Gesetz scheint sich durch die Wirkung der „Sünde" in sein Gegenteil zu verkehren: Die „Sünde" in all ihren Ausdrucksformen lebt im Menschen auf, sie erweist sich als unheimliche destruktive Kraft, verführend und zerstörend zugleich. Die hier als papierene Theorie ausgedrückten Gedanken hatte Paulus aber als unheimliche Realität erlebt: Er hatte Gottes Leute unter der Wirkung der „Macht der Sünde" verfolgt, verhaften und auch umbringen lassen – und sich dabei gefreut und gemeint, Gottes Willen zu erfüllen. Die destruktive Macht der „Sünde" war auch dabei, sein Verhältnis zu Gott zu zerstören, ihn selbst zu zerstören, wie ihm aber erst später aufging. Menschheit und Gottheit passen nicht zusammen – die „Sünde" droht jede Beziehung zu zerstören.

Doch die Sünde sollte als Sünde ans Licht gestellt werden, und zwar dadurch, dass sie mir sogar durch das Gute den Tod brachte. Die „Sünde" sollte sich gerade durch die Wirkung des Gebotes in ihrem überaus sündigen Wesen offenbaren. Wir können es also wissen: Das Gesetz ist geistlich, ich aber bin von Natur aus Fleisch, ein unter die Sünde Verkaufter. Da bin ich in einem Zustand, in dem ich selbst nicht verstehe, was ich tue und treibe. Denn ich tue nicht das, was ich will, sondern gerade das tue ich, was ich hasse. Wenn ich nun aber etwas tue, was ich doch nicht will, so bin ich auf der Seite des Gesetzes und erkenne an, dass es gut ist. Jetzt aber bin nicht mehr ich der Handelnde, der die Sache treibt, sondern die in mir wohnende „Sünde" ist es. Denn das ist mir zur Gewissheit geworden: In mir, das heißt in meinem Fleisch wohnt nichts Gutes. Ich habe wohl den Willen, aber nicht die Fähigkeit, das gewollte Gute auszuführen; denn das Gute, was ich mir vorgenommen habe, führe ich nicht aus, sondern ich tue das Böse, das ich nicht will. Wenn nun, was ich nicht will, mein Ich doch tut, so bewirkt das nicht mehr mein Ich, sondern die in mir wohnende „Sünde". So finde ich also in mir das Gesetz, dass die Neigung zum Bösen in mir liegt, obschon ich doch das Gute möchte. Ich habe ja freilich Lust am Gesetz Gottes, soweit mein innerer Mensch in Frage kommt; ich muss aber ein ganz anderes Gesetz in meinen Gliedern wahrnehmen, das im Kriege liegt mit dem, was mir mein Inneres zum Gesetz macht, und mich gefangen nimmt durch die bindende Macht der „Sünde", die in meinen Gliedern ist. Ich elender Mensch! Wer wird mich erlösen von dem Leib dieses Todes? (Röm 7,13-24 [Mül]).

Paulus hatte noch mehr über die „Sünde" zu sagen – in den Worten eines Theologen und für ihn sagbar nur mit Ausdrücken und Bildern, die in der damaligen Zeit bekannt waren. Heute könnte man auch anders formulieren: Der Mensch ist eine Art amphibisches Wesen, er möchte in der Welt Gottes, der Welt des Übernatürlichen und Guten leben, aber er findet sich immer in Zwängen wieder, die durch seine Bindung an die Materie entstehen – oder ist da noch mehr? Die „Sünde" ist eine Macht von extremer Bösartigkeit: Das zeigt sich daran, dass sie imstande ist, in einem Menschen das Gute (hier die Anordnungen des Gesetzes) zu benutzen, um Schäden anzurichten, die bis zur tödlichen Zerstörung reichen – der Mensch ist wie ein Sklave unter der Sklavenhalterschaft der „Sünde", wie ein Gefangener unter dem Gesetz der „Sünde". Das liegt in keiner Weise am mosaischen Gesetz, einer göttlichen Offenbarung – es liegt an der Natur des Menschen.

Paulus war kein Naturwissenschaftler unserer Zeit, er konnte noch nicht sagen, dass Naturgesetze herrschen, die der Mensch nicht außer Kraft setzen kann und dass eines davon die Richtung angibt, in der Lebensprozesse ablaufen („Entropiesatz"). Er konnte nicht sagen, dass es irreversible Prozesse gibt, aber er konnte schon die totale Abhängigkeit des Menschen von der „Sünde" formulieren: Die „Sünde" ist imstande, den Willen des Menschen zu brechen. Der gläubige Mensch will das Gute, aber er vollbringt tatsächlich das Böse – nimmt man Paulus ernst, dann handelt es sich um die fundamentalste und mächtigste (spirituelle) Kraft, die es auf der Erde gibt. Es gibt keinen Ausweg auf der **menschlichen** Ebene (dem Fleisch), es gibt tatsächlich keinen Ausweg! Der religiöse Mensch ist ein Mensch im Elend!

Jetzt kann eine Antwort gegeben werden auf die Frage, die am Ende der oben zitierten, dramatischen (historischen) Beispiele gestellt wurde. So könnte sie lauten: Religiöse Systeme müssen früher oder später Menschen missbrauchen und verfolgen – sie können nicht anders, denn die handelnden Personen stehen unter der Herrschaft einer extrem bösartigen, destruktiven Macht, der „Sünde“. Diese ist eine Art Naturgesetz, sie herrscht weiter, auch im Menschen, der sich zu Jesus Christus bekehrt hat, kein Mensch kann sie einfach eliminieren, kein Mensch kann ein Naturgesetz aufheben!

Einen Ausweg gibt es theologisch gesprochen nur „im Geist“. Wieder ist es Paulus, der seine Erfahrungen so formuliert:

> *Ich elender Mensch! Wer wird mich erlösen von diesem Leibe der Sünde und des Todes? Gott sei Dank! Dies ist geschehen durch Jesus Christus, unseren Herrn! Auf mich selbst gestellt diene ich also mit meinem Gemüte dem Gesetz Gottes, mit dem Fleische aber dem Gesetz der Sünde* (Röm 7,24-25 [Mül]).

Nach den Aussagen des im Folgenden zu besprechenden Entropiesatzes kann ein Zustand höherer Ordnung tatsächlich erreicht werden, wenn Energie von außen einem geschlossenen System zugeführt wird – die Vorstellung eines übernatürlichen Eingreifens Gottes ist mit diesem Gesetz vereinbar.

A.2 Der Entropiesatz – naturwissenschaftliches Spiegelbild der Sünde?

Erhaltungssätze sind Grundlage der Physik. Der Energieerhaltungssatz sagt aus:

> „In einem abgeschlossenen System – das ist ein System ohne Energie-, Stoff- oder Informationsaustausch – ist die Gesamtenergie zeitlich konstant, d. h. Energie kann weder erzeugt noch vernichtet werden.“ (In der Relativitätstheorie wird die Masse in die Energiebilanz einbezogen.)

Als seit der ersten Hälfte des 19. Jahrhunderts Versuche mit Dampfmaschinen durchgeführt wurden, wurde dieses Prinzip ebenfalls erkannt und kann als 1. Hauptsatz der Thermodynamik auch so formuliert werden:

> „Es gibt kein Perpetuum mobile erster Art, d. h. keine periodisch arbeitende Maschine, die Arbeit leistet, ohne Energie in irgendeiner Form aufzunehmen.“

Das Prinzip der Energie- und Masseerhaltung ist uns heute so geläufig, dass Verständnisprobleme kaum mehr vorkommen. Anders ist das bei dem 2. Hauptsatz der Thermodynamik. Er kann so formuliert werden:

> „Es gibt kein Perpetuum mobile zweiter Art, d.h. keine periodisch arbeitende Maschine, die Arbeit leistet und nichts anderes bewirkt als die Abkühlung eines Wärmebehälters."

Dies wäre aber mit dem 1. Hauptsatz vereinbar. Beide Sätze sind Erfahrungssätze, d.h. es wurden niemals Beobachtungen gemacht, die ihnen widersprechen. Ein erstes Licht auf die Verständnisprobleme wirft die Tatsache, dass es eine Zeit gab, in der Patentämtern verboten werden musste, Patente zu erteilen, die den 2. Hauptsatz der Thermodynamik missachteten. Woher kommen die Probleme?

Die Vorstellung vollkommen reversibler Prozesse in der Natur ist eine Idealisierung. Die tatsächlich ablaufenden Prozesse sind irreversibel, sie streben einseitig einem bestimmten Endzustand zu, dem thermodynamischen Gleichgewicht. Als Beispiele für irreversible, d.h. spontan ablaufende Prozesse sollen genannt werden: Der Übergang der Wärme von einem wärmeren auf einen kälteren Körper, Expansion bzw. Vermischung von Gasen, die Diffusion von Stoffen aus einer konzentrierteren in eine verdünntere Lösung, ferner alle spontan verlaufenden chemischen Reaktionen und der freie Fall eines Körpers. Solche Prozesse können **nicht** mit Hilfe der bei ihrem spontanen Ablauf gewonnenen Arbeit in den ursprünglichen Zustand zurückversetzt werden, eine Rückführung ist nur möglich durch Aufwendung einer größeren Arbeit fremden (d.h. von außen kommenden) Ursprungs.

Zurück zum Gleichgewichtsgedanken. Das Postulat über die Existenz des Gleichgewichtes setzt die Existenz einer physikalischen Größe voraus, die bei der Annäherung an das Gleichgewicht monoton wächst und im Gleichgewicht ihr Maximum erreicht. Diese Größe wurde mit dem Namen **Entropie** belegt; sie regelt den Ablauf der Prozesse. In einem geschlossenen System kann die Entropie nur zunehmen (bzw. nicht abnehmen). Die Entropie ist die zentrale Größe der Thermodynamik, sie ist eine nichtmechanische Größe, alle anderen nichtmechanischen Größen können aus ihr abgeleitet werden. Aus den Einschränkungen in der Umwandlung von Wärmeenergie in andere Energien folgt eine Sonderstellung der Wärmeenergie: Aus ihr kann bereits der sogenannte Wärmetod des Universums abgeleitet werden, d.h. ein (ferner) Zeitpunkt, zu dem alle Energie in Wärme umgewandelt ist, die nicht mehr in andere Energien zurückverwandelt werden kann.

Die Phänomene können auch anders formuliert werden: Irreversible Prozesse werden beschrieben als Übergang eines Systems von einem weniger wahrscheinlichen Zustand in einen wahrscheinlicheren Zustand. Anschaulichkeit gewinnt das Phänomen der Entropie im Rahmen der statistischen Physik. Da wir wissen, dass Stoffe aus Atomen bzw. Molekülen bestehen, so kann man auch formulieren, dass ein Zustand höherer molekularer Ordnung in einen Zustand geringerer molekularer Ordnung (größerer Unordnung) übergeht. Wir können Anfang und Ende durch den Ordnungszustand unterscheiden. Dazu lässt sich ein einfaches Experiment ausführen: Zwei verschiedene Gase, die sich bei gleichen Temperaturen und Drücken in aneinandergrenzenden Räumen befinden, diffundieren nach Entfernung der trennenden Wand ineinander, bis sie homogen durchmischt sind. Die Entropie des Endzustandes ist größer als die des Anfangszustandes.

Im Folgenden werde ich versuchen, die oben aufgeführten naturwissenschaftlichen Erkenntnisse des Menschen mit biblischer (Offenbarungs)Wahrheit zu verbinden. So wie andere vor mir (Jordan, P.; Wilder-Smith, A.E. u.a.) interpretiere ich die Neigung der Materie zur Entropievermehrung, d.h. Ordnungszerstörung, als physikalisches Spiegelbild der Sünde bzw. als materiellen Unterbau der Sünde. In auffälliger Analogie zum 2. Hauptsatz der Thermodynamik formuliert Paulus im Römerbrief:

> *Denn die Schöpfung (Natur) wurde der Vergänglichkeit –* ***der Nichtigkeit, der Zerbrechlichkeit*** *– unterworfen, nicht wegen irgendeines Verschuldens auf ihrer Seite, sondern durch den, der sie unterworfen hat* (nach Römer 5,12 war das der erste Mensch, Adam), *jedoch auf die Hoffnung hin, dass die Natur (Schöpfung) selbst vom* ***Fluch des Sterbens und Vergehens*** *befreit werden [und einen Zugang] finden werde zur herrlichen Freiheit der Kinder Gottes. Denn wir wissen, dass die ganze Schöpfung (irrationaler Kreaturen) mitseufzt und in Geburtswehen liegt bis heute. Und das ist nicht nur so bei diesen Kreaturen, sondern auch bei uns, die wir die Erstlingsgabe des Heili-*

> *gen Geistes besitzen und uns daran erfreuen – ein Vorgeschmack der wonnevollen Dinge, die kommen werden. Wir seufzen in uns selbst und warten auf die volle Erlösung unseres Leibes, die Annahme an Sohnes statt* (Röm 8,20-23 [Amp]).

Nichtigkeit, Zerbrechlichkeit, Sterben und Vergehen – das hört sich an wie die Anwendung des Entropiesatzes auf lebendige Wesen, u. a. Pflanzen, Tiere oder Menschen durch eine Person, der das Vokabular der modernen Physik nicht verfügbar war und die den Entropiesatz nicht kannte, die aber die Konsequenzen für lebendige Wesen erfasste. Aus dem Entropiesatz folgt die Unausweichlichkeit des Sterbens und die Realität von Krankheit und Schmerzen. Vom naturwissenschaftlichen Standpunkt aus ist allerdings auch eine Welt denkbar, in der die Entropie ständig abnimmt, d. h. immer höhere Ordnungen erreicht werden, immer größere Harmonien. Beide Welten können jedoch nicht gleichzeitig nebeneinander existieren.

Das wirft ein helles Licht auf die biblische Lehre von der Notwendigkeit der Neuschöpfung der Welt. In der Welt, in der wir leben, kann zwar die Entropie an einzelnen Orten abnehmen – das geschieht z. B. bei der Zeugung und dem Heranwachsen eines Kindes im Mutterleib millionenfach –, aber nur, wenn die Entropie insgesamt zunimmt. Für die Welt, in der wir jetzt leben, gilt die „Herrschaft der Sünde", sagt Paulus – siehe seine Ausführungen oben. Wenn wir beachten, dass Sünde und Entropie bei Kombination beider Sichtweisen wie Bild und Spiegelbild angesehen werden können, dann wird leicht verständlich, wieso ein Mensch in einem geschlossenen System, in einem religiösen System, nach der Bibel „im Fleische", der Sünde nicht entkommen kann: Ein Naturgesetz kann niemand umstoßen, auch kein christlicher Leiter. Er unterliegt vielmehr selbst diesem Gesetz, auch wenn er keine Kenntnis davon hat. Die Bibel nennt aber einen Ausweg: ein Leben im Geist!

LITERATURVERZEICHNIS

L.1 Deutschsprachige Literatur

Bücher

Bruins, Cor: *„… so sende ich auch euch!“*, Hrsg. EPV (1978)

Brunner, Emil: *Das Missverständnis der Kirche,* Zwingli-Verlag, Zürich (1951)

Edvardsen, Avril: *Der Zehnte. Licht und Salz,* Bendorf (1983)

Fliedner, Heinrich: *Ein Märtyrervolk ohnegleichen. Die Waldenser und ihre Geschichte,* St.-Johannis-Druckerei, Lahr-Dinglingen (1907)

Johnson, David; VanVonderen, Jeff: *Geistlicher Missbrauch – Die zerstörende Kraft der frommen Gewalt,* Projektion J, Wiesbaden (1996)

Jordan, Pascual: *Der Naturwissenschaftler vor der religiösen Frage,* Stalling-Verlag, Oldenburg (1968)

Kessler, Martina; Kessler, Volker: *Die Machtfalle. Machtmenschen in der Gemeinde,* Brunnen Verlag, Gießen (2005)

Loevas, Edin: *Wölfe im Schafspelz. Machtmenschen in der Gemeinde,* Brendow Perspektiven (2004)

Molnar, Amedeo: *Geschichte und europäisches Ausmaß einer Ketzerbewegung,* Verlag Herder, Freiburg (1993)

Petersen, Harald: *Ohne mich läuft nichts. Der (un)gute Hunger nach Macht,* R. Brockhaus Verlag, Haan (2005)

Rees, Vaughan Dr. D.: *Die Jesusfamilie im kommunistischen China,* Leuchter-Verlag, Erzhausen (1971)

Reithmeier, Lorenz (Hrsg.): *Religiöser Missbrauch: Ursachen – Auswirkungen – Heilung,* Verlag: Arbeitskreis f. geistliche Gemeinde-Erneuerung (2006)

Rienecker, Otto (Hrsg.) und Seewald, Gerd: *Lexikon zur Bibel,* R. Brockhaus Verlag, Wuppertal (1969)

Schaper, Joachim: *Priester und Leviten im achämenidischen Juda: Studien zur Kult- und Sozialgeschichte Israels in persischer Zeit. Forschungen zum Alten Testament 31,* 352 Seiten, J. B. C. Mohr, P. Siebeck, Tübingen (2000)

Schneller, D. Ludwig: *Passionsbuch – Geschichte des Leidens und Sterbens Jesu,* Schriften-Missionsverlag Gladbeck (1974)

Tempelmann, Inge: *Geistlicher (religiöser) Missbrauch … und was er mit Menschen macht,* IGNIS-Akademie für Christliche Psychologie, Kitzingen (2005)

Tempelmann, Inge: *Geistlicher Missbrauch: Auswege aus frommer Gewalt – Ein Handbuch für Betroffene und Berater,* R. Brockhaus Verlag, Haan (2007)

Thompson Studienbibel – Bibeltext nach der Übersetzung Martin Luthers, Hänssler-Verlag, Neuhausen-Stuttgart (1986)

Tonhäuser, Andreas: *Geld regiert die Welt … auch mich?,* Advent-Verlag, Lüneburg (2000)

VanVonderen: *Sie wollen nur dein Bestes – Wie man Enttäuschungen und Verletzungen in der Gemeinde überwinden kann,* Projektion J, Wiesbaden (1997)

Veraguth, Paul: *Heile unser Land – Versöhnung mit den Wiedertäufern, eine Anfrage an die Kirchen,* Schleife Verlag, CH Winterthur (2003)

Viola, Frank: *Der krumme Weg – Heidnische Einflüsse im Christentum / Über die Ursprünge unserer Gemeindetraditionen,* Hassloch (2008)

Watchman, Nee: *Das normale Gemeindeleben,* Verlag der Rufer, Hannover (1966)

Wilberts, Jutta: *Zerbrochene Flügel – Geistlicher Missbrauch und zerstörerischer Glaube,* R. Brockhaus Verlag, Haan (2006)

Wilder-Smith, A. E.: *Herkunft und Zukunft des Menschen,* Evangelischer Schriftenverlag Schwengeler, Heerbrugg (1975)

Wintels, Ton; Bönker, Jaap; Nota, Maarten: *Macht und Manipulation in der Gemeinde,* Brunnen Verlag, Gießen (2005)

Theologische Realenzyklopädie, Bd. 36 Wiedergeburt – Zypern; „Der Zehnte“, Hrsg. Gerhard Krause, Gerhard Müller, Horst Robert Balz; Walter de Gruyter, Berlin etc. (2004)

Aufsätze aus dem Internet

Pohl, Stefan: *Im Geringsten treu – der Zehnte im Neuen Bund: Segen oder Fluch?,* 2006, www.herausgerufene.de/downloads/zehnter06.pdf

Seidenberg, Daniel: *Königtum oder Gottes Herrschaft – Über das Zehntengeben und die Unterordnung,* 2003, www.beepworld.de/members88/bibelfreunde/der-zehnte.htm

Im Internet abrufbare Aussagen über die Erhebung des Zehnten durch freikirchliche Gemeinden

Auf der Website der Baptisten (www.baptisten.org) wird das Thema der Geldbeschaffung nur mit einem Satz erwähnt: „Sie (die jeweiligen Ortsgemeinden) finanzieren sich durch freiwillige Spenden und Mitgliedsbeiträge.“

Diese sehr vage Aussage wird von einer baptistischen Ortsgemeinde, der Christusgemeinde Siegburg, dankenswerterweise präzisiert: „Wir erwarten von niemandem mehr als das, was die Bibel selbst zum Maß hat. Der zehnte Teil des Einkommens gehört Gott. Eine sehr weise Regelung, die den Armen und den

Reichen gleichmäßig an den finanziellen Lasten des Gemeindelebens beteiligt" (www.christusgemeinde.siegburg.de).

In ähnlicher Weise machen andere Freikirchen klar, dass von den Mitgliedern der *„Zehnte"* erwartet wird, z. B. das „Jesus Centrum Kleve" (www.jesus-centrum-kleve.de): „Der Zehnte geht dorthin, wo wir ... im Bündnis stehen, am Leib Christi angegliedert sind und geistlicher Autorität untergeordnet sind ..."

Stillschweigen üben u. a. auch der Bund Freikirchlicher Pfingstgemeinden und das Freikirchliche Evangelische Gemeindewerk – fegw (Deutsche Mitgliedskirche des internationalen Dachverbandes der „International Church of the Foursquare Gospel").

Konkrete Aussagen machen jedoch:

J. Geiselhart, der Regionalleiter Süd der fegw, in einem Aufsatz „Biblischer Umgang mit Finanzen" aus dem Jahre 2005: www.chd-ev.net/down/Gemeinde/JG2_Der_Zehnte[1].pdf.

Freie Christengemeinde Gießen (www.fcg-giessen.de),

Evangelisch-Methodistische Kirche Neuenhain in Bad Soden am Taunus (www.taunusportal.de),

Christus Gemeinde Wolfenbüttel (www.efg-wf.de),

Die Sieben-Tage-Adventisten (Tonhäuser, 2000),

Die Kirche der Mormonen (www.kirche-jesu-christi.org),

Christliches Fernsehen Chiemgau e. V. (www.cfcev.de/info/mehr_infos_grossz.htm),

New Jerusalem Expecting Ministries, Regensburg (www.newjerusalem.de),

Jesus Freaks, Remscheid (www.jfrs.de),

Gospelzentrum, Rostock (www.lovemcpom.de),

H. Ehmann (www.feldzeichen.de),

Wolfgang Schneider (www.bibelcenter,de).

Im Internet abrufbare (teils) kritische Äußerungen über die Erhebung des Zehnten durch freikirchliche Gemeinden

Bechhaus: www.bechhaus.de/hintergrund/zehnter.html,

Bittner, Winfried: www.nikodemus.net/1096,

Birnstiel, Jürgen: bitflow.dyndns.org/german/JuergBirnstiel/Finanzen_Teil_3_20020314.doc,

Old, Graham: www.anabaptist.lifewithchrist.org/permalink/15633.html;

Seibel, Manuel: www.bibelpraxis.de/index.php?article.1010,

Seidenberg, Daniel: www.beepworld.de/members88/bibelfreunde/der-zehnte.htm,

White, E. G.: www.avvento.de/zehnte.htm.,

Winkler, Wolfram: www.gott-im-haus.de/html/derzehnte.html

L.2 Englischsprachige Literatur

Bücher

Badillo, Tony: *Tithing: God's Command Or Man's Demand – Which?,* Xavier Press (USA), 1984

Burnett, Nira B.: *Tithing And Still Broke! Exploring The Reasons Christians Suffer Lack,* Eternal World Press (USA), 2006

Defazio, James J.: *The Tithe,* Xulon Press (USA), 2007

Kelly, Russell Earl: *Should the church teach tithing?* Writers Club Press, New York, Lincoln, Shanghai (USA), 2007

Kithcart, Jonathan: *Did The Apostle Paul Teach Tithing To The Church?,* Winepress Publishing (USA), 2000

Marshall, Peter; Manuel, David: *From Sea to Shining Sea – God´s plan for America unfolds,* Fleming H. Revell, Grand Rapids Michigan, USA, 1986

Martin, Ernest L.: *The Tithing Dilemma,* ASK (Associates for Scripture Knowledge), Portland, OR (USA), 1997

Moore, Rory: *The Tithe That Binds,* Faithful Publishing (USA), 2006

Narramore, Matthew E.: *Tithing: Low-Realm, Obsolete & Defunct,* Tekoa Publishing (USA), 2007

Nichols, Ann B.: Tithes: *The Extorsion Of The Body of Christ,* Tate Publishing and Enterprise (USA), *2006*

Parker, Joel P.: *Tithing In The Age Of Grace,* Trafford Publishing (USA), 2006

Smith, Shean A.: *Free Indeed?,* Living Press.org (USA), 2008

Vanyi, Lawrence P.: *Subtle Deception: How False Teachers Betray Christianity, While Enriching Themselves,* iUniverse (USA), 2005

Webb, Michael L., Webb, Mitchell, T.: *Beyond Tithes & Offerings,* On Time Publishing, Tacoma, WA, 1998

Wells, A. Bruce: *Tithing: Nailed To The Cross,* AuthorHouse (USA), 2007

Wells, A. Bruce: *The Great Tithing Debate: Condemned if you do, condemned if you don't,* AuthorHouse (USA), 2007

Aufsätze aus dem Internet

Brians, Scott W.: *Rethinking The Tithe,* tithe.his-kingdom.net/tithe.pdf

Helser, Jack: *Who's Robbing Who?,* prayershack.freeservers.com/article_whorobswho.html

Root, David E., 2008: *Must Christians Tithe Ten Percent?,* www.layhands.com/MustChristians Tithe Ten Percent.htm

Schwarz, Ron and Karen, 2007: *Will A Man Rob God?,* www.prayershack.freeservers.com//article_WillAMANRobGod.html

ANMERKUNGEN

Die zitierten Bibeltexte wurden folgenden Übersetzungen entnommen (Abkürzungen siehe Impressum):

- „The Amplified Bible", Zondervan Publishing House, Grand Rapids (Michigan, USA), 1965 – ins Deutsche übertragen vom Verfasser
- Zürcher Bibel, Verlag der Zürcher Bibel, Zürich (CH), 1955
- Die Schrift – aus dem Hebräischen verdeutscht von Martin Buber und Franz Rosenzweig, Lizenzausgabe für die Deutsche Bibelgesellschaft, Stuttgart (D),1992
- Das Neue Testament, übertragen von Hans Bruns, Brunnen-Verlag, Gießen (D), 1965
- Das Neue Testament – Mülheimer Ausgabe, Missionsbuchhandlung und Verlag Altdorf bei Nürnberg (D), 1975
- Gute Nachricht Bibel, Deutsche Bibelgesellschaft Stuttgart (D), 2002
- Das Alte Testament, übertragen von Hans Bruns, Brunnen-Verlag Gießen (D), 1963
- Konkordantes Neues Testament, Konkordanter Verlag, Pforzheim (D), 1980
- Thompson Studien Bibel, Bibeltext nach der Übersetzung Martin Luthers, Hänssler-Verlag, Neuhausen Stuttgart, Revidierte Fassung 1984

Kontakt zum Autor:

E-Mail: r.edenharder@live.de

Larry Kreider

Authentisches geistliches Mentoring

Anderen helfen, im Glauben zu reifen

240 Seiten, Paperback

Es ist kein Geheimnis, dass es einen großen Bedarf an geistlichen Vätern und Müttern gibt, die Mentoren für jüngere Christen sein können, um diese für ihr Leben und ihre Berufung zuzurüsten. Der Autor stellt insbesondere das Mentoring-Modell Jesu vor und zeigt auf, wie wir dieses in unserer geistlichen Familie anwenden können. Ob Sie einen geistlichen Mentor suchen oder einer werden wollen – dieses Buch ist gleichermaßen für Sie geeignet!

Mike & Sue Dowgiewicz

Zeiten der Wiederherstellung

Fundamente für ein authentisches Christsein; Fundamente für die Endzeitgemeinde

320 Seiten, gebunden

Wie können wir die Vertrautheit und Vollmacht der ersten Christen zurückgewinnen?

Dieses Buch lädt zu einer Entdeckungsreise ein. Sie lernen die Charakteristiken des urgemeindlichen, noch hebräisch geprägten Lebensstils kennen, aber auch die Fehlentwicklungen der frühen Kirche. Im Wesentlichen bietet es jedoch eine Orientierung auf dem Weg zu geistlicher Erneuerung.

Greg Violi, Das Herz des Lammes

Jesus tiefer erkennen und ihn widerspiegeln

200 S., Paperback

Gott sehnt sich nach Menschen, in deren Herzen er wohnen kann. Er möchte, dass unser Herz sein Herz, das Herz des Lammes, widerspiegelt.

Durch den Sündenfall und die Folgen sind die Herzen der Menschen mit der Saat des stolzen Herzens Satans stark verunreinigt. Die Wiederherstellung des reinen, gottgefälligen Herzens ist deshalb die schwierigste aber auch wichtigste Sache, die geschehen muss, damit die Welt die Wahrheit über Gott erkennt.

Bestellen Sie im Buchhandel oder direkt beim Verlag:

GloryWorld-Medien | Postfach 4170 | D-76625 Bruchsal
Fon: 07257-903396 | Fax: 07257-903398 | info@gloryworld.de

Aktuelles, Leseproben, Downloads & Shop: **www.gloryworld.de**